Fetisch

Valerie Steele
FETISCH
Mode, Sex und Macht

Aus dem Amerikanischen von Walter-Berndt Fischer

Berlin Verlag

Die Originalausgabe erschien 1996 unter dem Titel
Fetish
bei Oxford University Press, Inc., New York
Alle Rechte vorbehalten
© 1996 Valerie Steele
Für die deutsche Ausgabe
© Berlin Verlag
Verlagsbeteiligungsgesellschaft mbH & Co KG
Berlin
nach Vereinbarung mit Linda Michaels Limited, International Literary Agents
Umschlaggestaltung: Nina Rothfos und Patrick Gabler, Hamburg
Gesetzt aus der Arbitrary und der Goudy Old Style
Druck & Bindung: Friedrich Pustet, Regensburg
Printed in Germany 1996
ISBN 3-8270-0213-3

Gedruckt auf chlor- und säurefreiem Papier

Die Macht der Kleidung
(Private Sammlung)

Inhalt

Einleitung 7
Im Torture Garden 9
Fetischismus als kultureller Diskurs 11

Was ist Fetischismus? 17
Fetischismus als männliche Norm 20
Die phallische Frau 23
Nicht nur der mütterliche Penis 26
Die Erfindung des Fetischismus 28
Die Evolution des Fetischismus 31
Neosexualitäten und Normopathen 35

Mode und Fetischismus 39
Fetischstiefel und Catsuits 41
Terroristenschick 45
Mehr S als M 49
Diffusion der Perversionen 52
Der Sexappeal der Ware 55

Das Korsett 61
Die Verfechter der straffen Schnürung 64
Überwachen und Strafen 69
Die französische Gouvernante 72
Männer im Korsett 77
Unmodischer Fetischismus 82
Die Schnürpraxis heute 85
Korsetts en vogue 92

Schuhe 95
Der goldene Lotus 97
Eine übertriebene Erotik 102
Der Kult der hohen Absätze 103

Der Schuh als Waffe und Wunde	106
Der gestiefelte Master	108
Schuhe und Sex	111
Fußanbetung	115

Unterwäsche 119

Dieser verhüllte, geheime Teil	121
Von der Unterhose zum Höschen	125
Wäschediebe und Unten-ohne-Cafés	127
Schlüpferrazzia	130
Herrenwäsche	133
Schwarze Strümpfe und spitze Brüste	136
Freudian Slip	144

Zweite Haut 147

Venus im Pelz	149
Die Faszination von Satin	153
Der Gummienthusiast	154
Ledersex	158
Tattoos und Piercing	165

Mode, Fetisch, Phantasie 167

Wer schwingt die Peitsche?	170
Ein Fetisch ist eine Geschichte in der Maske des Objekts	173
Die Macht der Kleidung	176
Von Zofen und Männern	178
Der Kult der Uniform	184
Sex und Macht	187
Fetischismus als Mode	192

Anhang 201

Dank	203
Anmerkungen	205
Ausgewählte Bibliographie	223
Zeitschriften und Periodika	231
Namensregister	233

EINLEITUNG

Clubszene, Amsterdam 1991.
(© Grace Lau)

Im Torture Garden

»Wie können Sie nur über Fetischismus schreiben, wenn Sie selbst keine Fetischistin sind?« fragte mich die enggeschnürte, strenge Domina. Im Torture Garden (Garten der Foltern), einem Londoner SM-Club, war Nacht der Fetischisten. Auf vier Stockwerken drängten sich einige hundert Enthusiasten in den vielfältigsten Fetischkostümen, angefangen vom Ganzkörperanzug in Gummiausführung bis hin zur schwarzledernen Korsage und High-heels. Eine Frau trug lediglich ein kleines Cache-sexe aus Plastik und dazu ein langes Seil, das um ihren Körper gewickelt war und sich am Rücken aufwärtsschlängelte, um ihre Haare zu einer Pebbles-Feuerstein-Frisur hochzubinden. Ein Mann schlenderte vorbei, nackt bis auf die Ringe durch Penis und Brustwarzen. Die meisten Anwesenden waren allerdings sehr angezogen.

Kleidung spielte in dieser Londoner Fetischszene eine große Rolle, und ich mußte mir eine Sondererlaubnis besorgen, um die Party in normaler Kleidung besuchen zu dürfen. Im Lauf des Tages hatte ich mit Miss R., einer der Club-Hostessen, telefoniert und ihr erklärt, daß ich lediglich mit einem kleinen Koffer reise, aber unbedingt an der Party teilnehmen wollte. Sie sah ein, daß es verrückt war, Unsummen für ein Fetischkostüm auszugeben. »Warum leihen Sie sich nicht ein Korsett von Pearl«, meinte sie zuversichtlich und erwähnte damit den für seine engen Schnürungen berühmten männlichen Korsettträger, den ich in New York interviewt hatte. Wenig später rief Miss R. mich mit neuerlichen Bedenken an: »Waren Sie denn überhaupt schon mal in so einem Club, Liebes? Und sind Sie sich auch ganz sicher, daß es Ihnen nicht zuviel wird? Vielleicht sollten Sie Pearl bitten, daß er Sie begleitet.« Letztlich ging ich dann in Pearls Begleitung, und Miss R. hinterlegte ihr persönliches Exemplar meines ersten Buchs *Fashion and Eroticism* bei der Empfangsdame des Clubs mit der Anweisung, mich trotz der fehlenden angemessenen Kleidung einzulassen. Diese Eintrittskarte in Buchform, die mir den Besuch des Clubs ermöglichte, war zugleich auch der vorrangige Grund meiner Anwesenheit.

Ich bin Kulturhistorikerin, spezialisiert auf Mode, und das Buch, das Sie gerade lesen, ist Teil eines laufenden Projekts über die Beziehung von Kleidung und Sexualität. Ich erforsche Mode als symbolisches System, das sich mit den Formen der Sexualität verbindet – sowohl mit der sozialen Geschlechtsidentität (gender) als auch mit dem sexuellen Verhalten (und der erotischen Anziehung). Im Torture Garden gab es neben den üblichen Clubeinrichtungen wie Bar und Tanzfläche auch noch zwei Reihen von Boutiquen, in denen extravagante Schuhe für Fetischisten, Piercing-Schmuck und Kleidungsstücke aus Leder, Gummi und Polyvinylchlorid (PVC) angeboten wurden. Ich unterhielt mich mit Stammgästen über die Anziehung, die Artikel wie High-heels ausüben, und über die Ursprünge fetischistischer Mode. Zwei amerikanische Transvestiten (einer davon ein ehemaliger Football-Spieler) gaben mir die Adressen einiger wichtiger Geschäfte für Fetischausrüstungen in Europa und Amerika, die sie mit ihren Freundinnen regelmäßig besuchten.

Ich bin nicht die einzige Außenseiterin, die sich für Fetischmoden interessiert. Journalisten durchstreifen neuerdings die fetischistische Unterwelt. Alice Thomson von der *Times* zwängte sich in ein Korsett, um 1993 den Korsettball im The Vox in London zu besuchen. 1994 beschrieb Cynthia Rose vom *Guardian* eine Nacht im Skin Two. In ihrem Artikel zitiert sie eine junge Frau, die sich an die Zeit erinnert, als der Club 1983 eröffnete. »Da gab es unzählige alte Männer, die fette Weiber an Hundehalsbändern herumzerrten. Der richtig harte Kern. Hard-core-Fetischisten. Junge Frauen wie mich, die mehr an der modischen Aufmachung interessiert sind, sah man kaum.«[1]

So phantastisch die Kostüme im Torture Garden auch wirkten, bei näherem Hinsehen zeigte sich eine erkennbare Ähnlichkeit mit der zeitgenössischen Mode. Mode weist häufig phantastische Elemente auf. »Inspiriert« wird sie dabei durch Trachten und Militäruniformen oder Kleider aus verschiedenen historischen Epochen. Sexuelle Komponenten werden hier in steigendem Umfang wahrnehmbar. Korsetts, bizarre Schuhe und Stiefel, Leder und Gummi sowie Unterwäsche, die als Oberbekleidung getragen wird, sind heute auf dem Laufsteg genauso alltäglich geworden wie in Fetischistenclubs, das gleiche gilt für Tätowierungen und Body-piercing. Dieser Trend spricht aus vermutlich ganz unterschiedlichen Gründen sowohl Hard-core-Fetischisten als auch einen erklärt modebewußten Personenkreis an. Auf jeden Fall kopieren Modedesigner, die so verschieden und so bedeutend sind wie Azzedine Alaïa, Dolce & Gabbana, John Galliano, Jean-Paul Gaultier, Thierry Mugler, John Richmond, Anna Sui, Gianni Versace und Vivienne Westwood, ständig »den Stil, wenn nicht den Geist des Fetischismus«.[2]

Ein Wort noch zur Terminologie: Nach dem Erscheinen von *Fashion and Eroticism*, in dem ich bestimmte Personen des neunzehnten Jahrhunderts als Schnürkorsett-»Fetischisten« bezeichne, erhielt ich die Zuschrift eines Mannes, der mir mitteilte: »Wir ziehen es vor, Enthusiasten genannt zu werden.« Dieser Begriff erscheint mir allerdings unscharf, und die Tatsache, daß das gesamte Thema sehr kontrovers behandelt wird, läßt sich nicht durch Euphemismen vertuschen. Überdies verwenden andere Enthusiasten die Bezeichnung *Fetischist* mit Stolz, hat sie doch den Vorzug der Eindeutigkeit. Und doch sollte man der Sprache der Psychopathologie entlehnte Begriffe wie *Fetischismus* gedanklich in Anführungszeichen setzen, da in ihnen unvermeidlich eine Wertung anklingt. Ein Freund von mir formulierte es so: »Ich kann ›Fetischismus‹ nicht akzeptieren, denn dann liefe ich selbst Gefahr, Fetischist genannt zu werden – und ich hasse die Unterstellung, sexuell pervers zu sein.«

Um die zeitgenössische Mode verstehen zu können, ist eine gründliche Erforschung des Fetischismus unverzichtbar. Diese Aufgabe erwies sich aber als schwieriger, als ich ursprünglich angenommen hatte. Es gibt eine Fülle von Literatur über Fetischismus, und darin vereinen sich verschiedene Diskurse und literarische Genres mit ihren jeweiligen komplexen Geschichten.

Fetischismus als kultureller Diskurs

Das Wort *Fetischismus* hat eine doppelte Bedeutung. Einmal bezeichnet es einen rätselhaften Zauber und gleichzeitig eine »*fabrication*, ein Artefakt, ein Produkt aus Schein und Zeichen«.[3] Der ursprüngliche Diskurs über Fetischismus war ein religiöser und anthropologischer. Missionarische Traktate über Fetischismus und Fetischanbeter verurteilten die »barbarische« Religion von Menschen, die »Götzenbilder aus Holz oder Ton« anbeteten.[4] Zu Beginn des neunzehnten Jahrhunderts bezeichnete der Begriff *Fetisch* bereits alles, was irrational verehrt wurde. Dann bildete sich eine zweite, marxistische Interpretation heraus. Karl Marx analysierte den »Fetischcharakter der Warenwelt« mit den Begriffen des falschen Bewußtseins und der Entfremdung. Nach Marx gewährt der Konsum von Gebrauchsartikeln eine Scheinbefriedigung. Da es ihnen an Klassenbewußtsein fehlt, schreibt Marx, versehen die Arbeiter die Arbeitsprodukte mit einem geheimen Wert, der jedes Arbeitsprodukt in eine »gesellschaftliche Hieroglyphe« verwandelt, die wieder zu entziffern ist.[5]

Alfred Binet gebrauchte in seinem 1887 in der *Revue philosophique* veröffentlichten Aufsatz »Le Fétichisme dans l'amour« den Begriff *Fetischismus* als erster im aktuellen, psychologischen Sinn. Das Konzept des erotischen Fetischismus wurde dann in anderen Untersuchungen sexueller Abweichungen aufgegriffen, zum Beispiel von Richard von Krafft-Ebing, der selbst Begriffe wie *Sadismus* (nach dem Marquis de Sade) und *Masochismus* prägte (nach Leopold von Sacher-Masoch, dem Autor des klassischen Romans zum Thema Fetischismus, *Venus im Pelz*, der ziemlich empört war, als er sich in einem Lehrbuch der sexuellen Psychopathologie wiederfand).

Als der Begriff *Fetischismus* immer mehr Bedeutungen einschloß, begannen die unterschiedlichen Diskurse sich zu überschneiden. Fetischismus betrifft nicht »nur« Sexualität, sondern vor allem auch Macht und sinnliche Wahrnehmung. Die Filmwissenschaftlerin Linda Williams hat beobachtet, daß in Pornofilmen die »externe Ejakulation […] (d. h. der *money shot*: die Einstellung, die – am meisten – Geld kostet […])« »ganz offensichtlich ein Fetisch ist«.[6] »Die extreme Antipornographie verwandelt [die Pornographie] in eine Art Fetisch und verteufelt sie gleichzeitig als den ursächlichen Auslöser aller männlichen Gewalt und aller weiblichen Abhängigkeit«, schreibt Anne McClintock von der Columbia University. »Wird Pornographie fetischisiert, so wird ihr eine scheinbare Macht eingeräumt.«[7]

In der Kritik der kulturellen Konstruktion der Sexualität hat das Konzept des Fetischismus in jüngster Zeit größere Bedeutung erlangt. Arbeiten wie *Fetishism as Cultural Discourse* und *Feminizing the Fetish* komplementieren oder kritisieren die umfangreiche medizinische Literatur zum Fetischismus als einer sexuellen »Perversion«. Neomarxisten analysieren den Konsumfetischismus, feministische Wissenschaftlerinnen erforschen das umstrittene Gebiet des »weiblichen Fetischismus«, während Kunsttheoretiker die subversive Rolle des Fetischismus in der zeitgenössischen Kunst betonen, indem sie hervorheben, daß »jeder Gegenstand, der uns sinnlich erschüttert, Fetisch sein kann«.[8]

Ist es nicht vermessen, ein theoretisch so vielfach erforschtes Gebiet wie das des Fetischismus um eine weitere Studie bereichern zu wollen? (Ebendiese Frage wurde mir von einem Professor gestellt.) Aber bis heute hat sich noch kein Forscher mit umfangreicheren Kenntnissen der Modegeschichte mit den aktuellen Kleiderfetischen selbst befaßt. Enthusiasten beschäftigen sich zwar aufmerksam mit den kleinsten Besonderheiten ihres ausgewählten Fetischobjekts. Die meisten Wissenschaftler jedoch haben zu viele solcher Objekte in einen Topf geworfen, als mache es keinen Unterschied, ob sich jemand für hochhackige Pumps oder Springerstiefel, für Seidenunterröcke oder Lederjacken interessiert.

Auch hat es bislang keine fundierte Untersuchung über die historische Beziehung von Mode und Fetischismus gegeben, obwohl ein solcher Ansatz wichtige Erkenntnisse sowohl über das Wesen des Fetischismus als auch über die erotische Anziehungskraft der Mode verspricht. Denn wie eine Deutung des Fetischismus als kulturelles Phänomen parallel zu der sich ändernden Haltung gegenüber »abweichenden« Formen der Sexualität relevant geworden ist, so ist auch unser Verständnis für »perverse« Stile gewachsen. Überdies hat es in der Wahl fetischistischer Moden und Materialien sowohl Wandel als auch Dauer gegeben. Korsetts sind seit längerer Zeit zum großen Teil aus der Mode verschwunden, aber im Fetischismus behaupten sie nach wie vor eine herausragende Rolle – und sind jetzt in der Avantgarde-Mode wiederaufgetaucht. Damenunterwäsche und hochhackige Schuhe gehörten unter den Kleidungsstücken lange zu den beliebtesten Fetischen, aber mittlerweile läßt sich sagen, daß auch Uniformen, Stiefel und selbst Levi's-Jeans für Männer wie Frauen eine fetischistische Funktion haben können. Auch die Anzahl der Materialien, von denen sich Fetischisten angezogen fühlen, hat sich im Lauf der Zeit erweitert, wobei Seide und Pelz von Leder und Gummi fast völlig verdrängt wurden.

Weil das Thema selbst soviel Interessantes bietet, habe ich versucht, mich nicht allzusehr in theoretische Debatten zu verstricken. Statt dessen stütze ich mich überwiegend auf das, was Fetischisten selbst über ihren Enthusiasmus für Objekte wie Korsetts, Schuhe und Unterwäsche geschrieben haben. Die Pornographie war für mich eine der wichtig-

Performance-Künstler Leigh Bowers, London 1992.
(Foto Fergus Greer: Leigh Bowers)

sten Quellen zum Thema der Anziehungskraft fetischistischer Objekte. Daneben gedeiht nicht nur in Modemagazinen ein nicht-erotischer, populärwissenschaftlicher Diskurs über den Fetischismus. So warnte ein Artikel in *Self* seine Leserinnen, daß »Lasterhaftigkeiten womöglich weiter verbreitet sind, als Sie meinen«. Der Verfasser umschreibt den Fetischismus als »das Vermeiden von Gefühlsnähe« und als Möglichkeit für manche Männer, »erschreckende oder zerstörerische Impulse zu kanalisieren«.[9] Ein Artikel in *Ladies' Home Journal* zitiert die unglücklichen Frauen, die mit Fetischisten verheiratet sind: »Außerhalb des Schlafzimmers ist David genau der Mann, den jede Frau heiraten möchte«, bekennt eine dieser Frauen. »Aber er würde niemals mit mir schlafen, wenn ich meine Stöckel nicht auch im Bett anbehielte.«[10]

Der berühmte Strafverteidiger Louis Nizer erinnert sich in seinen Memoiren *My Life in Court* daran, welche Rolle Fußfetischismus in einem Scheidungsfall spielte. In ihrer Aussage berichtete seine Mandantin weinend, wie ihr Mann seinen Kopf unter die Bettdecke steckte, um dann mit etwas fortzufahren, »was er Schatzsuche nannte«; dabei küßte er ihre Füße, nahm sie in den Mund und saugte an ihren Zehen.[11] Jünger ist der Fall von Chuck Jones, der als Publizist für die Schauspielerin Marla Maples arbeitete und verhaftet wurde, weil er über fünfzig Paar ihrer Schuhe gestohlen hatte. »Wie Sie sehen, habe ich da ein Problem«, soll Jones angeblich gegenüber der Polizei geäußert haben. Die Bezirksstaatsanwaltschaft von Manhattan schlug anfänglich vor, Jones solle sich wegen eines Bagatelldelikts ohne Strafandrohung schuldig bekennen. Er wurde dann aber doch wegen Diebstahls angeklagt. »Es handelt sich nicht um eine Perversion, nicht um Fußfetischismus«, teilte Jones einem Reporter von *Vanity Fair* mit.[12] Aber er räumte ein, eine Art »sexueller Beziehung« zu Marla Maples Schuhen zu haben.[13]

In meinen Untersuchungen über Fetischismus fand ich mich auf verschiedene postmoderne, politische, psychiatrische, populärwissenschaftliche und pornographische Diskussionen verwiesen, die sich vielfach überschnitten. Einige angeblich seriöse medizinische Fallgeschichten oder journalistische Darstellungen entpuppten sich dabei als reine Pornographie. Einige pornographische Geschichten dagegen lesen sich eher wie die Eigenwerbung irgendwelcher seltsamen Modemagazine: so zum Beispiel eine Geschichte des Magazins *High Heels*, die angeblich aus dem »Tagebuch eines High-heel-Models« berichtete:

> »Das mag sie erst einmal überraschen«, erklärte der Fotograf. »Aber mein Kunde möchte einen Katalog mit Herbstbekleidung herausbringen – überwiegend Kleider mit Wespentaille, hautenge Negligés und Lederkorsagen –, Sie wissen ja, Leder ist derzeit der Renner, und die Designer überschlagen sich schier vor Ideen für neue Lederbekleidung.«[14]

Dieses Buch will die Beziehung zwischen Fetischismus und Mode herausarbeiten. Im ersten Kapitel stelle ich verschiedene Stimmen, die sich aus unterschiedlichen Perspektiven zum Thema Fetischismus äußern, einander gegenüber. Das zweite Kapitel zeigt, warum Mode zunehmend fetischistisch geworden ist. Darauf untersuche ich in den folgenden vier Kapiteln die einzelnen Kleiderfetische: Korsetts, Schuhe und Stiefel, Unterwäsche und Materialfetische wie zum Beispiel Leder. Im letzten, wichtigsten Kapitel beschreibe ich schließlich anhand einer Untersuchung über den spezifischen »Look« jener Kleidungsstücke, die sich sowohl in der fetischistischen Subkultur als auch in der Welt der Mode als die wichtigsten etabliert haben, die Verbindung zwischen Mode, Fetisch und Phantasie.

Mit dem Fetischismus verbinden sich Bilder von »perversem« Sex, für den ein anormales Angezogen-Sein von Bekleidungsgegenständen wie hochhackigen Schuhen und enggeschnürten Korsetts oder Körperteilen wie Füßen und Haaren kennzeichnend ist. Obwohl als Thema offenbar von unmittelbarem Interesse, sollte man annehmen, daß der Fetischismus nur eine marginale Bedeutung besitzt – außer natürlich für die betroffenen Fetischisten. Aber die stereotype Beschreibung des Fetischismus als nur »pittoreske« sexuelle Abweichung erweist sich als Vereinfachung. Leder, Gummi und Kampfschuhe, Tätowierungen und Piercing, all die Paraphernalien des Fetischismus, sind zunehmend zu festen Bestandteilen der Alltagsmode geworden. Das allgemeine Interesse an subkulturellen Stilelementen ist nicht neu. In letzter Zeit aber hat es einen qualitativen Wandel in der Aufnahme der Kleidersexualität gegeben. Unter dem Prädikat »sexuell pervers« verkauft sich heute alles: Film, Mode, Schokolade, Lederbrieftaschen. Auf die Frage der Domina im Torture Garden würde ich jetzt antworten, daß jeder, der Kleider trägt oder Musik hört, der ins Kino geht oder im Internet ist, womöglich mehr zum Thema Mode wissen möchte. Mit Sicherheit muß sich jeder, der mit Mode zu tun hat, mit diesem Thema beschäftigen.

WAS IST FETISCHISMUS?

Fetischmode, um 1944.
(Kinsey Institute)

Wie der Sexualforscher Richard von Krafft-Ebing im neunzehnten Jahrhundert definierte, hat der »erotische Fetischismus […] zum Gegenstande entweder einen bestimmten Körperteil des entgegengesetzten Geschlechts, oder ein bestimmtes Kleidungsstück desselben oder einen Stoff der Bekleidung.«[1] Natürlich fühlen sich viele Männer von Bekleidungsgegenständen wie hochhackigen Schuhen und Seidenslips sexuell angezogen, oder sie bevorzugen Sexualpartnerinnen mit besonderen physischen Merkmalen, zum Beispiel mit großen Brüsten oder langem roten Haar. Sind sie alle Fetischisten? Die frühen Sexologen gingen davon aus.

»Wir sind alle mehr oder weniger Fetischisten«, erklärte Dr. Emile Laurent 1905.[2] »Normale Liebe«, meinte auch Alfred Binet, ist das Resultat »eines komplizierten Fetischismus«. Die Pathologie beginnt »in dem Augenblick, in dem die Liebe zu einem Detail vorherrschend wird«.[3] Laut Krafft-Ebing konzentriert sich im pathologischen erotischen Fetischismus das Interesse ausschließlich »auf diese Teile, neben denen alles andere am Weibe verblassen und der sonstige sexuelle Wert des Weibes auf Null sinken kann, so dass statt des Koitus seltsame Manipulationen am Fetischgegenstande zum Ziele der Begierde werden«.[4]

»Ist der pathologische Zustand nur eine quantitative Abweichung vom Normalzustande?«[5] Ja und Nein. Fetischismus läßt sich vielleicht am besten in einem Konzept darstellen, das sich in kontinuierlichen Steigerungen entfaltet:

Stufe 1: Es liegt eine schwache Vorliebe für bestimmte Arten von Sexualpartnern vor, für bestimmte sexuelle Stimuli oder bestimmte sexuelle Handlungen. Für diese Stufe sollte der Begriff »Fetischismus« nicht verwendet werden.

Stufe 2: Es liegt eine starke Vorliebe für bestimmte Arten von Sexualpartnern vor, für bestimmte sexuelle Stimuli oder bestimmte sexuelle Handlungen. (Fetischismus geringen Grades)

Stufe 3: Spezifische Stimuli sind für die sexuelle Erregung und die Durchführung des Sexualaktes notwendig. (Fetischismus mittleren Grades)

Stufe 4: Spezifische Stimuli *treten an die Stelle* des Sexualpartners. (Fetischismus höchsten Grades)[6]

Fetischismus als männliche Norm

Nach jahrelanger Erforschung erotischer Phantasien und sexueller Verhaltensformen resümierte der Psychiater Robert Stoller: »Fetischisieren ist bei Männern die Norm, nicht bei Frauen.«[7] Das bedeutet nicht, daß Frauen an Körperteilen oder aufreizender Kleidung kein Interesse haben. Diese scheinen aber die weibliche Begierde nicht in der gleichen Weise wie die männliche erregen zu können. (Das ist wichtig, wenn wir untersuchen wollen, wie Kleidung, von der Männer einen fetischistischen Gebrauch machen, auf Frauen wirkt.)

Männer schwärmen für bestimmte Kleidungsstücke und Körperteile. Womöglich beschreiben sie sich selbst als »bein-«, »busen-« oder »pofixiert«. Ein solcher Beinliebhaber ist jedoch kein wirklicher Fetischist, »es sei denn, er kommt lieber auf den Beinen seiner Partnerin als zwischen ihnen zum sexuellen Höhepunkt«.[8] Obwohl Fetischismus im strengen Sinn wohl eindeutig von einer Minderheit praktiziert wird, scheinen fetischistische Anteile bei Männern allgemein üblich zu sein, mit anderen Worten: normativ, ja »normal«. Eine ganze Reihe von Sexmagazinen mit Titeln wie *High Heels*, *D-Cup* und *Erotic Lingerie* spezialisiert sich auf extreme Stöckelschuhe, auf große Busen oder auf Reizwäsche. Doch wird Pornographie bislang nur zu einem geringen Teil »speziell für einen bestimmten der verschiedenen Fetische verfaßt«.[9] Nur »ein verschwindend kleiner Personenkreis ist zur sexuellen Erregung auf solch spezifische Bilder angewiesen«. Doch sind Bilder von »Frauen, die hohe Absätze und Reizwäsche tragen, ebenso verbreitet wie Bilder des vaginalen Geschlechtsverkehrs und scheinen so Teil einer normativen sexuellen Bildwelt zu sein«.[10]

Während der Vorarbeiten zu diesem Buch habe ich mir sehr viel Pornographie angesehen. Es ist erstaunlich, was Leute erregen kann: von amputiert in *Amputee Times* bis streng mit Peitsche in *Wanda Whips Wall Street* im Grunde alles. Körperteile werden dabei grundsätzlich eher zum Fetisch erwählt als Kleidungsstücke. Typisch pornographische Titel beziehen sich ganz direkt auf große Busen, auf 25-cm-Spielzeuge (*Big Bazooms*, *Ten-Inch Tools*) oder, aufmunternd, auf Analverkehr (*Up Her Ass*, *Up My Ass* und *This Butt is For You*). Als Fetisch dienen auch Körpertypen und Rassen: *Fat Fucks*, *Black and White Fetish Exchange* und *Oriental Fetishes* sind entsprechende Titel. Daneben bleibt festzuhalten, daß der Busenfetischismus sein Gegenstück zum einen in einem auf *Huge Bras*, riesige Büstenhalter, gerichteten Fetischismus findet, zum anderen in der Betonung der Genitalien durch Slips in Titeln wie *Panty Passions*.

Pornographie beschäftigt sich zumeist mit heterosexuellem wie schwulem genitalem Geschlechtsverkehr; einschlägige Titel lauten *A Cock Between Friends* und *A Date with Pussy*. Vorlieben für bestimmte Bekleidungsmaterialien und -gegenstände wie Leder,

Fetischismus als männliche Norm

Gummi und Stöckelschuhe können im Titel erwähnt werden (*Tight Rubber*, *Lisa's Rubber Seduction*, *Hard Leather*, *Lust For Leather*, *Leather Licking Slut*, *High-Heeled Sluts* oder *Flesh and Lace* und *Skirts Up, Pants Down*). Sind in den pornographischen Erzeugnissen Transvestismus und/oder Sadomasochismus mit einbezogen, dann erscheinen erkennbar mehr Bezugnahmen auf Kleiderfetischismus, ein Hinweis darauf, daß sich Fetischismus häufig mit den vorgenannten sexuellen Varianten überschneidet. Transvestitenpornos sind ziemlich verbreitet und schließen Titel ein wie: *Macho Man in Heels*, *Pretty Panty Marine* und *Barry's New Bra*.

Kleidungsfetische sind häufig als Kostüme zusammengestellt, die eindeutig bestimmte sexuelle Phantasien assoziieren. Dabei sind Uniformen besonders wichtig. *Our Boys in Uniform*, *Sluts in Uniform* und *Naughty Nurses* sind repräsentative Titel, aus denen hervorgeht, wie der Fetischismus erotische Szenarien einschließt. *Black Leather Biker* und *Boots and Saddles* sind typische Titel im riesigen auf Ledersex bezogenen Angebot. *Domina in Leather*, *Leather Master* und *Leather Mistress* zeigen die enge Verknüpfung von

Leder und Macht. Im Gegensatz dazu konzentrieren sich Titel wie *Harem Girls in Bondage* und *Maid to Be Spanked* auf Kleider, die Unterwürfigkeit konnotieren.[11]

Beim Leser mag sich das Gefühl einstellen, das Material in diesem Buch sei zum Teil so grotesk und bizarr, daß es jedes gewöhnliche, nicht ausgesprochen psychopathologische Verständnis übersteigt. Doch gibt es exzentrische Elemente in der erotischen Phantasie sehr vieler Menschen. In seiner brillanten Studie *Observing the Erotic Imagination* vergleicht Robert Stoller einen der extremsten bei Krafft-Ebing berichteten Fälle mit Dutzenden von Anzeigen in pornographischen Magazinen, die mit Themen wie Fäkalsex, Mädchenkämpfen, Folter, Amputation, Verstümmelungen, gepiercten Penissen und Damenwäsche locken.[12]

Meine eigenen Forschungsergebnisse zum Kleiderfetischismus stimmen mit Stollers These darin überein, daß es »eine ganze Rasse erotischer Minifetischisten gibt: nämlich fast alle Männer aus den meisten Kulturbereichen«.[13]

Für Frauen ist weder der »pathologische« Fetischismus noch das »normale« Fetischisieren typisch. Wie Louise Kaplan bemerkt, »sind abgesehen von sexuellem Masochismus, wo auf etwa zwanzig Männer eine Frau kommt, in weniger als einem Prozent der als sexuelle Perversion aufgeführten Fälle die betroffenen Personen Frauen«. Viele halten das für unwahr; Ausnahmen erscheinen ihnen vorstellbar. Oder sie bestehen darauf, daß Frauen, wenn sie erst umfassend »sexuell befreit« sind, mit den Männern gleichziehen werden. Manche Frau beglückwünscht sich, daß nur Männer »pervers« seien. Alle drei Positionen zeugen von einer gewissen Naivität. »Ein sorgfältiger bedachtes Argument [...] ist, daß Männer von Androgenen wie Testosteron zu Erektionen getrieben würden. Frauen dagegen seien [...] weniger geneigt, zur Lösung ihrer sexuellen und moralischen Konflikte Perversionen auszuagieren«, schreibt Louise Kaplan, räumt aber ein, daß diese Erklärung zuviel Gewicht auf biologische Faktoren legt.[14] Psychiater »suchen nach weiblichen Fetischisten, Transvestiten, Sadomasochisten [und] Exhibitionisten«[15], verkennen aber die Möglichkeit, daß Frauen ihre eigenen Perversionen haben. »Die männlichen Perversionen verwenden eine manifeste Form des ›abartigen Sex‹ [zur] Beschwichtigung der persönlichen Dämonen.« Im Gegensatz dazu, behauptet Louise Kaplan, können »sexuelle Verhaltensweisen als solche, mögen sie nun ›abartig‹ sein oder nicht, [...] nicht als Schlüssel zu den weiblichen Perversionen dienen«.[16]

Das trifft sicherlich zu. Alle Männer (ob hetero oder schwul, alt oder jung), mit denen ich über den Gegenstand meines Buches sprach, reagierten mit Begeisterung. Viele Frauen dagegen, bei denen ich das Thema erwähnte, fanden es irgendwie »widerlich« oder »deprimierend«. Ausnahmen waren meist jüngere, oft im künstlerischen Bereich tätige Frauen mit einem Interesse an Pornographie.

Die phallische Frau

»Der Fetisch«, schreibt Freud, »ist der Ersatz für den Phallus des Weibes (der Mutter), an den das Knäblein geglaubt hat und auf den es [...] nicht verzichten will. [...] denn wenn das Weib kastriert ist, ist sein eigener Penisbesitz bedroht.«[17] Diese Theorie erscheint vielen Leuten »phantastisch und wenig überzeugend« und verlangt daher eine Erklärung.[18] Es gibt zahlreiche Hinweise darauf, daß kleine Jungen und Mädchen eine Phase durchlaufen, in der sie glauben, daß zumindest manche Frauen (wie ihre Mütter) einen Penis haben. Kaplan beschreibt den Fetischismus für viele moderne Leser lebendiger und möglicherweise auch überzeugender als Freud, obwohl sie ihm im wesentlichen folgt:

> Der kleine Junge, der seine Mutter mit einem Ersatzpenis ausstattet, entwickelt nur eine vorläufige Phantasie über das grotesk anmutende Genitale, das der erwachsene Fetischist als Schuh oder Pelzstückchen greifbar macht. Die Empfindung des kleinen Jungen besteht aus einem vagen, undeutlichen Bild und ist nur eine behelfsmäßige Lösung für einige der unvermeidlichen Kindheitsprobleme. Der Gegenstand, den der Fetischist benutzt, um zu Erektion und Penetration fähig zu sein, ist durchaus greifbar und stellt den verzweifelten Versuch der Überwindung eines lebenslänglichen Traumas dar.
> Freud hat als erster festgestellt, daß kleine Jungen aus ihren Theorien über Sexualität herauswachsen können und sie vergessen, aber sie werden sie niemals ganz aufgeben. Die Theorien werden zwar unterdrückt und zeitweilig aus dem Bewußtsein verdrängt, aber als unbewußte Phantasien bestehen sie fort und sind immer bereit, ins Bewußtsein zurückzukehren, wenn die Männlichkeit des Mannes bedroht ist.[19]

Einige meiner Studenten haben mich gefragt, warum nicht jemand den Fetischisten einfach darauf hinweist, daß Frauen keinen Penis haben. Das weiß er natürlich, und doch mag er unbewußt wünschen, seine Sexualpartnerin mit einem Ersatzpenis auszustatten. Nach Freud besteht für den erwachsenen Fetischisten nur ein Weg, »die Entfremdung gegen das wirkliche weibliche Genitale« zu überwinden, nämlich »indem er dem Weib jenen Charakter verleiht, durch den es als Sexualobjekt erträglich wird«. Das Fetischobjekt bezeichnet demnach den Triumph über die Kastrationsdrohung und den Schutz vor ihr.[20] Wie Kaplan beschreibt, besitzt der Fetisch die Fähigkeit, dem Penis den Weg »in die höhlenhafte Leere einer Vagina« zu bahnen.[21] Um sexuell erregt zu werden, braucht er ein unbelebtes Objekt, zum Beispiel Lederstiefel oder ein schwarzes Korsett als

Phallusersatz. Entweder trägt er diesen selbst, oder seine Sexualpartnerin tut es. Aber auch eine Alternative führt Louise Kaplan weiter aus:

> Zum Beispiel kann der Fetischist den Fetisch selbst tragen, oder der Fetisch kann ein Körperteil des Sexualpartners oder der Partnerin sein – Brüste, Fußknöchel, Ohrläppchen, ein bestimmter Glanz auf der Nase. Die Partnerin oder der Partner selbst kann in der Phantasie des Fetischisten das verkörpern, was der Fetisch symbolisiert. Ebenso, wie nämlich ein hochhackiger Lederstiefel für eine Frau mit einem Penis – die sogenannte phallische Frau – stehen kann, kann eine Frau, mit oder ohne Stiefel, von ihrem fetischistischen Liebhaber mit phallischen Eigenschaften ausgestattet und auf diese Weise für ihn zum Fetisch werden. Manche Fetischisten können nur von Polizistinnen, Nonnen, Krankenschwestern oder von Frauen, die sich auf ihre Anweisung hin als solche verkleiden, sexuell erregt werden.[22]

Fetischismus impliziert eine phallische Symbolik, aber was bedeutet das? »Ist das Washington Monument ein phallisches Symbol?« fragte einer meiner Studenten. Eine sexuelle Symbolik unterscheidet sich von anderen Symboliken, mit denen man bewußt umgeht (so bedeutet zum Beispiel eine rote Ampel »Halt!«). Nicht jeder glaubt daran, daß ein Revolver oder ein hoher Absatz einen Penis symbolisieren kann. Aber obwohl die phallische Symbolik dem gesunden Menschenverstand absurd erscheinen mag, hat sie doch eine psychische Realität. Der vierjährige Sohn einer meiner Bekannten kam eines Tages stolz mit einer Erektion ins Wohnzimmer gelaufen und verkündete: »Schau mal, Mama! Ich bin das Washington Monument!«

Auch Kastrationsangst ist real, wie es die Aufregung um den Fall Bobbitt gezeigt hat (bei dem eine Ehefrau den Penis ihres Mannes mit dem Messer abtrennte). Heinrich Hoffmanns Struwwelpeter-Reime beschwören eine tiefverwurzelte Furcht:

> Bauz! Da geht die Türe auf,
> und herein in schnellem Lauf
> springt der Schneider in die Stub
> zu dem Daumenlutscher-Bub.
> Weh! jetzt geht es klipp und klapp
> mit der Scher die Daumen ab,
> mit der großen, scharfen Scher!
> Hei! da schreit der Konrad sehr:
> Als die Mutter kommt nach Haus,
> sieht der Konrad traurig aus.
> Ohne Daumen steht er dort,
> die sind alle beide fort.[23]

Die phallische Frau.
Eine leicht veränderte Version dieses Fotos erschien auf dem Titelbild von *Demonia*.
(© Eric Kroll. 1994)

Nach Ansicht des französischen Psychoanalytikers Jacques Lacan ist der Phallus nicht mit dem Penis gleichzusetzen, obwohl wir dazu neigen, beide Wörter synonym zu verwenden. Während nämlich der Penis, er mag besonders eindrucksvoll sein oder nicht, ein Teil des männlichen Körpers ist, stellt der Phallus das ewig erigierte Symbol von Macht und Potenz dar. »Wenn der Penis ein phallisches Symbol wäre, brauchten Männer […] keine Krawatten oder Orden.«[24] Weder Männer noch Frauen »haben« den Phallus, aber beide wünschen sich das, wofür er steht. Ich verlange von meinen Lesern und Leserinnen nicht, daß sie der Theorie, die phallische Frau sei »als Phantasie in Perversionen allgegenwärtig«[25], unbesehen zustimmen, aber wenn wir uns einige Fetische angesehen haben, werden sie vermutlich eher bereit sein zu glauben, daß es häufig der Fall ist.

Doch gibt es Probleme und Lücken in der klassischen Freudschen Theorie. Fetischobjekte werden nicht zufällig ausgewählt, und Freud stellte sich die berechtigte Frage, warum bestimmte Objekte (wie Schuhe, Pelz und Unterwäsche) so häufig als Ersatz für den abwesenden weiblichen Phallus ausgewählt werden. Er schlug vor, daß es womöglich einen Zusammenhang mit dem letzten Moment, »in dem man das Weib noch für phallisch halten durfte«, geben könnte. Insofern halten »die so häufig zum Fetisch erkorenen Wäschestücke […] den Moment der Entkleidung fest«.[26] Pelz wird mit dem Schamhaar, das eigentlich einen Penis enthüllt haben sollte, assoziiert. Schuhe rufen den Moment zurück, in dem der kleine Junge unter den Rock der Mutter geschaut hat. Besonders neuere Untersuchungen haben jedoch den überdeterminierten Charakter der Fetischwahl betont. Freuds Gedanke, daß der Fetisch den Fetischisten daran hindere, homosexuell zu werden (indem er den sonst furchterregenden Anblick der weiblichen Genitalien kompensiert), hält in der klinischen Erfahrung nicht stand: »[…] wenn der Fetisch nichts anderes wäre als ein Ersatz des mütterlichen Penis, da das Subjekt unfähig wäre, den Anblick des ›kastrierten‹ weiblichen Genitales zu ertragen, der in ihm Kastrationsangst erweckt, dann sollte diese Angst bei einem Mann, dessen Sexualpartner ein anderer Mann ist, nicht vorhanden sein.«[27] Aber es gibt sowohl homosexuelle als auch heterosexuelle Fetischisten. Einige Männer tragen den Fetisch bei autoerotischen Handlungen auch selbst.

Nicht nur der mütterliche Penis

Der Fetisch mag zwar ein Ersatz für den mütterlichen Penis sein, doch das erklärt ihn nicht vollständig. Die klassische Freudsche Theorie liefert eine unzulängliche Erklärung des Fetischismus, da sie den Kastrationskomplex »in einem engen Sinne« versteht, »wie sich an der Einschätzung der weiblichen Genitalien zeigt«. Dagegen schlägt die französische Psychoanalytikerin Janine Chasseguet-Smirgel vor, »den eigentlichen Begriff der Kastration zu erweitern«, um »ihn zu dem, was ihm vorausgeht, in Beziehung zu setzen: der Trennungsangst«.[28]

Die Kastration erscheint vor dem Horizont einer physischen und emotionalen Verwundbarkeit, die sich nicht auf Ängste im Zusammenhang der Genitalien begrenzen läßt.[29] Schon 1953 beobachtete die Kinderpsychologin Phillis Greenacre:

> Wenn wir [...] den Begriff »Kastrationsangst« durch »den Anblick eines verstümmelten und blutenden Körpers« ersetzen, dann, denke ich, können wir uns vorstellen, was in einer bestimmten Anzahl von Kindern vorgeht [...]. Signifikant sind vor allem jene Traumata, die beinhalten, daß das Kind Zeuge eines besonders tief verletzenden Ereignisses wurde: eines verstümmelnden Todes- oder Unfalls, einer Operation, einer Abtreibung oder einer Hausgeburt.[30]

Man kann davon ausgehen, daß dies insbesondere dann zutrifft, wenn das Kind selbst verletzt wird. Der Psychiater Robert Stoller beschreibt den Fall von Mac, einem fetischistischen Kind, das sich im Alter von zweieinhalb Jahren sexuell obsessiv zu Strümpfen und Unterwäsche seiner Mutter hingezogen fühlte. Freuds Theorie, der Fetischismus entstehe zu einer Zeit, in der das Kind die weiblichen Genitalien sieht und gleichzeitig wegen Masturbation mit Kastration bedroht wird, paßt in Macs Fall nicht.[31] Greenacres Theorie über die durch Verstümmelung hervorgerufenen Traumata paßt dagegen genau: Mac war durch eine verspätete und extrem schmerzhafte Beschneidung ernsthaft traumatisiert. Auch die Beziehung zu seiner Adoptivmutter war gestört.
»Wir können uns nicht in Mac hineinversetzen«, schreibt Stoller. »Dennoch können wir uns vorstellen, wie ihre seidenweichen, der Haut so ähnlichen Slips [...] seinem Bedürfnis entsprechen, sie bei sich, als Teil von sich selbst haben zu wollen, [...] denn sie trösteten ihn zuverlässiger, als sie es tat, eine lebende Person.« Es sei eine grobe Vereinfachung, argumentiert Stoller, »den Fetisch mit dem mütterlichen Phallus gleichzusetzen« oder sogar mit der »guten Brust«, weil die theoretische Perspektive uns den Blick darauf verwehrt, wie »andere Teile der Mutter«, zum Beispiel ihre Haut, »ebenfalls im Fetisch verkörpert sind«.[32]
In einer Revision der freudianischen Theorie identifiziert Chasseguet-Smirgel den Fetisch als einen phantasierten analen Penis. Sie beschreibt einen Patienten, dessen Fetisch die Prothese seines einbeinigen Freundes ist:

> Wenn der Fetisch nichts anderes wäre als der mütterliche Phallus, dann wäre der Fall des Einbeinigen und seiner Prothese höchst rätselhaft, denn wir stehen hier vor einem doppelten Paradoxon. Der Fetisch bezieht sich auf einen Mann, und dieser Mann ist kastriert!
> [Tatsächlich hatte früher] jedes florierende Bordell eine »Frau mit Holzbein« im Angebot. Weil der anale Penis eine Präfiguration des genitalen ist, ist er *a posteriori* seine Imitation.[33]

Indem er die Illusion aufrechterhält, es gebe für ihn keine Notwendigkeit, den Vater um seinen Penis zu beneiden, behauptet der Fetischist, daß zwischen ihnen keine Rivalität vorliege und daher keine Kastrationsangst. Die Einheit von Mutter und Kind bleibt erhalten.

Ein anderer von Chasseguet-Smirgels Patienten fühlte sich, immer wenn seine Frau unterwegs war, dazu getrieben, ihre Stiefel in den Mund zu nehmen. »Der Fetisch ist die Sammelstelle aller Teilobjekte, die das Subjekt im Laufe seiner Entwicklung verloren hat.« Bei Fetischen, die mit einer Einschnürung einhergehen (wie Korsett- und Schuhfetischismus), »ist der Fetisch sowohl Inhalt als auch Behälter«[34]. Er bringt sozusagen die Brustwarze wieder in den Mund und beschwört symbolisch die Urszene herauf. Die psychologische Erklärung des Fetischismus wird allerdings zunehmend in Frage gestellt.

Die Erfindung des Fetischismus

Beschrieb Michel Foucault den Sex in *Sexualität und Wahrheit* als eine Art Generalschlüssel, so sprach er auch von der »Modell-Perversion des ›Fetischismus‹, der [...] den Leitfaden zur Analyse aller anderen Abweichungen abgegeben« habe. Aber Foucault verwarf die psychoanalytische Beschreibung der Sexualität als Kern der individuellen Identität und als Kraft, die das menschliche Handeln motiviert; die »Psychiatrisierung der Perversionen« sei das moderne Äquivalent der Beichte und die allerletzte Form des Macht-Wissens.[35]

Angeregt von Foucault, haben viele Wissenschaftler ihren traditionellen Begriff der Sexualität als eines Gegebenen hinterfragt und sowohl einen biologischen als auch einen psychologischen Determinismus verneint. Obwohl sich die essentialistisch-konstruktivistische Debatte auf »Homosexualität« konzentrierte, wurde doch gleichzeitig die Gültigkeit anderer moderner Sexualkategorien wie der des Fetischismus neu befragt. Foucaults Analyse der »Repressionshypothese« und seine Beschreibung des Aufstiegs der *scientia sexualis* hat historische Untersuchungen sexueller Praktiken und Theorien angetrieben; Foucault beschrieb den Körper als Ort der Entstehung von Diskursen und hat damit einer neuen Wissenschaft vom Körper den Weg bereitet.[36]

Ein Vergleich mit der Pornographie mag hier nützlich sein. Direkte Darstellungen und Beschreibungen von Geschlechtsorganen und sexuellen Handlungen gab es wahrscheinlich zu allen Zeiten und überall, von obszönen Höhlenmalereien bis zu ausgefeilten philosophischen und künstlerischen Schöpfungen wie dem *Kamasutra*. Einige Wissenschaftler halten dagegen, daß Pornographie als legitime, künstlerische Kategorie eine spezifisch westliche Vorstellung sei, möglich nur unter bestimmten historischen und geographischen Bedingungen. Erst in der frühen europäischen Moderne wurde Pornographie zum Selbstzweck.[37]

Antikorsettkarikatur, 1874.
(Aus *Madre natura versus the Moloch of Fashion*)

Fetischismus hat genau wie Pornographie eine eigene Geschichte. Obwohl fast jede »perverse« Handlung, die uns heute bekannt ist, schon zur Zeit des Römischen Reiches existierte, besagt das nicht, daß es Fetischismus schon immer gegeben hat.[38] Es gibt dazu zwei Theorien. Die erste behauptet die Universalität des Fetischismus – oder zumindest seine mehrtausendjährige Existenz in vielen Kulturen. Im Gegensatz dazu erklärt die zweite Theorie, daß sich der Fetischismus nur in modernen westlichen Gesellschaften entwickelt habe. Für beides gibt es Belege.

Modifikationen des Körpers und Cross-dressing werden in vielen Kulturen rituell praktiziert. Körperteile und Kleidungsstücke wurden in großem Umfang fetischisiert. So ließ sich der römische Dichter Ovid vom Reiz weiblicher Füße hinreißen, und das Einbinden der Füße bei den Chinesen zeigt viele Merkmale des Fetischismus. Die Sambia von Neuguinea (die eine rituelle Fellatio praktizieren) fetischisieren den Mund der Knaben.[39] Wenn auch die meisten Männer der meisten Kulturen fetischisieren, so scheint Fetischismus im heutigen Verständnis zuerst im Europa des achtzehnten Jahrhunderts aufge-

Wie die Pornographie, scheint auch der Fetischismus eine verhältnismäßig moderne Erfindung zu sein. »La grande épidémie pornographique...« (Aus *La Caricature*, 1882)

treten zu sein, um sich dann in der zweiten Hälfte des neunzehnten Jahrhunderts als eigenständiges sexuelles Phänomen herauszukristallisieren.

»Warum gab es im neunzehnten Jahrhundert so viele Perverse?« fragt Colin Wilson in *The Misfits*. »Es ist doch merkwürdig, daß keiner der ›Sexualwissenschaftler‹ die schlichte Tatsache gesehen hat, daß die meisten Perversionen, über die sie schreiben, aus ihrem eigenen Jahrhundert datieren.«[40] Nach Wilson »haben sich Imagination und sexuelle Frustration miteinander verbunden«, um Fetische hervorzubringen. Nicht zuletzt im Hinblick auf die populäre Vorstellung von den sexuell »frustrierten« (und deshalb »perversen«) Viktorianern ist diese Theorie hochproblematisch. Doch scheint im neunzehnten Jahrhundert etwas geschehen zu sein, was die Bedeutung der Sexualität nachhaltig verändert hat.

Das achtzehnte Jahrhundert war eine Periode des Übergangs, in der sich die traditionellen sexuellen Positionen und Verhaltensweisen auf die modernen Muster hin entwickelten. Da Gedankenfreiheit und sexuelle »Libertinage« miteinander assoziiert wurden, lösten Formen expliziter Erotik zunehmend Irritation aus. Nach und nach richteten die Menschen ihr Denken auf sexuelle Identitäten statt wie vormals auf sexuelle Handlungen. Die Entwicklung des Kapitalismus und die Urbanisierung in Europa schufen eine Umgebung, in der »Fetischisten« sich allererst als solche wahrnehmen und untereinander Kontakt aufnehmen konnten. Und doch spielen auch biologische Faktoren eine Rolle für den Fetischismus.

Die Evolution des Fetischismus

Sexualität ist sowohl ein Produkt der Geschichte als auch eines der Natur. Das menschliche Sexualverhalten (einschließlich sexueller Anomalien wie Fetischismus) wird durch biologische Faktoren mitbestimmt. Weder Geschichte noch Psychoanalyse können zufriedenstellend erklären, warum der Fetischismus, wie die anderen »Perversionen«, unter Männern soviel verbreiteter ist als unter Frauen. Soziobiologische Erklärungen bieten sich an, die solche Fragen evolutionstheoretisch, genetisch und durch Hormone erklären. Obwohl viele diesen Standpunkt mit Blick auf mögliche politische Implikationen ablehnen, scheint es doch kaum noch Zweifel daran zu geben, daß nicht nur unser Körper und unsere Genitalien, sondern auch unser Bewußtsein geschlechtlich determiniert ist.[41] Männer und Frauen haben ein unterschiedliches Verhältnis zu Liebe und Sex.

In einem Film von Woody Allen klagt Diane Keaton etwa: »Sex ohne Liebe ist eine nutzlose Erfahrung«, worauf Allen antwortet: »Ja, aber von allen nutzlosen Erfahrungen ist es eine der angenehmsten.« Der Unterschied der Einstellungen ist nicht absolut, so wenig wie physische Unterschiede es sind, und doch würde niemand die Tatsache leugnen, daß Männer im Durchschnitt größer sind als Frauen. Ausnahmen bestätigen nur die Regel. Auch die soziale Lerntheorie kann die Geschlechtsunterschiede nicht angemessen erklären. Wenn Männer soviel eher als Frauen dazu neigen, Körperteile und Kleidungsstücke als Fetisch anzunehmen, so ist das womöglich nicht nur darauf zurückzuführen, daß sie auf die falsche Weise von ihren Müttern getrennt wurden oder in einer patriarchalischen Gesellschaft aufgewachsen sind.

Die Grundsätze der Soziobiologie (oder der evolutionären Psychologie) erklären, daß sich vieles in unserem sexuellen Verhalten durch den Darwinschen Prozeß der natürlichen Auslese entwickelt hat; denn auf lange Sicht diente das der Anpassung. Wichtig ist dabei die Beobachtung, daß sich die sekundären Geschlechtsmerkmale zu ihrer aktuellen Gestalt entwickelt haben, um die Fortpflanzungstauglichkeit anzuzeigen. (Diese Information mag im Einzelfall wahr sein oder auch nicht, wenn sie nur öfter wahr ist als falsch, wird sie zum evolutionären Faktor.) Wenn sich heterosexuelle Männer demnach von Frauen mit großem Busen, schmaler Taille und weicher Haut angezogen fühlen, so deshalb, weil diese Merkmale mit jungen, gebärfähigen Frauen von größtmöglicher Fortpflanzungskapazität assoziiert sind. Unsere männlichen Ahnen, die vorpubertäre Mädchen oder ältere Frauen bevorzugten, verloren in dieser genetischen Konkurrenz. Für unseren Zusammenhang kann dies insofern eine Bedeutung haben, als man die sekundären Geschlechtsmerkmale der Tierwelt (zum Beispiel Geweihe oder farbige Federn) als biologische Moden ansehen kann – in dem Sinn, daß Variationen solcher Merkmale die sexuelle Attraktivität gegenüber anderen fördern oder einschränken können. Über die Generationen werden solche Merkmale, die anziehend wirken, weil sie Fortpflanzungsfähigkeit anzeigen, ausgelesen und somit phylogenetisch dominant.

Im gesamten Tierreich haben Männchen und Weibchen unterschiedliche Evolutionsstrategien. Männliche Säugetiere, die frei sind von den Lasten der Geburt und des Säugens, können ihr genetisches Vermächtnis maximieren, indem sie sich mit möglichst vielen Weibchen paaren. Unter den Menschen scheinen Männer daher überwiegend visuell orientierte Muster zur Erlangung sexueller Erregung entwickelt zu haben – eine Folge der ständigen Wachsamkeit, jede sich bietende Paarungsgelegenheit mit »attraktiven« (das heißt offenbar fortpflanzungsfähigen) Frauen wahrzunehmen. Die männliche Tendenz zur sexuellen Erregung durch visuelle Signale deutet wiederum darauf hin, daß die menschliche Fetischbildung biologische Wurzeln haben könnte. So betont ein Korsett zum Beispiel übertrieben die Sanduhrsilhouette, die so viele heterosexuelle Männer anzieht; auf eine männliche Untergruppe kann diese Übertreibung dann eine starke psychologische Anziehung ausüben.

Der Psychologe Glenn Wilson schreibt dazu: »Es ist möglicherweise kein Zufall, daß die Gehirnregion, die für die durchsetzungsfähige männliche Sexualität verantwortlich ist, in einem Teil des Hypothalamus angesiedelt ist, der dicht am visuellen Aufnahmesystem liegt«. Wenn die männliche Sexualität sich zu ihrem »Zielbewußtsein« entwickelt hat, so mag das einer der Gründe sein, »warum gerade Männer besonders anfällig sind für jene Verzerrungen der sexuellen Neigung, die wir als Paraphilien bezeichnen«.[42] Wilsons Untersuchungen über sexuelle Phantasien enthüllen auffällige Unterschiede zwischen den Geschlechtern, darunter fällt die in männlichen Phantasien weit ausgeprägtere Betonung visueller, voyeuristischer und fetischistischer Themen. In Männerphantasien figurieren häufig Kleidungsstücke wie beispielsweise »schwarze Strümpfe und Hüfthalter, Reizwäsche, Leder oder Krankenschwesterntracht; ein Beispiel wäre die ›jungfräuliche Sechzehnjährige in Schuluniform mit kurzem Rock‹«.[43] Männer haben solche Phantasien offenbar zweieinhalb Mal so oft wie Frauen. Man mag spekulieren, daß solche Kleidungsstücke (zumindest für manche Männer) tatsächlich die Funktion künstlicher sekundärer Geschlechtsmerkmale haben, die ihnen als Indikatoren dafür dienen, wie sexuell begehrenswert und wie verfügbar eine Frau ist.

Dominanz und rangspezifische Aggression scheinen für Männer charakteristisch zu sein, und das nicht nur, weil sie um Frauen (und andere Ressourcen) konkurrieren: Frauen, die es vorziehen, sich mit ranghohen Männern zu paaren, scheinen im ganzen auch erfolgreicher bei der Aufzucht und beim Schutz der Kinder zu sein. Dominanz und Aggression, zwei Merkmale, die sich zusammen mit der Sexualität entwickelt haben, können auf der anderen Seite auch mit der größeren Häufigkeit von Paraphilien bei Männern in Zusammenhang gebracht werden. Die Erklärung des Fetischismus als »Dominanzdefekt« konnte empirisch erhärtet werden. So zeigten männliche Studenten, denen man erzählt hatte, daß Frauen sie unattraktiv fänden, vorübergehend ein vermindertes Interesse an Frauen und reagierten stärker auf Objekte wie Schuhe und Unterwäsche.[44]

Diese künstlich herbeigeführte Fetischbildung war natürlich nicht von Dauer. Dennoch mag die Verbindung zwischen Fetischismus und Sadomasochismus mit der Abwertung des menschlichen Liebesobjektes zusammenhängen. Das klingt moralistisch (wie vieles, was zum Fetischismus geschrieben wurde), aber aus soziobiologischer Perspektive veranlassen die stabilen männlichen Merkmale den Mann zu gierigem und nicht weiter differenziertem Paarungsverhalten. Auch die Natur mag durch Zufall oder aus noch unbekannten Gründen sexuelle Varianten geschaffen haben. Aber zumindest kann man festhalten, daß die entstandenen psychologischen Merkmale auf einer Skala von Möglichkeiten in unterschiedlichem Umfang ausgedrückt werden und daß daher ein bestimmter Anteil an Individuen extreme Verhaltensweisen aufweisen wird.

Die immer überzeugendere Beweisführung der Evolutionspsychologen, daß sich das menschliche Sexualverhalten durch natürliche Auslese entwickelt habe, schließt nicht aus, daß individuelle Verhaltensweisen mannigfaltige und komplexe Ursachen haben können, einschließlich spezifischer organischer Verletzungen beziehungsweise krankhafter Veränderungen. Um die Mitte des zwanzigsten Jahrhunderts begann man die Verbindung zwischen Veränderungen im Gehirn (organischen Gehirnschäden) und »sexueller Psychopathologie« medizinisch zu erforschen. Arthur Epstein zum Beispiel untersuchte »dreizehn Fälle von Fetischismus oder fetischistischem Transvestismus; von den Patienten wiesen neun ein abnormales Elektroenzephalogramm, zwei Anfallsleiden auf, und bei weiteren fünf lagen klinisch nachweisbare Gehirnschädigungen vor«. In der Literatur zum Fetischismus fand er verschiedene Fälle, in denen zusätzlich eine Epilepsie vorlag.

Der Fall eines Sicherheitsnadelfetischisten aus den fünfziger Jahren erscheint besonders bemerkenswert. Er bekam, »wenn er auf eine Sicherheitsnadel starrte, ›glasige Augen‹« und fing an, »ein summendes Geräusch« von sich zu geben. Manchmal genügte der bloße Anblick (oder Gedanke) einer Sicherheitsnadel, um bei ihm echte Anfälle auszulösen, und es kam vor, daß er nach einer Ruhephase die Kleider seiner Frau anzog. Der Patient unterzog sich einer temporalen Lobektomie, die sowohl den Fetischismus als auch den Transvestismus zum Verschwinden brachte. Durch die Entfernung des Hirnsegments wurde ein Gehirntumor erkennbar.[45]

Epstein vermutete ferner, daß die mit Fetischobjekten assoziierten Merkmale möglicherweise mit Faktoren zusammenhängen, die sich signifikant auf die Formen des sexuellen Verhaltens und die psychosexuellen Merkmale der menschlichen Spezies ausgewirkt haben. So lassen sich zum Beispiel der Glanz, der Geruch und/oder die Form bestimmter Objekte oder Materialien mit der Evolution sexueller Erregungsmuster bei Primaten in Verbindung bringen. Um diese Theorie zu stützen, berichtete er, wie zwei nicht-menschliche Primaten im Zoo durch einen Stiefel in sexuelle Erregung gerieten. Zwischen den beiden Theorien – der evolutionären und der, die sich auf Hirnschäden gründet – gibt es keinen Konflikt, da auch beim menschlichen Fetischisten »die Beziehung zum Fetischobjekt als befreiende Erleichterung von einem Annäherungsautomatismus auf ein bestimmtes Objekt hin verstanden wird«.[46]

Probleme entstehen bei organischen (biologischen) Erklärungen, die sich ausschließlich auf das Gehirn als physisches Organ konzentrieren und das Bewußtsein, welches von ihm erzeugt wird, völlig ignorieren. Physiologische Dysfunktionen des Gehirns (insbesondere des Temporalhirns) können zwar in einigen Fällen von Fetischismus oder anderen Formen zwanghaften Verhaltens eine Rolle spielen. Nachweislich gibt es aber zumindest »zwei mögliche Ätiologien: eine, die in einem verletzten Gehirn beginnt, und eine andere, die […] antwortet vor allem auf eine psychologische Erfahrung«.[47]

Viele Psychologen sind heute überzeugt, daß die Freudschen Theorien kaum wissenschaftliche Gültigkeit besitzen; sie setzen mehr Vertrauen in neurologische Faktoren, da das Überwiegen von Paraphilien bei Männern zumindest teilweise durch genetische, hormonelle und evolutionäre Faktoren erklärt werden könne.[48] »Untersuchungen haben gezeigt, daß es möglicherweise eine genetische Disposition für die SM- und TV-Charakteristik geben kann, obwohl die Vorliebe für Leder und Gummi vollständig erlernt erscheint«, schreibt die Psychologin Chris Gosselin. »Auch scheinen manche Menschen biologisch mehr als andere für solche Konditionierungen disponiert zu sein – ihr Bewußtsein ist so beschaffen.« Ob ein Individuum diese »genetische Karte« ausspielt oder nicht, wird von seinen Lebenserfahrungen abhängen.[49] Fetischismus wird im allgemeinen als »eine Art Zwang« angesehen, »eine Kombination unüblicher ›Gehirnverdrahtungen‹ und abweichender Konditionierungen«, etwa einer »restriktiven Sexualerziehung«.[50] In vielen Fällen scheint der Fetischismus eine Übertreibung oder eine Perversion von Merkmalen zu beinhalten, die der Fetischist mit den meisten anderen Männern teilt. Bestimmte Formen des manifesten Fetischismus haben sicher mehr als eine Ursache.

Neosexualitäten und Normopathen

Die American Psychiatric Association definiert in ihrem Handbuch *Diagnostic and Statistical Manual (DSM)* Fetischismus als »wiederkehrende, sexuell intensiv erregende Phantasien, sexuelle Triebe oder Verhaltensformen, die den Gebrauch unbelebter Objekte (zum Beispiel Damenunterwäsche) mit einbeziehen«.[51] In der Praxis ist es jedoch häufig unmöglich, eine klare Abgrenzung zwischen beispielsweise Fuß- und Schuhfetischismus zu machen.

Das unbelebte Fetischobjekt ist oft, aber nicht notwendig, ein Kleidungsstück: Schürzen, Stiefel, Damenkleider und Brillen gehören dazu, Handschuhe, Taschentücher, Regenmäntel und Schuhe, auch Strümpfe, Damenwäsche und Uniformen. Oft gibt es ganz spezifische Anforderungen: Das Kleid soll naß oder aufgeschlitzt sein; die Schuhe hochglänzend oder knarrend. Fetisch kann aber auch ein bestimmtes Material sein, wie zum Beispiel Pelz, Seide, Leder oder Gummi, das in einer besonderen Verarbeitung begehrt werden kann oder auch nicht. Die Materialfetischisten wurden in die zwei Gruppen »hart« und »weich« unterteilt. Harte Fetischgegenstände (aus Materialien wie Leder und Gummi) sind häufig glatt, glänzend und schwarz, oft sind es »eng einschnürende Bekleidungsstücke oder Schuhe«. Weiche Fetische sind zart, gerüscht oder flaumig. Reizwäsche und Pelz sind Beispiele für weiche Fetische.[52]

Doch sind neben Kleidern auch viele andere Gegenstände als Fetische benutzt worden: Haarbürsten, Prothesen (Kunstglieder), Sicherheitsnadeln, Schnecken und Küchenschaben (der Fetischist kann sie sich auf den Körper setzen, während er masturbiert, oder er stellt sich vor, wie sie unter hochhackigen Schuhen knirschen), Peitschen, Rosen und die Lenkstange eines italienischen Rennrades. Es gibt auch sogenannte negative Fetische – hier wird die Abwesenheit von etwas vorausgesetzt, was normalerweise da ist: So fühlen sich manche Männer sexuell von Amputierten oder Krüppeln angezogen. Nichtsdestoweniger sind Kleider besonders wichtig, weil sie direkt mit dem Körper assoziiert werden und weil es künstliche Objekte sind, die ersetzt, gehortet und von einer Person an die andere weitergegeben werden können.[53]

Das *DSM* führt Fetischismus unter »Sexual and Gender Identity Disorders« (Störungen der Sexualität und Geschlechtsidentität) auf, ehemals unter »Psychosexual Disorders« (psychosexuelle Störungen); hier finden sich auch Exhibitionismus, Pädophilie, sexueller Sadismus und Masochismus, Transvestismus, Voyeurismus, Zoophilie und atypische Paraphilien, wie zum Beispiel Koprophilie, Klismophilie, Urophilie, Telefonskatologie und Nekrophilie. Diese Kategorisierung ist verständlicherweise vielen Enthusiasten unangenehm. Sie betrachten Fetischismus als eine unorthodoxe, aber legitime sexuelle Variante, vielleicht sogar als befreitere Sexualität.

David Kunzle vertritt in seinem Buch *Fashion and Fetishism* die Auffassung, daß psychiatrische Deutungen des Fetischismus »nutzlos, wenn nicht gar schädlich« sind.[54] Ein kritischer Umgang mit den pathologischen Fallgeschichten ist sicherlich berechtigt, aber Kunzle macht keinen Unterschied zwischen Texten aus dem vorigen Jahrhundert wie Krafft-Ebings *Psychopathia Sexualis* und zeitgenössischen medizinischen Untersuchungen zur menschlichen Sexualität. Er weist jeden Versuch, die möglicherweise unbewußte Bedeutung von Fetischmode zu analysieren, mit der Begründung zurück, daß alle psychologische Betrachtung des Fetischismus notwendig reduktionistisch und repressiv sei, weil sie das Phänomen in den Begriffen der Pathologie interpretiere. Offensichtlich als Reaktion auf solche Proteste hat die neueste Ausgabe des *DSM* die diagnostischen Kriterien für den Fetischismus geändert, und zwar von »act on these urges« (Handeln nach diesen Trieben) zu »causing clinical significant distress or impairment in social, occupational, or other important activities of functioning« (der Verursachung von klinisch nachweisbarem Streß oder einer Beeinträchtigung der sozialen, beruflichen oder anderer wichtiger Handlungsformen).[55]

Kunzle verläßt sich ausschließlich auf die »Gefühle, Erfahrungen und Urteile erklärter Fetischisten«.[56] Diese Art von »Feldforschung« ist unbedingt wichtig, wenn die Informanten auch nicht immer die ganze Wahrheit erzählen. Ihre Perspektive als Betroffene ist unvermeidlich einseitig und kann ein gewisses Maß an Verleugnung einschließen. Die Psychiaterin Joyce McDougall hat den Fall eines fetischistischen Patienten beschrieben,

> der Prostituierte dafür bezahlte, ihn auszupeitschen und ihm auf die Genitalien zu treten. Während einer Therapiesitzung berichtete er, einen anderen Klienten desselben Bordells getroffen zu haben, der ihm sagte, sie hätten sehr viel miteinander gemein, da auch er dafür zahle, an den Genitalien ausgepeitscht zu werden – aber von Jungen. Mein Patient wurde darüber sehr ärgerlich und sagte: »Aber dieser Mann ist verrückt. Wir haben absolut nichts miteinander gemein. Er ist schließlich ein Homosexueller.«[57]

Wie erklären Fetischisten, warum es für manche von ihnen sexuell erregend ist, in ein Korsett eingeschnürt und gepeitscht oder für »Wasserspiele« in ein Gummihöschen gesteckt zu werden? »Diese Frage werde ich nicht mit einer theoretischen Konstruktion über kindliche Traumata beantworten, die auf durchnäßten Pampers und Mamis kalten Händen gründet«, schreibt Pat Califia, eine Leitfigur der amerikanischen lesbischen SM- und Fetischgemeinde. »Psychoanalytische Theorien über den Ursprung sexueller Vorlieben liefern niemals nachprüfbare Hypothesen, die definiert, bewiesen oder widerlegt werden können. Statt dessen erhält man moralische Aussagen über die Inferiorität der ›anderen‹ oder eine aufbereitete Form der eigenen sexuellen Vorurteile. Eine soziologische oder anthropologische Methode erscheint vielversprechender.«[58]

Califia ist eine der schärfsten Vertreterinnen des »fetischistischen Standpunkts« mit allen Stärken und Schwächen dieser Perspektive: dem intimen Wissen einerseits und dem Verlust einer kritischen Distanz andererseits. Auf sie selbst trifft ihre Beschreibung einer englischen Bekannten zu, die sie als »Expertin für die Rationalisierung sexueller Abweichungen« bezeichnet. Unter »soziologischer und anthropologischer Methode« versteht sie, wie ich glaube, im Grunde einen rein beschreibenden Zugang zum Fetischismus, der einerseits eine Analyse dessen, was er bedeutet, vermeidet, oder aber den modernen Fetischismus an die rituellen Praktiken anderer Kulturen angleicht. Obwohl ihre Methode also nicht wirklich zufriedenstellend ist, argumentiert Califia schlüssig, wenn sie feststellt, »je mehr wir darüber wissen, was Leute tun, um so besser verstehen wir, wie sich ihr Verhalten in ihrem Leben bewährt – welche Belohnungen, Streßsituationen und Strafen es gibt«.[59] Wie Freud beobachtet hat, sind »Fetischisten normalerweise recht zufrieden mit ihrem Sexualleben oder loben sogar die Erleichterung, die er [der Fetischismus] ihrem Liebesleben bietet«.[60]

Ist Fetischismus »normal«?[61] Dieses Wort selbst ist problematisch geworden, es sei denn als Synonym für *normativ*. Viele Sexualpraktiken, die in der Vergangenheit als abnormal galten (zum Beispiel oral-genitaler Sex), sind heute weitgehend akzeptiert. Die meisten Therapeuten fragen heute nicht mehr: »›Ist dieses Verhalten normal?‹, sondern eher: ›Was sagt dieses Verhalten über diesen Patienten aus? Ist es stabilisierend, oder behindert es ihn?‹, und sie fragen natürlich: ›Ist ein solches Verhalten sozial tragbar?‹«[62] Eine Studie mit hundert Gummifetischisten ergab, daß »Fetischismus als eine isolierte Neigung bestehen kann und somit der pathologische Befund nicht anders ausfällt als bei einem Hobby wie dem Briefmarkensammeln«.[63] Und doch ist nicht zu leugnen, daß Gewaltverbrecher manchmal sexuell ernsthaft gestört sind.[64] William Heirens zum Beispiel brachte im Alter von siebzehn Jahren drei Frauen um und war schon lange vorher von »der Farbe und dem Gefühl« von Damenslips besessen.[65]

> Einige Abweichungen wie zum Beispiel die Neigung für hochhackige Schuhe als sexuelle Stimuli [...] mögen trivial oder sogar lächerlich erscheinen. Aber andere, wie das rituelle Schlagen der Frau in die Magengegend, um eine an die Vagina erinnernde Wunde zu schaffen [...], gehören zu den schrecklichsten Verbrechen der menschlichen Gesellschaft überhaupt. Der Eindruck einer Kontinuität drängt sich auf, zwischen geringfügigen Fetischisten und sadomasochistischen »Freaks« und schließlich einigen der entsetzlichen Serienverbrechen, in denen eine Eskalation von sexueller Phantasie und sexuellem Ausagieren kumuliert. Das ist der Grund, warum das Verständnis dieser Phänomene für die klinische und forensische Praxis so wichtig ist. Obwohl viele Formen sexuellen Verhaltens, die früher als pervers galten, in den letzten Jahrzehnten eine Legitimation erfahren haben, ist diesem Prozeß doch zwangsläufig eine Grenze gesetzt.[66]

Menschliche Sexualität ist niemals nur ein natürliches Handeln; sie ist immer eine psychologische Konstruktion, in der die Phantasie eine wichtige Rolle spielt. Das macht den Fetischismus so interessant. Eben *weil* er so »bizarr« erscheint – denn warum sollte jemand durch Schuhe sexuell erregt werden? –, zeigt uns der Fetischismus, wie »zwischen Sexualtrieb und Sexualobjekt eine Verlötung vorliegt«.[67] Joyce McDougall verwendet den Begriff »Neosexualitäten«, um Varianten wie den Fetischismus, die die Schaffung neuer sexueller Szenarien implizierten, zu beschreiben.[68] »Auf Grund welcher Voraussetzungen treffen Analytiker, die ein Verhalten oder eine Phantasie als pervers bezeichnen, solche Aussagen?« fragt sie. »Anpassung an die Realität« hört sich zwar gut an, aber wessen Definition der Realität soll gelten? Welche Werturteile verbergen sich hinter der Kritik an der perversen Phantasie? Wir nehmen an, daß letztlich immer der andere pervers ist. Aber zumindest einige derer, die sich »dem imaginativen Leben verweigern« (McDougall nennt sie »Normopathen«), agieren auf eine schädliche und entwürdigende Weise. Ist es nicht auch pervers, wenn »der Normopath alles in der Missionarsstellung erledigt«?[69]

»Früher war ein Perverser einfach einer, der es zum Beispiel mit alten Schuhen trieb«, schreibt der »Laie« George Stade, »aber das ist vorbei, zumindest wenn man Leute mit klinischer Erfahrung liest.« Denn »die Fachleute sind sich einig […], daß jemand nicht durch das, was er in sexueller Hinsicht tut, pervers ist […], sondern durch die Geistesverfassung, in der er es tut« – mit »Phantasien von Erniedrigung und Rache« zum Beispiel oder mit dem »Verlangen, […] die ursprüngliche Einheit von Mutter und Kind wiederherzustellen«. Aber Stade fragt auch, »ob sich Menschen überhaupt mit Sex abgeben würden, wenn man ihnen Rache- und Unterwerfungsphantasien nähme?« (Wie müßte eine »normale« Phantasie aussehen?) Wie Stade beobachtet, »verlieben sich viele Männer in Frauen, die als Ebenbild für die Mutter einspringen, und […] wenn sie mit denen nicht ins Bett steigen wollen, dann will ich verdammt sein, wenn ich überhaupt noch weiß, was sie wollen«. Es ist einfacher, die »Normalen« zu identifizieren. »Sie sind wir.« Wir müssen nur das ganze polymorph-perverse Verhalten ignorieren, das wir unter der Bezeichnung »Vorspiel« kennen.[70]

Was aber wird, wenn »Normale« und »Perverse« anfangen, sich gleich zu kleiden?

MODE UND FETISCHISMUS

Fetischistische Träume auf dem Laufsteg.
(Vivienne Westwood)

Heutzutage sind Bondage, Leder, Gummi und Second-Skin-Moden, lange, enge Röcke, geschlitzte Kleider und Damenstiefel mit Reißverschluß – alles, wovon Fetischisten träumen – direkt bei Alaïa, Gaultier, Montana und Versace erhältlich.«[1] *Vogue* berichtete 1992, daß viele der international wichtigsten Modeschöpfer ihre Anregungen aus dem Bereich der sexuellen Perversionen holten. Ein Jahr später jedoch verabschiedeten einige Beobachter Fetischmoden als vorübergehende Laune: »Es ist vorbei mit den Stilen, die Bondage und SM verherrlicht haben.«[2] Aber das war offensichtlich falsch.

In den letzten dreißig Jahren hat sich die Mode einen zunehmend »spielerischen« Umgang mit fetischistischen Themen zu eigen gemacht. Unabhängig vom Auf und Ab der Saisonkollektionen hat sich die Mode wiederholt und nachdrücklich fetischistischen Stilen zugewandt. Der Fetischismus ist zu diesem geschichtlichen Zeitpunkt besonders signifikant, da er nicht mehr vorrangig mit individuellen sexuellen »Perversionen« oder sexuellen Subkulturen assoziiert wird. Bislang geheime Praktiken sind in der Alltagskultur sichtbarer geworden. Bis ungefähr 1965 existierte die fetischistische Bildwelt überwiegend im verborgenen, etwa in Sexmagazinen wie *High Heels*, und Fetischmoden waren nur schwer erhältlich. Aber dann wurden die Objekte und Bilder, die mit Fetischismus assoziiert werden, allmählich aus den Schränken geholt.

Fetischstiefel und Catsuits

Die »sexuelle Befreiungsbewegung« der sechziger und siebziger Jahre führte zu einer Neubewertung der sexuellen Abweichungen. Man verabschiedete sich von der »Prüderie«, jenem unglückseligen historischen Produkt, das sowohl der »christlich-jüdischen Religionstradition« als auch dem Aufstieg der kapitalistischen Bourgeoisie zu verdanken war. Das »Körpertabu« sollte »im Zuge der Reaffirmation menschlicher Sexualität und der Verneinung sexueller Schuld« zerbrechen.[3] Da Rebellion und Lust privilegiert und die gesellschaftlichen Restriktionen deshalb entsprechend kritisiert wurden, wurde die »perverse« Sexualität öffentlich als verführerisch anerkannt.

Die erste Fetischmode, die allgemeine Anerkennung fand, waren hohe Lederstiefel, die bis dahin in erster Linie mit Prostituierten, besonders mit der strengen Domina, assoziiert wurden. »Mode oder Fetisch?« fragten die Herausgeber von *High Heels*.[4] Die hochhackigen Lederstiefel konnten knie- oder schenkelhoch sein und waren häufig geknöpft oder geschnürt. Ein Leser von *Bizarre Life* sandte zwei Fotos des englischen Models Jean Shrimpton ein mit der Bemerkung: »Ich dachte, Ihre Leser könnten es erregend finden, so etwas zu sehen. Die hohen ›Dominastiefel‹ jagen mir Schauer über den Rücken, wann immer ich sie ansehe, und ich muß zugeben, auch Jeans langes, volles Haar ist aufregend.«[5]

Die Fernsehserie *Mit Schirm, Charme und Melone (The Avengers)* war besonders daran beteiligt, Fetischmoden populär zu machen. Diana Rigg spielte Emma Peel, eine kraftvolle, sexuell attraktive Frau, deren lederner Catsuit unmittelbar von den »Couture«-Fetischkostümen, die John Sutcliffe von Atomage entworfen hatte, beeinflußt war. Die erste Version des Emma-Peel-Kostüms war dem Prototyp von Atomage noch ähnlicher, aber die Produzenten der Serie hielten sie für zu fetischistisch, und so wurden die Gesichtsmaske und Kapuze weggelassen.

1990 lebte das Interesse am Emma-Peel-Stil während einer Mode-Retro der sechziger Jahre wieder auf. Um diese Zeit wurde Emma Peel in der Modepresse als feministische Heroin gefeiert und mit Catwoman verglichen, die ebenfalls kühn und weiblich ist. Das Image einer Frau, die sowohl stark als auch sexy ist, sagt offenbar vielen Frauen (und Männern) zu. Was immer er bedeuten, ist dieser Stil nichts, was Frauen von männlichen Modedesignern aufgezwungen worden ist.

Es ist wichtig festzuhalten, wie *gängig* Fetischmode über einen ziemlich langen Zeitraum gewesen ist. »Die sechziger Jahre waren für die von uns, die sich für exotisch-erotische Kleidung interessierten, herrliche, wundervolle Jahre«, erinnert sich ein Gummienthusiast.[6] In den Siebzigern wurden dann fetischistisch inspirierte Moden (wie die hohen Dominastiefel, Leder und Bekleidung mit Korsettverschnürungen) selbst in billigen Kaufhäusern wie Montgomery Ward angeboten. Auch Männerbekleidung wurde in dieser Zeit deutlich erotischer, als der Rock and Roll einen neuen Typ männlicher Rollenmodelle präsentierte. Eine anonyme Lederfrau erklärt das folgendermaßen:

> Freizügigkeit bringt immer neue Einsichten mit sich. […] Wir sind blasierter geworden. […] Wir sagen »Das ist seine Schwierigkeit« oder noch beiläufiger »Er braucht das!« […] Wer auf Leder steht, wird nicht mehr als »Freak« angesehen. […] Die sich auf der Bühne produzierenden Rock-and-Roll-Sänger mit ihren hautengen Lederanzügen sind die männlichen Sexsymbole unserer jungen Generation. […] Es gibt überhaupt keinen Zweifel, daß Leder Männlichkeit repräsentiert, und das ist es, was unsere Mädchen (trotz ihres Geschlechts) wollen.[7]

Lange bevor Madonna zur Speerspitze einer Massenrezeption der »SM-Bildlichkeit« wurde, gab es schon viele Darsteller, die Fetischkleidung verwendeten.[8] Die Punks, eine Jugendsubkultur, die mit Bands wie den Sex Pistols assoziiert wird, trugen besonders dazu

Emma Peel in *Schirm, Charme und Melone*, einer Fernsehserie der sechziger Jahre, die Fetischkleidung wie den ledernen Catsuit populär machte.
(Archive Photos)

bei, den Fetischismus in Mode zu bringen. Der *style in revolt* war ein gezielt abstoßender Stil, der anstößige oder bedrohliche Gegenstände wie Hundehalsbänder und Ketten in die Mode einbrachte, deren Funktion es war, gewöhnliche Beobachter zu erschrecken:

> Sicherheitsnadeln wurden durch Wangen, Ohren oder Lippen gebohrt […] und als grausige Ornamente getragen. »Billige« Kitschmaterialien (Plastik, Lurex usw.) in vulgären Mustern (zum Beispiel nachgemachtes Leopardenmuster) und »widerliche« Farben, längst von den Qualitätsherstellern der Modeindustrie als obsoleter Kitsch ausrangiert, wurden von den Punks gerettet und in Kleidung verwandelt […], die einen selbstbewußten Kommentar zu den Begriffen Modernität und Geschmack abgab. […] *Vor allem wurde die verborgene Ikonographie des sexuellen Fetischismus […] aus dem Boudoir, dem Schrankversteck und dem pornographischen Film ans Tageslicht und auf die Straße gebracht.*[9]

Punkfrauen »haben sich diesen verbotenen Diskurs angeeignet und seine Bedeutungen unterminiert oder sie neu definiert«.[10] Sie bedienten sich sexueller Klischees, trugen Netzstrümpfe, Stilettabsätze, sichtbare Korsagen und Gummiregenmäntel. Die Sängerin Siouxsie Sioux trug schwarze Unterhosen in Wet-look-Vinyl zu einem Ketten-BH, und dazu auf der einen Seite einen hüfthohen Stiefel, auf der anderen einen hochhackigen Schuh mit Knöchelriemchen, auf denen »Bondage« stand. Dazu auch noch eine Naziarmbinde.

Vivienne Westwood war die Modedesignerin, die am engsten mit den Punks verbunden war. 1974 gestaltete sie ihren Laden in eine eindeutige Sexboutique für SM, Bondage und Fetischgegenstände um und verkaufte Gummikleidung, Bondage-Accessoires, Leder und exzentrische Schuhe. Die Ladenräume waren mit Peitschen, Ketten, Masken, »Tittenklammern« und sogar einem Krankenhausbett mit Gummibettuch dekoriert. Die eine Hälfte der Kunden waren Fetischisten (die sich teure Gummianzüge maßschneidern ließen), die andere Hälfte junge Leute, die Kleider haben wollten, die einen »Tabubruch« in sich bargen und »ein Statement dazu abgeben, wie böse man ist«.[11] »Die Bondage-Klamotten waren sichtlich restriktiv«, sagt Vivienne Westwood, »aber angezogen gaben sie einem das Gefühl von Freiheit.«[12]

Vivienne Westwood selbst kleidete sich in den frühen Siebzigern »in totalem SM«. Sie trug »Gummistrümpfe, dazu Negligés und Stilettschuhe, und später, als alle textilgebauscht in Glockenröcken und auf Plateauschuhen gingen, erschien sie in voller Bondage-Ausrüstung«. Es war eine Art Herausforderung an die »orthodoxe Kleiderordnung«.[13] Westwoods früherer Partner Malcolm McClaren meinte kürzlich, daß Gummi und Leder, weil sie »eine so radikale Haltung symbolisieren […], die Fetischmode zum Inbegriff der Jugendlichkeit gemacht haben«.[14]

Terroristenschick

Die unheimliche Latenz von Sex und Gewalt betraf nicht allein die Stile der Subkultur. Die Mode der Siebziger insgesamt hatte einen so starken Unterton von perverser Erotik und sadomasochistischer Gewalt, daß ein Wissenschaftler den Stil ungnädig als »Terroristenschick« bezeichnete.[15] Die »Phantasiekleider« der sechziger Jahre waren durch eine »neue Brutalität« ersetzt worden.[16] Selbst Schaufenster von Kaufhäusern zeigten Schaufensterpuppen mit verbundenen Augen, gefesselt und niedergeschossen, und in Modemagazinen wurden Perversität und Dekadenz betont.

»Die Freaks der Striplokale und des perversen Sex finden ihren Widerhall in der heutigen Dekadenz«, schrieb Barbara Rose in einem Essay für die amerikanische *Vogue*. Der Artikel war von Helmut Newton illustriert, dessen »Fotografien wunderschöner gefangener oder zusammengeschnürter Frauen die Verbindung von Befreiung und Bondage akzentuierten. […] Ein anonymes Hotelzimmer beschwört Phantasien eines möglichen erotischen Abenteuers. […] Glitzernde Oberflächen fangen und reflektieren das Licht in Bildern, die Eleganz mit Schmerz und die Opulenz des Fin de siècle mit zeitgenössischer Entfremdung verschmelzen.« Da in diesen sadomasochistischen »Minidramen« jedoch üblicherweise »kein sichtbarer Unterdrücker« auftauchte, zeigten diese Fotos, wie Barbara Rose meinte, daß »die Frauen selbst für ihr ›Gebundensein‹ (bondage) verantwortlich waren«.[17]

Von Helmut Newton behauptet man, daß er »den Fetischismus hoffähig gemacht« habe. Damals in den Siebzigern mußten Modestylisten, die geeignete Accessoires für seine Fotos aussuchten, Geschäfte durchstöbern, die im allgemeinen eher Prostituierte und Fetischisten belieferten. Aber in den neunziger Jahren ist auch die Haute Couture zu seiner Sicht der modernen Frau gekommen.[18] Obwohl man es nicht Newton allein anrechnen kann, den Fetischismus in die Mode eingeführt zu haben, hatten seine Fotos doch einen außerordentlichen Einfluß, eben weil sie die Verbindung zwischen Sexualität und Macht fokussieren. Auf traten hier der Voyeur, der Exhibitionist und die Prostituierte, der Fetischist und der Sadomasochist, der Transvestit und die strenge Domina.[19]

Betrachten wir zum Beispiel ein Foto aus einer Serie von Newton, das unter dem Titel »Woman or Super-Woman« in der französischen *Vogue* 1977 veröffentlicht wurde. Eine Frau steht vor einem Spiegel, sie trägt einen Sturzhelm und Reitstiefel; die Beine kraftvoll auseinandergestellt, öffnet sie einen schwarzledernen Trenchcoat von Claude Montana, einem Designer, der bekannt ist für seine aufregenden Lederverarbeitungen. Obwohl der Spiegel in der Kunst normalerweise als Sinnbild der weiblichen »Eitelkeit« figuriert, wird hier eher das Spiegelgefecht des fetischistischen Masturbators ins Gedächtnis gerufen. Die Reiterin oder Amazone mag man als Unterkategorie der strengen Domina ansehen, und tatsächlich zeigt das Foto auf der nächsten Seite der *Vogue* ein bekanntes Model in klassischen Reit-Breeches von Thierry Mugler. Sie reitet auf dem Rücken eines Mannes. Dem Text zufolge gehören der Trenchcoat und die Reithosen zur Garderobe der »femmes conquérantes«.

Die fetischistische Wirkung von Reitrequisiten spielt in der fetischistischen und sadomasochistischen Pornographie traditionell eine Rolle. Es vermischt sich da die Vorstellung der Frau als Reiterin manchmal mit dem Gegenteil. 1994 brachte die amerikanische *Vogue* Newtons Foto »Saddle«. Darauf ist eine Frau in Reithosen und Stiefeln auf einem Bett zu sehen – auf ihrem Rücken trägt sie einen schweren Sattel, sie scheint bereit, bestiegen zu werden. Es ist jedoch ein Unterschied, ob die Visitenkarte einer Prostituierten die Erfüllung von »Reiterphantasien« anbietet oder ob die »berittene Herrin« der pornographischen Phantasie im international renommiertesten Modemagazin erscheint.

Nach dem Aufruhr der sechziger Jahre bildeten auch die Siebziger keine Ruhephase. Obwohl die politische Radikalität der Studenten mit dem Ende des Vietnamkriegs zurücktrat, löste sich doch in allen anderen Hinsichten der kulturelle Radikalismus der Sechziger nicht nur nicht auf, sondern breitete sich in der übrigen Gesellschaft aus. Die sexuelle Revolution erfaßte die Massen. Gesetzliche Einschränkungen und Zensur wurden gemildert, und die Kommerzialisierung und Versachlichung der Sexualität florierten.

»Ans Licht mit schwarzen Strümpfen und Stiefeln?« fragte 1975 das beliebte Journal *Sexology* in einem Artikel und fügte beteuernd hinzu: »Ein bißchen ist jeder Fetischist. Lassen Sie sich überraschen! Sex in allen Variationen ist gesünder als keiner – also genießen Sie ihn.« Der Autor Roger Madison fügte hinzu, daß Extremfälle ein Problem darstellen könnten. »Aber kein allzu schlimmes.« Der Mann, den sein Verlangen zu Schuhen treibt, möchte vielleicht »rehabilitiert werden« – sonst hat er »eben ein sehr einfaches und nicht zu teures Sexualleben«. Schließlich »verletze« der Fetischist niemanden »wirklich«, und letztlich erscheine es wichtiger, »die Falle der neurotischen Schuldgefühle« zu vermeiden.[20]

Dennoch kam es immer noch darauf an, was denn als Fetisch diente. Für den Autor eines Taschenbuchs, das Pop-Psychologie mit Softpornographie verband, verhielt es sich so: »Wenn sich das Begehren auf ein Paar alter Armeestiefel richtet – um ein völlig absurdes Beispiel zu geben –, müßten wir therapeutische Maßnahmen zur Beseitigung dieses besonderen Fetisches ergreifen. Aber die weit häufiger anzutreffende Neigung, die sich auf den hochhackigen Damenstiefel richtet, ist eine andere Sache.« Der Stiefel ist schließlich mit dem Bein verbunden und das Bein mit der Vagina, und so verkehrt der Fetischist eben auf diese Weise mit der Frau! Und »Männer *lieben* nun mal hohe Hacken wegen der einengenden Wirkung, die sie auf den weiblichen Gang ausüben«.[21] Im Rückblick sehen wir die Lücken dieser Analyse. Das »Paar alter Armeestiefel« erschien »absurd« und krankhaft, da es eine homoerotische Neigung impliziert. Das Fetischisieren des *weiblichen*

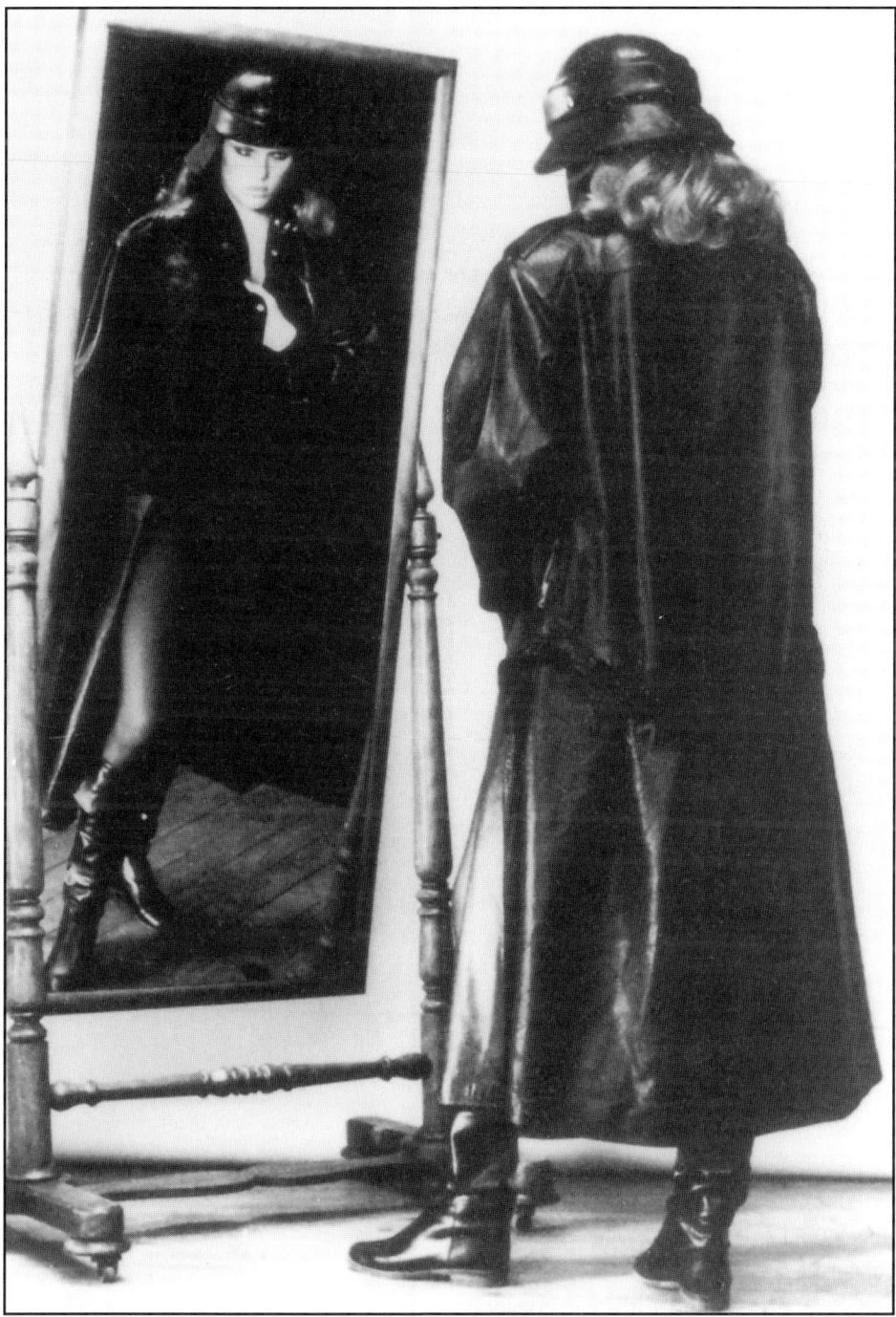

»Woman or Super-Woman«?
Ledertrenchcoat von Claude Montana, fotografiert von Helmut Newton
für *Vogue* [Paris], 1977. (Helmut Newton und *Vogue* [Paris])

Körpers und der weiblichen Kleidung, sogar das Interesse an Bondage, erschien im Gegensatz dazu normal und gesund.

Wechseln wir von billigen Taschenbüchern zu Universitätslehrbüchern, dann sehen wir, daß Fetischismus zunehmend als Problem nur noch »einer älteren Generation« beschrieben wurde, da »mit einer verstärkten öffentlichen Zurschaustellung des Körpers solche Fetische verschwinden müßten«.[22] Aber solange es Fetische gebe, müßten sie auch toleriert werden. Während die medizinischen Fachleute gegenüber männlichen Fetischisten einen zunehmend großzügigeren Ton anschlugen, wurden sie kritischer gegenüber deren Ehefrauen. Der Kolumnist der *Medical Aspects of Human Sexuality* beantwortete eine Frage zu einem Mann, der von seiner Frau verlangte, während des Sexualaktes teilweise bekleidet zu bleiben (»Verlangt ein derart obsessives Verhalten psychiatrische Hilfe?«), gereizt: »Was hier wirklich tiefgehender untersucht werden sollte, ist das Bedürfnis der Ehefrau, aus diesem Wunsch ein Problem zu machen. […] Man würde gerne Näheres über ihre Einstellung zur Sexualität erfahren.« Es wurde eine Eheberatung empfohlen, »falls die beiden die Situation weiterhin als Problem erfahren sollten«.[23] Das Buch *Sex and the Liberated Man* ermunterte Frauen »nachzugeben, zumindest in einem gewissen Maß«.[24]

> Das bedeutet nicht, daß Sie einwilligen müssen, wenn Ihr Partner mit Ihnen und einer Boa constrictor ins Bett gehen will! Fetische und fetischistische Handlungen gibt es in den verschiedensten Ausprägungen, und manche mögen Ihnen recht unangenehm vorkommen […], dennoch können Sie versuchsweise herausfinden, ob Ihr Partner nicht einige harmlose Fetische hat, mit denen Sie sich arrangieren können. Wenn Sie das tun, werden Sie sie [!] besonders dankbar finden. Umgekehrt werden Sie sich ihr [!], wenn Sie sie [!] dazu bringen können, Sie Ihrer Neigung zu einigen harmlosen Fetischen nachgehen zu lassen, viel näher fühlen – und möglicherweise merklich stärker stimuliert sein als sonst. Besonders wenn einer von Ihnen beiden bestimmte Sexprobleme hat […], kann sich das Ausleben fetischistischer Lüste für die Erreichung der größtmöglichen Harmonie als wünschenswert erweisen.[25]

(Auffällig ist, wie die Geschlechtsidentität der fetischistischen Partnerin oszilliert.)
In den späten siebziger und in den achtziger Jahren fand eine Art Umkehr im öffentlichen wie psychiatrischen Urteil statt. Die sexuelle Befreiung verlief keineswegs glücklich und gesund. Man konnte jetzt die »viktorianische« Haltung gegenüber der Masturbation kritisieren und dennoch den Mann, der vor den Bildern gefesselter Frauen oder verstümmelter Körper masturbierte, verurteilen. Robert Stollers Buch *Perversion* hatte besonders auf Psychiater Einfluß. Die Frauenbewegung richtete ebenfalls die Aufmerksamkeit auf die Formen, in denen männliche Sexualität Frauen ausbeutete und entmenschlichte. Die erneute Hochschätzung des Fetischismus, wie auch die neue Kritik der Pornographie und

»sexistischer« Bilder im allgemeinen, führte schließlich zu ernsthaften Unstimmigkeiten zwischen Feministinnen einerseits, die für eine Zensur votierten, und den radikalen Porno-Befürworterinnen andererseits.

Mehr S als M

Mode, ganz besonders die Modefotografie, hat in der Sex- und Pornodiskussion, die in den Siebzigern begann und bis heute geführt wird, eine wichtige Rolle gespielt. Der orthodoxe Feminismus hob die aggressiven Aspekte des »männlichen Blicks« und die Art und Weise hervor, in der Mode Frauen zu Objekten macht. Die besonders unmittelbar erotischen Modestile und Modefotografien handelten sich die meiste Kritik ein. Aber zu Beginn der achtziger Jahre warfen feministische Wissenschaftlerinnen die Frage auf, ob die Bildwelt der Mode wirklich so einfach entschlüsselt werden könne.[26] Reagieren Frauen auf Modebilder notwendig mit passivem Narzißmus? Könnte es nicht sein, daß einige Betrachterinnen (zum Beispiel Lesben) Modebilder ablehnen oder subversiv konsumieren? Nach Rosetta Brooks verwendeten Fotografen wie Helmut Newton die herkömmlichen Formen der pornographischen Fotografie auf eine Weise, die existierende Stereotypen in Frage stellte und »die Problematik des Sexismus offen anprangerte«.[27]

»Modeberichte, die Frauen in erster Linie als Sexualobjekte, ja sogar als Masturbationsvorlagen zeigen, haben eine Auswirkung darauf, wie *alle* Frauen gesehen werden – eine Auswirkung, die durch ihre Unterschwelligkeit nicht weniger stark ist und auch nicht weniger gefährlich, weil ihr Medium die Mode ist«, behauptet der Modereporter Colin McDowell.[28] Da aber alle Kleider geschlechtsbezogene Botschaften beinhalten, ist die englische Modedesignerin Helen Storey der Ansicht, daß »ein Laura-Ashley-Arbeitskittel, der die dienstbare Frau hübsch an ihren Platz gekettet [zeigt], bei weitem furchterregender ist als schwarze Plastikstiefel«.[29]

Als 1991 die Journalistin Sarah Mower Helen Storey über den Symbolismus ihrer eigenen, sexuell ansprechenden Bondage-Kollektion befragte, bestand die Modedesignerin darauf, daß ihre Kleider »eher befreiend als restriktiv« seien und daß sie von der »Wut« der Frauen handelten. Sarah Mower meinte, »die neue Art, Bondage zu betrachten, sei vom Standpunkt der Frau weit eher S als M«. Wichtig sei es, sich daran zu erinnern, fügte Mower hinzu, »daß Mode und Fetischismus eine lange Geschichte haben […], was am Anfang schockiert, wird mit der Zeit zum Gemeinplatz«.[30]

Viele vom Fetischismus inspirierte Moden haben ihren Weg »auf die Modeseiten der Magazine, in die Geschäfte und auf die Straßen« gefunden. Die britische *Elle* kam im Dezember 1987 mit einem Titelblatt heraus, das Kleidung in glänzendem PVC, Lycra und Gummi zeigte. Im Januar 1988 zeigte *Elle* ein schwarzes Satinkorsett und einen Supermini in Leder. Die Februarnummer von *Elle* kombinierte ein schwarzes Gummijackett von

Ectomorph mit einem Bondage-Schnürgürtel und so weiter. Natürlich »sind Wörter wie ›Fetisch‹ oft zu direkt und zu bedrohlich für die Zwecke des großen Marktes – also müssen andere Begriffe gefunden werden [...] wie ›körperbewußt‹, ›Glanzmode‹ (*slick chic*) oder schlicht ›sexy‹«.³¹ Heute wie schon in den achtziger Jahren wird »fetischistisch beeinflußte« Mode häufig ganz einfach als »sexy« Mode interpretiert.

Da Fetischmode oft der Ausstattung der strengen Domina gleicht, kann sie auch als Unterkategorie des »Power Dressing« gelten, des Hauptmodetrends der achtziger Jahre. »Die Fotografien Helmut Newtons aus den siebziger und achtziger Jahren übten starken Einfluß aus«, sagte 1994 die Designerin Liza Bruce. »Die Vorstellung von sehr starken Frauen.«³² Vielen Frauen gefällt auch die Vorstellung des »bad girl«, des schlechten Mädchens. 1980 veranstaltete die amerikanische Designerin Betsey Johnson eine Modenshow im Mudd Club und zeigte »bad girls« hinter Gittern. In neuerer Zeit wählten die feministischen Veranstalterinnen einer Kunstausstellung den Titel »Bad Girls« (schärfer als zum Beispiel »Angry Women« es wäre, zornige Frauen), um die gezeigten Künstlerinnen zu charakterisieren. Viele Frauen tragen Kleidungsstücke mit fetischistischem Anklang. Ob sie es tun, um Männern zu gefallen, oder ob sie selbst an Objekten wie hochhackigen Schuhen oder Reizwäsche erotische Befriedigung finden, mag für den Augenblick offenbleiben.

Es ist allerdings anzunehmen, daß die Sex-and-Power-Figur des schlechten Mädchens Teil der Anziehung ist, die die Fetischmode auf Frauen ausübt. Das bringt uns zurück zur Frage des weiblichen Fetischisten. Einige Feministinnen scheinen es fast als Stigma anzusehen, daß es so wenig weibliche »Perverse« gibt. Diese nehmen im Vergleich zu den verhuschten, unterdrückten Neurotikerinnen die heroischen Konturen der hochgehandelten »bad girls« an. Unter diesen Umständen erscheint die ruhelose Suche nach weiblichen Fetischisten wie eine seltsame Aneignung oder, wie Naomi Schor fragt, vielleicht sogar »als die letzte und subtilste Form des Penisneids«.³³

Da Freud den Fetischismus in den Begriffen einer phallischen Symbolik erklärte, wird er oft des »Phallozentrismus« beschuldigt. Für viele feministische Theoretiker und Theoretikerinnen ist der Fetisch »ein Symptom sowohl des Kapitalismus als auch des Patriarchats, in seiner Doppelfunktion, Objekte zu verherrlichen und Frauen zu objektivieren: eine Perspektive, die erneut bedeutet, daß der Fetischist immer männlich ist, während die Frau selbst zum Fetisch wird, zum perfekten Objekt«. Andere Feministinnen jedoch haben beobachtet, daß diese Analyse »dazu führen kann, daß das weibliche Begehren unberücksichtigt bleibt«. Die neuere Theorie behauptet daher, daß

> der Fetisch, solange er im System einer phallischen Ordnung erscheint, diese Ordnung zerstört, indem er die Sexualität vom [...] Fokus ihrer »richtigen« Anziehung – nämlich den Genitalien des anderen Geschlechts – fortverlegt, letztlich überhaupt fort vom geschlechtlich bestimmten Körper. Statt dessen lenkt er die

Sexualität auf eine Beschäftigung mit dem Fragment und dem Unbelebten hin [...], und da der Fetisch ein Objekt am falschen Ort ist, bricht seine Gewalt außerhalb einer Hierarchie der »Normalität« hervor. [...] Fetischismus wird insofern als Perversion eingestuft, als er Grenzen beseitigt und die phallozentrische oder penisfixierte Sexualordnung zerstört.[34]

Diese Form der feministischen Kritik frustriert durch die Art und Weise, wie sie scharfsinnige Analyse mit ideologischer Plakativität verbindet. Frauen werden ständig zu Objekten gemacht, sie werden als »Arsch und Titten« behandelt. Und es ist doch gleichzeitig nicht angemessen, Frauen einzig und allein in der erzwungenen Opferrolle zu sehen; denn sie sind auch sexuell begehrende Subjekte. Aber es ist naiv, sich vorzustellen, daß Sexualität »gänzlich vom geschlechtlich bestimmten Körper« wegdefiniert werden könnte. Sind wir Hermaphroditen? Auch ist es nicht erwiesen, daß sich die weibliche Lebensqualität verbessern würde, wenn sich die Sexualität auf das Fragment, das Unbelebte richtete. Das Konzept, »die phallozentrische [...] Sexualordnung« aufzubrechen, gehört zu den Lieblingsvorstellungen mancher Akademiker, aber es bleibt die Tatsache bestehen, daß Fetischisten selbst eher ausgesprochen »penisfixiert« sind.

Obwohl Frauen weitaus seltener durch Bekleidungsartikel bis zum Orgasmus erregt werden, kommt es doch vor. Juliet Hopkins veröffentlichte eine Fallstudie über Fuß- und Schuhfetischismus bei einem sechsjährigen Mädchen. Allerdings fügt die Autorin hinzu, »daß das Mädchen psychotisch war und glaubte, ein Junge zu sein«.[35] In ihrem wichtigen, erst kürzlich erschienenen Buch über weiblichen Fetischismus erwähnen Lorraine Gamman und Merja Makinen einige Fälle weiblichen Fetischismus, darunter eine siebzehnjährige Regenmantelfetischistin und eine weitere, die auf weiße Strümpfe fixiert war und zudem an Bulimie litt. Die Autorinnen stellen außerdem die provokative (aber nicht besonders überzeugende) These auf, daß Störungen des Eßverhaltens wie etwa Bulimie als eine Art von Nahrungsfetischismus angesehen werden könnten.[36]

Der Psychiater Robert Stoller hat über einige fetischistische Transvestiten berichtet, die Frauen waren. Eine davon erklärte, daß »die schlichte Tatsache, Männerkleidung anzulegen«, einen »Orgasmus hervorrufen« könne, der ihr »weit größere Befriedigung« verschaffe als normaler Geschlechtsverkehr. In ihrer frühen Jugend hatte sie ihren ersten Orgasmus, während sie einen Anzug ihres Bruders trug, »und als ich mich selbst im Spiegel betrachtete, fand ich, daß ich meinem Vater ungeheuer ähnlich sah«.[37] Eine andere Frau bekannte, daß sie seit ihrem elften Lebensjahr immer »sexuell erregt« wurde, wenn sie Levi's trug: »Wenn ich ein Paar blaue Levi's-Jeans anziehe – kein anderes männliches Kleidungsstück hat diesen Effekt –, fühle ich mich mehr als einfach nur männlich. Die Erregung setzt unmittelbar ein – wenn ich anfange, sie hochzuziehen [...], zu den Oberschenkeln hin.« Das orgasmische Gefühl wurde noch gesteigert, wenn sie Stiefel trug.[38]

Frauen tragen natürlich oft Männerkleidung, aber normalerweise aus praktischen, politischen oder modischen Gründen, *nicht* aber, weil ihnen die Kleider eine direkte erotische Befriedigung verschaffen. (Bei Frauen sind Transsexuelle häufiger als Transvestiten.) Das Argument, daß Männer in Frauenkleidern ungerechterweise als »Perverse« stigmatisiert werden, während Cross-dressing bei Frauen gesellschaftlich erlaubt ist, geht fehl. Nicht das Verhalten ist signifikant, sondern das, was das Verhalten anzeigt. Eine Frau in einem tief ausgeschnittenen Kleid mag exhibitionistisch sein, aber sie ist keine Exhibitionistin von der Art eines Blitzers – ihre Gefühle und Motivationen sehen anders aus.

Diffusion der Perversionen

Fetischismus ist nicht dasselbe wie Kleidererotik. Betrachten wir einen Dichter aus dem achtzehnten Jahrhundert, Robert Herrick, den der Modehistoriker James Laver als den »ersten Fetischisten« beschrieb. In einem Gedicht formuliert Herrick so:

> Wenn in Seide meine Julia geht,
> Dünkt mich, wie so lieblich
> Fließt ihr Kleid.

Aber es war nicht die Seide an sich, die Herrick anzog. Er bezieht sich vielmehr auf sie, um auf Julias zarten, seidigen Leib und das ekstatische Schmelzen des sexuellen Orgasmus anzuspielen. Ganz ähnlich verhält es sich, wenn er schreibt: »Wenn lieblich aufgelöst das Kleid, entflammt in Kleidern Lüsternheit.« Die in Unordnung geratenen Kleider der Geliebten zeigen den Moment der erotischen Enthüllung, Entkleidung als Vorspiel des Liebesaktes. Nicht den »verführerischen Unterrock« wünschte er zu umarmen, sondern Julia selbst. Herrick mag fetischisiert haben, aber er war kein Fetischist; er war lediglich empfänglich für die vielen anderen erotischen Aspekte der Kleidung – für ihre taktile Sinnlichkeit zum Beispiel, ihre Rolle im Liebesvorspiel und ihre doppeldeutige Funktion am Körper, den sie gleichzeitig verhüllt und zur Schau stellt. Das alles mag Frauen ebenso gut gefallen wie Männern. Es gab einige wenige »wirkliche« Fetischisten im achtzehnten Jahrhundert, aber erst nach 1850 scheinen sie verbreiteter gewesen zu sein.

Das historische Verständnis der Sexualität des neunzehnten Jahrhunderts hat in den letzten zwanzig Jahren dramatische Veränderungen durchlaufen. Als Steven Marcus 1966 sein Buch *Die Umkehrung der Moral* veröffentlichte,[39] akzeptierten die meisten Wissenschaftler sein Bild des viktorianischen Sexuallebens als einer heuchlerischen Prüderie, die Pornographie und Perversion überlagerte. Aber nach und nach begannen die Historiker zu fragen, ob eine solche Interpretation sich nicht allzu unhinterfragt auf den reinigenden Effekt der Sexualreform des zwanzigsten Jahrhunderts stützte – und auf unsere eigenen Vorurteile. Der britische Historiker Michael Mason hat eine Fülle von Beweisen zusammengetragen, um darzulegen, daß sexuelle Heuchelei unter Viktorianern selten war, daß viele viktorianische Frauen Lust empfanden und sich gegen Schwangerschaften schützten. Es gab auch eine selbstbewußte hedonistische Subkultur, »die der Überzeugung lebte, daß ›Geschlechtsverkehr die Zivilisation fördere‹«.[40]

Michel Foucault nähert sich dem Thema aus einer ganz anderen Perspektive. Er hinterfragt die »Repressionshypothese« und führt aus, daß die Gesellschaft des neunzehnten Jahrhunderts der Sexualität tatsächlich eine neue Beachtung entgegengebracht hat, indem sie »um den Sex herum […] eine diskursive Explosion« gezündet hat.[41] Sex war im neunzehnten Jahrhundert weit davon entfernt, ein unaussprechliches Thema zu sein. Es wurde darüber geredet wie nie zuvor. Und die Leute sprachen nicht nur über Sex.

Der französische Historiker Alain Corbin konnte tatsächlich belegen, daß sich das Verhältnis zur Sexualität zwischen 1850 und dem Ersten Weltkrieg beträchtlich entwickelt hat – besonders im Hinblick auf die wachsende Nachfrage nach »raffinierter Erotik«. Er geht soweit, die Sexualkultur des späten neunzehnten Jahrhunderts mit der unserer siebziger Jahre zu vergleichen. »Wie seit 1970 die Durchdringung der Gesellschaft mit erotischen Bildern, […] Zeitschriften und technisch-mechanischen Hilfsmitteln zu beobachten war, so erlebten die letzten Dekaden des neunzehnten Jahrhunderts, trotz aller Anstrengungen der Gesetzgebung, […] die Verbreitung […] von Geschmacksrichtungen, Phantasien und Techniken, die zuvor ein Vorrecht der aristokratischen Erotik dargestellt hatten.«[42]

Corbin stellt dar, wie Perversionen zur bourgeoisen Gesellschaft, aber auch zur Arbeiterklasse buchstäblich »durchgesickert« seien. Nicht länger mit der schnellen Erfüllung genitaler Bedürfnisse zufrieden, begannen Bordellbesucher bislang exotische Praktiken wie Fellatio zu verlangen, Praktiken, die nicht lange zuvor solchen Ekel hervorriefen, daß jede Prostituierte, die oralen Sex praktizierte, von ihren Kolleginnen im Bordell gemieden wurde und »alleine essen« mußte. Aber gegen Ende des Jahrhunderts heuerten die Bordelle Expertinnen an, um die Raffinessen des Oralverkehrs zu unterrichten.

Zunehmend entschieden sich Prostituierte auch für spezielle Phantasiekostüme: Bräute und Nonnen erfreuten sich großer Beliebtheit, ebenso Schul- und Dienstmädchen. Andere Sexarbeiterinnen trugen luxuriöse Negligés nach der letzten Mode. Auch Nacktheit war beliebt, und Dirnen, die in lesbischen Tableaux figurierten, traten auf »schwarzen Veloursteppichen oder in Räumen [auf], die mit schwarzem Satin ausgelegt waren, um ihre weißen Körper zur Geltung zu bringen«.[43] (Auch Richard von Krafft-Ebing berichtete, daß »Männer in Bordellen darauf bestehen, daß die Weiber, mit denen sie es zu tun haben, ein bestimmtes Kostüm als Ballettänzerin oder Nonne usw. anlegen, und daß diese Häuser zu solchen Zwecken mit einer Maskengarderobe versehen sind«.[44]) So wurden, wie Corbin schreibt, sadomasochistische Szenarien, Gruppensex und Voyeurismus in vielen Bordellen zu besonderen Attraktionen. All diese Praktiken machten die Sexualität zu einer theatralischen Darbietung und einem visuellen Schauspiel – was dem Aufkommen spezieller Sexualfetische den Weg bereitete, die überwiegend auf visuellen Stimuli und Rollenspiel beruhen.

Daß sich diese sexuelle Revolution gerade um jene Zeit ereignete, ist die Folge verschiedener sozialer und kultureller Faktoren. Corbin verweist auf den auch in den unteren Gesellschaftsschichten wachsenden Wohlstand, durch den sich das Konsumverhalten änderte – das betraf »unerlaubten« Sex nicht minder als den besser dokumentierten Fall der Nahrung (die Ausbreitung der Gastronomie) und Kleidung (die Demokratisierung der Mode). Auch der Fortschritt des Feminismus (besonders der Minderheitendiskurs über die sexuelle Emanzipation der Frau) spielte für die zunehmende Sichtbarkeit der Sexualität im letzten Viertel des neunzehnten Jahrhunderts eine Rolle. Besonders wichtig waren die expandierenden Sexualwissenschaften (*scientia sexualis*) und die Verbreitung dieser neuen Informationen über Sexualität unter Erwachsenen.[45]

War die Untersuchung der Sexualität beschreibende Verhaltensforschung? Oder hatte die Psychiatrie eine repressive Funktion und grenzte die »perverse« Sexualität aus? Frühe Sexualwissenschaftler wie Krafft-Ebing zogen sich den Vorwurf zu, sie hätten Menschen mit ungewöhnlichen sexuellen Interessen als Bande von »blutschlürfenden, scheißefressenden und die Körper verstümmelnden Perversen« angesehen.[46] Sicherlich hat sich Krafft-Ebing häufig auf die »kriminellen« und »pathologischen« Aspekte des Fetischismus bezogen. Es mag da eine systematische Voreingenommenheit gegeben haben. Da sich nur wenige Fetischisten freiwillig in Behandlung begaben, waren viele von denen, die in die psychiatrische Geschichte eingingen, festgenommen worden, häufig wegen Diebstahls von Fetischobjekten, manchmal aber auch wegen sexueller Belästigung oder tätlicher Beleidigung: weil sie einer Frau das Seidenkleid aufgeschlitzt oder ihr die Haare abgeschnitten hatten. Havelock Ellis, der Menschen aus seinem Umfeld befragte, wählte einen romantischeren oder der Sexualität gegenüber aufgeschlossenen Weg; er bestand darauf, daß Fetischismus »in seinem Wesen etwas absolut normales« und lediglich eine »entwickelte und dissoziierte« Form des »erotischen Symbolismus« sei.[47] Aber wie immer ihre Vorurteile beschaffen waren, lieferten die Sexualwissenschaftler Informationen über ein weites Spektrum sexueller Variationsmöglichkeiten.

Der Poet der Beat Generation Allen Ginsberg erzählte der *New York Times*, daß Krafft-Ebings Buch das erste »verbotene Buch« war, das er je gelesen hatte, und daß er »mit Freude Fallgeschichten entdeckte, die meiner eigenen gleichen«.[48] So scheint es, daß der Fetischismus als Teil der sexuellen »Revolution« des neunzehnten Jahrhunderts aufgetreten ist. Er war kein völlig neues Phänomen (die »Perversionen« der Aristokraten des achtzehnten Jahrhunderts diffundierten, »sickerten durch«), aber auch keines, das zu der Zeit lediglich pathologisiert worden wäre. Solche Kategorisierung, die mit der Entwicklung der modernen Sexualpsychologie verbunden ist, markiert einen wichtigen, wenn auch ambivalenten Schritt im wachsenden Selbstbewußtsein der Fetischisten.

Der Sexappeal der Ware

»Wenn Baudelaire von einem ›religiösen Rauschzustand der Großstädte‹ spricht, so dürfte dessen ungenannt gebliebenes Subjekt die Ware sein«, erklärte Walter Benjamin. Worte wie »religiös« und »Rauschzustand« bringen uns zurück zum anthropologischen Diskurs des Fetischismus. Aber Benjamin verwendet auch eine erotische Trope, wenn er Fetischismus mit den »Reizen der Ware« verbindet.[49] Wie wir gesehen haben, behaupten die Freudianer, daß erotische Fetischisten die Macht »anbeten«, die sie bestimmten Objekten (etwa Schuhen) irrational zuordnen, während Marxisten betonen, daß Arbeiter im Zusammenhang der Entfremdung eine »abergläubische« Verehrung der von ihnen selbst produzierten Idole entwickeln. Auch Ökonomen bedienen sich einer bildlichen Formulierung aus dem Familienroman, wenn sie behaupten, daß Mode des Kapitalismus liebstes Kind sei.[50]

Zeitgenössische Intellektuelle, die über Fetischismus schreiben, benutzen vielfach sowohl die psychoanalytische als auch die marxistische Interpretation, jedoch selektiv und ohne jede Erwähnung der neuen klinischen Literatur. Sie stellen etwa die Lacansche Analyse phallischer Signifikanten neben die neomarxistische Lesart des Warenfetischismus. Die selbsternannte Fetischistin Pat Califia preist, losgelöst von allen linksakademischen Theorien, statt dessen die kapitalistischen Unternehmer, die eine puritanische Gesellschaft ermutigt haben, fetischistische Moden und Ausrüstungen für interessierte perverse Abnehmer bereitzuhalten, kritisiert aber Außenseiter, die von der »Freak«-Gemeinschaft profitieren, ohne Kapital an diese zurückzuführen. Die Themen Produktion, Verkauf und kulturelle Bedeutung von Fetischwaren führen hier zu weit, aber einige wenige Worte sollen doch gesagt sein.

Seit der Veröffentlichung von Marx' *Kapital* ist die Idee des Konsumfetischismus ausführlich dargelegt worden. Während sich Marx auf die Produktion von Waren konzentrierte, betonte zum Beispiel der Soziologe Thorstein Veblen den »auffallenden Verbrauch« von Waren wie Kleidung, die den Trägern Prestige verschaffen. Georg Lukács hat die Analyse des Konsumfetischismus durch das Konzept der »Verdinglichung« weitergetrieben, das beschreibt, wie der Kapitalismus Dinge und Menschen gleichermaßen in Abstraktionen verwandelt. In neuerer Zeit haben Kulturkritikerinnen wie zum Beispiel Judith Williamson in semiotischen Untersuchungen analysiert, wie Waren bei der Anzeigenwerbung durch den Sprachgebrauch und eine bestimmte Bildlichkeit fetischisiert werden. Jean Baudrillard hat die Autonomie der Zeichen weiter herausgearbeitet und dadurch die traditionelle marxistische Interpretation des Konsumfetischismus weiter unterminiert.[51]

Indessen haben auch verschiedene Feministinnen die »fetischisierten« Bilder von Frauen, wie sie in der kapitalistischen Gesellschaft allgegenwärtig sind, analysiert. Gewiß haben sich »im zwanzigsten Jahrhundert die Codes der sexuellen Erotik geändert, und […] der ›Verbraucher-Fetischismus der Erotik‹ hat Zugang zur Repräsentation gefunden«. Dennoch mögen, wie Lorraine Gamman und Merja Makinen in ihrem Buch *Female Fetishism* argumentieren, feministische Kritikerinnen sich irren, wenn sie dies als »sexuellen Fetischismus« auslegen, der Frauen unweigerlich die Position von Objekten und Opfern zuweist. Wie Gamman und Makinen ausführen, sind »Bilder oft ironisch gemeint und können anders gelesen werden«; sie hängen von vielen Variablen ab, darunter dem (sich ständig ändernden) kulturellen Kontext.[52] Auch sie verwenden das Beispiel der Emma Peel aus der Fernsehserie *Mit Schirm, Charme und Melone*, die viele Frauen als sexy und zugleich als stark wahrgenommen haben. Doch verlassen wir die Welt der Bilder und kehren wieder zu greifbaren Waren zurück.

Bevor Fetischkleider und -ausrüstungen massenhaft hergestellt wurden, fertigten einzelne Fetischisten sich eigene Fetischobjekte, wie sie auch ihre eigene Pornographie machten. Um die Jahrhundertwende hatten sich einige Geschäftsleute der Produktion und dem Verkauf von Fetischobjekten zugewandt, besonders von Korsetts und Schuhen, die man nur schwer selbst herstellen kann. Enthusiasten erinnern sich noch immer liebevoll an den berühmten »Bottier« in London. In den vierziger und fünfziger Jahren stellten auch Maniatis in Paris und Cover Girl in London Fetischschuhe mit übertrieben hohen Absätzen und Plateausohlen her. Während der siebziger Jahre wurden Fetischschuhe dann oft anonym produziert. Sie trugen kein Markenzeichen und sind wahrscheinlich von einzelnen Kunden bei gewöhnlichen (aber toleranten) Schuhmachern in Auftrag gegeben worden.

Die Hersteller und Vertreiber von Fetischkleidern und -ausrüstungen sahen sich, wie die Vertreiber von Pornographie, hin und wieder gesetzlichen Sanktionen ausgesetzt. Einige englische Unternehmen, die Gummi- oder Lederkleidung herstellten, wurden in den sechziger Jahren gerichtlich verfolgt. In mancher Hinsicht war die Situation in den frühen Jahren des zwanzigsten Jahrhunderts einfacher gewesen, als die staatlichen Behörden in Fetischartikeln, die sich stärker auf Objekte und Rituale bezogen als auf Nacktheit und genitalen Sexualverkehr, offenbar keinen »sexuellen« Bezug sahen.

Von 1923 bis 1940 veröffentlichte *London Life* (wahrscheinlich das wichtigste Periodikum für Fetischisten des zwanzigsten Jahrhunderts) einen ausführlichen und berüchtigten Briefwechsel über Korsetts und hochhackige Schuhe (für Männer und für Frauen), Piercing, Cross-dressing, Körperstrafen und verwandte Themen. Das Ganze geschah zu einer Zeit, als die Herausgabe »wissenschaftlicher« Literatur über Sexualität (wie der Werke von Havelock Ellis) in Großbritannien offiziell verboten war. *London Life* druckte Werbeanzeigen für Schuhe (»18 cm hohe Absätze!«) und Korsetts ab (»Straffes Schnüren, unsere Spezialität«). Laurence Lenton in 27a, Crookham Road, London, inserierte: »Maßanfertigungen von Korsetts für Herren.«[53] Die Kommerzialisierung der fetischistischen Sexualität mag sogenannte Neosexualitäten zwar bekannter gemacht haben, aber sie hat

Der Sexappeal der Ware. Erotika-Katalog, illustriert von Carlos, ca. 1930-1940. (Kinsey Institute)

sie nicht erschaffen. Auch Vorschläge zu Geburtenkontrolle, Aphrodisiaka und Schwangerschaftsabbrüchen sowie frivole französische Postkarten existierten schon, bevor sie in *London Life* inseriert wurden. Die Kleiderhersteller scheinen tatsächlich erstaunlich langsam auf die Wünsche der Fetischisten reagiert zu haben. Diese beklagten sich häufig, wie schwer es sei, die Kleidung zu erhalten, die sie sich wünschten.

Einige der Korsettiers, der Schuhmacher und der Gummimodisten, die den fetischistischen Markt belieferten, mögen selbst Enthusiasten gewesen sein. Von Madame Kayne zum Beispiel behauptete man, daß sie sich gerne sehr straff schnürte. (Sie meinte, die modegerechte Taille habe im späten neunzehnten Jahrhundert zwischen 35 und 45 cm gemessen, »und viele junge Frauen konnten sich noch geringerer Maße rühmen«.) Um 1930 spezialisierte sie sich auf »engtaillierte Korsetts alter Machart« für Herren und auch für Damen. »Alle Korsetts«, versprach ihre Anzeige, sind »hervorragend mit Fischbein gearbeitet«. Sie verkaufte außerdem »Unterwäsche in Seide oder Satin«, ebenso Gummischlüpfer, Pyjamas und sogar Gummibrüste.[54]

»Die überzeugten Anhänger der schmalen Taillen, der hohen Hacken, des Ohrrings und jeder anderen Art immaterieller Objekte sind Fetischisten – und jede und jeder von ihnen gehört zu den intellektuell hochstehendsten Gesellschaftskreisen«, erklärte Cosmopolite 1911 in einem Artikel über die Faszination des Fetischs.[55] Die geschnürte Taille, hochhackige Schuhe und Piercing waren (und sind) drei der meistverbreiteten Fetische. Solche Vorlieben reflektierten gewöhnlich *nicht* die aktuelle Mode – ganz sicher nicht die Männermode. Aber interessierte Enthusiasten waren offensichtlich immer in der Lage, die Kleidungsstücke zu besorgen, die sie haben wollten.

Das konservative Klima nach dem Zweiten Weltkrieg scheint einzelne Fetischisten zunehmend »in den Untergrund« gedrängt zu haben. Dennoch enthält die offizielle Mode der fünfziger Jahre eine ganze Reihe fetischistischer Elemente. Insbesondere Christian Diors Neuer Look von 1947 brachte ein modifiziertes Mieder in die Mode zurück. In Verbindung mit Wespentaille-Miedern kamen der Stilettabsatz, der Petticoat und der spitze Büstenhalter wieder in Mode. Tatsächlich neigen spätere Fetischistengenerationen dazu, die fünfziger Jahre als das »silberne Zeitalter« des Fetischismus zu betrachten, als eine Periode, die nur dem »goldenen Zeitalter« der Viktorianer unterlegen sei.

Aber der »Mythos Frau« (und keine Welle des Fetischismus) war der Grund für die neue ultrafeminine Mode. Hinzu kamen auch strukturelle Änderungen in der Modebranche (besonders die Entstehung der Massenmode) und politische Konstellationen wie der Kalte Krieg, der zu einer verbreiteten Nostalgie der Vergangenheit sowie ihrer traditionellen Geschlechterrollen und -symbole beitrug. In den fünfziger Jahren erreichte das psychiatrische Interesse am Fetischismus einen neuen Höhepunkt, aber ein konzeptueller Fortschritt wurde nicht erreicht. Die Homophobie dieser Zeit färbte auch auf die psychiatrischen Interpretationen des Fetischismus ab, und so wurden häufig Maßnahmen zur Verhaltensänderung vorgeschlagen.

Unbeeinflußt von den dramatischen Änderungen der Mode – vom androgynen Erscheinungsbild der zwanziger zu den stereotypen Sexrollen der fünfziger Jahre –, blieben die Enthusiasten unterdessen den klassischen Kleiderfetischen treu. Der Biz-zarre Club verteilte in den fünfziger Jahren Vervielfältigungen einer Korrespondenz, die an das Vorkriegsmagazin *London Life* erinnerte. Ein Mann schrieb: »Ich liebe enggeschnürte Korsetts [und] superhohe Absätze [...], dazu starkes Make-up im Gesicht.« Ein anderer Briefschreiber mochte »schöne Wäsche, besonders aus der Zeit zwischen 1900 und 1930«, und zeigte sich außerdem »sehr an enggeschnürten Korsetts interessiert«.[56]

Ganz anders war die Situation in den achtziger Jahren, als englische Journalisten verkündeten, es sei cool, pervers zu sein – der Fetischismus sei in die Mode zurückgekehrt. Selbst während der siebziger Jahre zögerten Hard-core-Enthusiasten, Anhänger »restriktiver« und »protektiver« Kleidung, ihre Fetischausrüstungen, die sie bei Firmen wie Sealwear (spezialisiert auf Gummi) und John Sutcliffe von Atomage (einem Hersteller maßgearbeiteter Lederbekleidung) gekauft hatten, öffentlich zu tragen. Das änderte sich erst 1983, als man Clubs für Fetischmoden eröffnete, die zum Teil von älteren Enthusiasten und am Trend orientierten jungen Leuten dominiert wurden.[57]

Der Stil der zeitgenössischen Alltagsmode setzt sich aus verschiedenen Stilrichtungen zusammen. In den achtziger Jahren bildeten sich neue Richtungen: »Die Goths griffen das Interesse der Punks am Fetischismus auf und überführten es in einen kleidsameren und extravaganteren Stil«, erinnert sich Ted Polhemus. Dann kamen die Pervs, die einen deutlichen Einfluß sowohl auf die späteren Stilrichtungen (wie zum Beispiel die Cyberpunks) und auf die Mode im allgemeinen hatten. Die Pervs waren gewöhnlich keine »wirklichen« Fetischisten, obwohl sie sich in Fetischmaterialien wie Gummi kleideten und sich Objekte wie Korsetts und bizarre Schuhe zu eigen machten. Zu ihnen gehörten eine beträchtliche Anzahl von Popmusikern, von alternativen Modedesignern (wie beispielsweise Pam Hogg und Krystina Kitsis) und auch die den Trend bestimmende Popszene.[58] Heute ist die »Fetischszene« (oder die *pervy world*) ein internationales Phänomen. Die Konsumenten haben Zugriff auf Kleider, die von einer Vielzahl von Unternehmen entworfen und hergestellt werden, dazu gehören

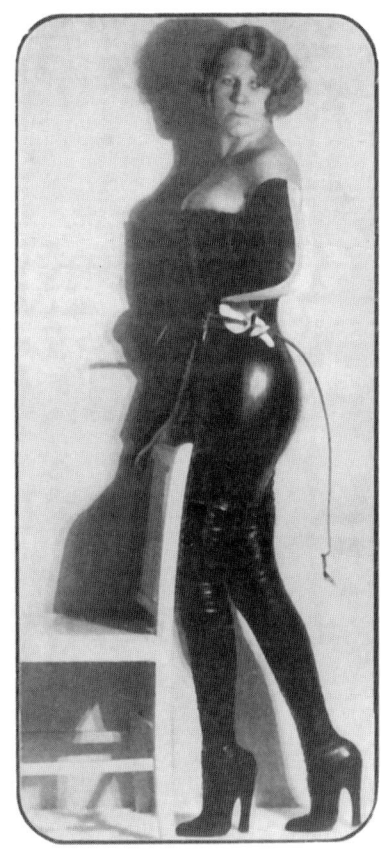

Ziegenlederkorsett von Laurence Lenton, aus *London Life*. (Sammlung Peter Farrer)

Axford (Korsetts), Ectomorph (Gummi und Wet-look) und Ritual (Stilettos). Es gibt Geschäfte für Fetischartikel in Australien, Dänemark, Frankreich, Deutschland, Holland, Japan und der Schweiz, ebenso überall in den Vereinigten Staaten. Seattle ist ein Zentrum für SM-Artikel, Atlanta für Cross-dressing.

Der Kapitalismus hat beim Aufstieg der fetischinspirierten Modestile sicherlich eine Rolle gespielt, weil sich die Mode selbst in Konkurrenz zum Aufstieg des Kapitalismus entwickelt hat und weil die Modeindustrie erst unlängst eine große Anzahl von Artikeln aus den Kleiderschränken der Fetischisten gestohlen hat. Aber das ist eher Teil eines generellen Prozesses, durch den Stile der Subkultur in den modischen Mainstream integriert werden, nachdem die kleinen Hersteller, die Lieferanten der »Freaks«, ihnen den Weg bereitet haben. Sobald Fetischmoden im Kreis der Trendsetter einen bestimmten »Prestigewert« erzielen, werden sie von international berühmten Modeschöpfern übernommen, deren Arbeiten dann wiederum von den Massenherstellern kopiert werden.

»Mode ist der Komparativ von etwas, wovon Fetischismus der Superlativ ist«, formulierte der Modehistoriker James Laver.[59] Wie viele seiner Thesen ist auch diese eine Vereinfachung, enthält jedoch ein Körnchen Wahrheit. Fetischschuhe mit 18 cm hohen Absätzen sind sicherlich eine Übertreibung des schlichten hochhackigen Schuhs, aber das ist nicht alles. Selbst wenn Modeschöpfer mehr oder weniger bewußt das Aussehen fetischistischer Kleidung reproduzieren, haben die so entstandenen Kleider durch ihren Kontext und ihre Träger doch eine abweichende Bedeutung.

DAS KORSETT

Fetischkorsett aus schwarzem Leder,
aus *Skin Two*.
(Trevor Watson)

Wie Michel Foucault ausgeführt hat, ist der Körper Ort verschiedener Formen der Disziplinarmacht geworden. »Die Machtverhältnisse legen ihre Hand auf ihn; sie umkleiden ihn, markieren ihn, dressieren ihn, martern ihn, zwingen ihn zu Arbeiten [...], verlangen von ihm Zeichen.«[1] Viele feministische Wissenschaftlerinnen behaupten, der weibliche Körper sei in besonderem Maße betroffen gewesen; auch feminine Kleidung sei geschaffen worden, um Frauen gefügig und »weiblich« zu machen. In diesem Zusammenhang wurde besonders das Korsett als Werkzeug der körperlichen Repression und sexuellen Anpassung interpretiert. Doch wurde es zugleich für seine erotische Wirkung gepriesen. So vertritt der Kunsthistoriker David Kunzle sogar die Auffassung, die sich schnürenden Frauen des neunzehnten Jahrhunderts seien, weit entfernt davon, durch ihre Korsetts unterdrückt zu werden, sexuell befreite, weibliche Fetischistinnen gewesen, die in der Umarmung des Korsetts körperliches Vergnügen fanden.[2]

»Bound for pleasure?« fragte die *New York Times*. »Die Debatte, ob ein Korsett umarmt oder einkerkert, mag wieder aufleben, da die neumodischen Korsetts, wie sie bei den letzten Sommerkollektionen zu sehen waren, nun auf den Straßen erscheinen.«[3] »Holen Sie tief Luft«, warnte *Vogue*.[4] Das Wiederauftauchen des modischen Korsetts (als Unter- wie auch als Oberbekleidung) offenbart, wie die Bedeutung von Kleidung ständig neu definiert wird. In diesem Kapitel wollen wir Miederwaren der Vergangenheit und Gegenwart als Mode- und Fetischartikel sowie als Phantasie genauer betrachten. Wenn ich eine persönliche Anmerkung einschalten darf: Einige Mitglieder der London Life League, einer Organisation von Korsettenthusiasten, halten mich für eine »Korsettgegnerin«, und zwar teilweise deswegen, weil ich die Literatur über Korsetts befragt habe. Außerdem verwende ich das Wort *Fetischismus*, das nach Ansicht der genannten Organisation die Ursache dafür ist, »daß viele unschuldige Menschen Gefahr laufen, völlig unverdient stigmatisiert zu werden«.[5] Im Gegensatz dazu glauben einige akademische Universitätsgelehrte, daß ich »Korsettverfechterin« bin (im Grunde sogar die Korsettfolter befürworte), weil ich aufgezeigt habe, daß Miederwaren erotische Assoziationen wecken und daß die Gefahren der Korsetts stark übertrieben wurden. Ich möchte jedoch betonen, daß ich weder für noch gegen irgendein besonderes Kleidungsstück bin – und mir der Tatsache bewußt bin, daß solche Begeisterung die verschiedensten Bedeutungen haben kann.

Die Verfechter der straffen Schnürung

Das Korsett gehörte wie der Schuh zu den ersten Kleidungsstücken, die als Fetische behandelt wurden, und es ist noch immer eines der wichtigsten modischen Fetischobjekte.[6] Man sollte dabei jedoch streng zwischen dem üblichen *modischen* Korsett, wie es die meisten Frauen des neunzehnten Jahrhunderts trugen, und der ganz anderen Praxis jener Minderheit unterscheiden, die das Einschnüren in Korsetts *fetischistisch* praktizierte, was sich manchmal mit Sadomasochismus und Transvestismus überschnitt. Obwohl die meisten viktorianischen Frauen ein Korsett trugen, waren sie doch gewöhnlich keine enggeschnürten Geschöpfe mit 40-cm-Taillen, wie auch heute die meisten Frauen keine Fetischschuhe mit 18 cm hohen Absätzen tragen.

Die Journalistin Susan Faludi vermengt Mode und Fetischismus, wenn sie schreibt: »Die spätviktorianischen Textilfabrikanten waren die ersten, die ›feminine‹ Unterwäsche als Massenprodukt vermarkteten, Korsetts zu einem Fetisch der Sittenstrenge machten.«[7] Aber der Korsettfetischismus war nie ein Massenphänomen. Nur eine Handvoll Korsetthersteller lieferte den Bedarf für Fetischisten, sie produzierten ungewöhnlich schmaltaillierte Korsetts für Frauen – *und Männer*.

Das Korsett wurde kontroverser diskutiert als jedes andere Kleidungsstück. Dafür gibt es zwei Hauptgründe: einen medizinischen und einen textuellen – und sexuellen. Es sprengt den Rahmen dieses Buchs, die medizinische Literatur über Korsett-Miederwaren zu analysieren, aber die Ärztin Lynn Kutsche und ich haben festgestellt, daß die meisten der Klagen über durch Korsetts verursachte Krankheiten entweder nichtig oder übertrieben sind. Auch die verbreitete Vorstellung, daß sich viktorianische Frauen die Rippen hätten entfernen lassen, läßt sich nicht belegen. Quellen werden hier auffallend naiv zitiert. Susan Faludi zum Beispiel schreibt:

> Im Rahmen jedes Gegenschlags produzierte die Modeindustrie sträflich enge Kleidung, und die Modepresse forderte die Frauen auf, sie zu tragen. »Wenn ein heranwachsendes Mädchen sanft und fraulich werden soll, dann schnüre man ihr die Taille ein«, hieß es in einer der vielen männlichen Korsett-Empfehlungen der spätviktorianischen Presse.[8]

Der berüchtigte Rat, ein Mädchen »eng zu schnüren«, diente oft als »Beweis«, daß viktorianische Frauen und Mädchen gezwungen waren, sich qualvollen Korsettschnürungen zu unterziehen, bei denen die »Rippen gebrochen wurden« und die Teil einer strategischen Unterdrückung der Frau waren. Doch dieses Zitat entstammt einer der verdächtigsten Quellen, die man sich vorstellen kann, nämlich der berüchtigten »Kor-

Schnürpraxis. Illustration aus dem *Family Doctor*, 3. März 1888. (Sammlung Peter Farrer)

sett-Korrespondenz«, die im *Englishwoman's Domestic Magazine (EDM)* veröffentlicht wurde.

In der Zeit zwischen 1867 und 1874 hat das *EDM* Hunderte von Briefen über Korsettagen und enges Schnüren abgedruckt, viele davon in deutlich sadomasochistischem Ton. Daneben gab es Briefe, die sich mit Themen wie dem Auspeitschen von Frauen oder Sporen für »Damenreiter« befaßten. Viele Historiker haben die bizarren Berichte des *EDM* über das Engschnüren in Korsetts als Beweis für die in der viktorianischen Zeit weitverbreitete Korsettfolter unkritisch akzeptiert. Susan Faludi hat offenbar die *EDM*-Korrespondenz gar nicht gelesen. Statt dessen war ihre Hauptquelle zum Thema Miederwaren mein Buch *Fashion and Eroticism*, aus dessen Zusammenhang sie das Zitat aus dem Brief des MORALIST gerissen hat. Daher mußte sie meine Argumentation mißverstehen.

Diesen Brief unter die »vielen männlichen Korsett-Empfehlungen der spätviktorianischen Presse« einzureihen, ist denkbar irreführend. Im neunzehnten Jahrhundert wurde das enge Schnüren fast generell abgelehnt. Die vom *EDM* und seinen Nachfolgern veröffentlichten Briefe sind mit ihrer Verteidigung der Schnürpraktiken ganz untypisch. Aus dem Zusammenhang gerissen, verbindet der Brief des MORALIST das Korsett offensichtlich mit der Unterdrückung der Frau. Liest man den Brief aber zusammen mit anderen seiner Art, so erscheint die Begeisterung des MORALIST in einem ganz anderen Licht.[9] Sicher hatten die Leserbriefschreiber des *EDM* andere Prioritäten als die durchschnittliche viktorianische Frau. Ihre Vorlieben fallen in eine der folgenden drei Kategorien: (1) extreme Modifikation des Körpers, die voraussetzt, daß Tag und Nacht ein enggeschnürtes Korsett getragen wird; (2) ein sadomasochistisches Vergnügen am Schmerz und eine Konzentration auf erotische Szenarien, die Macht und Unterwerfung einschließen; und (3) Korsettagen als Element des Cross-dressings. Fakir Musafar, auch unter dem Namen »The Ol' Corsetier« bekannt, ist der vielleicht berühmteste lebende Korsettenthusiast. Nach seinen eigenen Worten kam er zum Teil durch die Lektüre von Quellen wie dem *EDM*, das »ein ziemlich fetischistisches Konzept laufen hatte«, zum Schnüren.[10] Die selbsternannten »Verfechter der straffen Schnürung« verglichen die Erfahrung der extremen Engschnürung mit der einer äußersten Zerbrechlichkeit. Andere »fetischistische« Periodika behaupteten, daß junge Frauen ihre Taillen bis auf 25 cm reduziert hätten. Die fünfzehnjährige Nelly G. hatte ihre Taille angeblich von 50 auf 40 cm reduziert, indem sie Tag und Nacht ein enges Korsett trug.[11] Noch extremer war »die ebenfalls fünfzehnjährige Bertha G. mit einer Taille von 27,5 cm«, die als »kindliche Märtyrerin« geschildert wurde.[12] Wenn man diese Zahlen vor einem heutigen Publikum erwähnt, keuchen die Menschen vor Entsetzen. Schon gewohnt, an Scarlett O'Haras (fiktive) 40-cm-Taille zu glauben, bezweifeln sie nur noch selten auch die extremsten Behauptungen. Aber die Wahrheit der Schnürkorsett-Briefe ist nicht gesichert. Als ich den männlichen Korsettträger Pearl zum Costume Institute des Metropolitan Museum of Art brachte, war er enttäuscht, als er herausfand, daß nur wenige der Korsetts, die wir sahen, so eng gearbeitet waren wie seine eigenen, auf 48 cm taillierten.[13]

Korsetts wurden üblicherweise in Taillenweiten von 45 bis 75 cm angeboten. Weiter gearbeitete, mit Taillenweiten von 77 bis 90 cm, waren allgemein erhältlich, und einige Anzeigen erwähnen sogar Korsetts mit Taillenweiten von 92 cm und mehr. Von den Hunderten von Anzeigen für Korsetts, die ich überprüft habe, beziehen sich weniger als ein halbes Dutzend auf Korsetts mit Taillenweiten unter 45 cm. Eine Anzeige für »sehr engtaillierte Korsetts« gibt Maße von 37 bis 65 cm an und mag auf eine Klientel abgezielt haben, die besonders eng zu schnürende Korsetts bevorzugte. Die zerbrechlichen Taillen, die in Quellen wie dem *EDM* erwähnt werden, waren keinesfalls typisch für die viktorianische Frau. Aber die *EDM*-Korrespondenz ist weltweit so bekannt, daß eine Ausstellung über Mode der viktorianischen Zeit im Costume Institute des Metropolitan Museum of Art eine Auslage mit Korsetts mit einem Zitat aus den *EDM*-Briefen versah!

Angesichts der Extreme des menschlichen Verhaltens kann ich nicht behaupten, es habe niemals so etwas wie eine 40-cm-Taille gegeben. In der Tat weiß ich aus zeitgenössischen Quellen, daß sogar schmalere Taillen möglich sind und tatsächlich existieren, wie wir

Pearl in einem schwarzen Korsett, 1994.
(Travis Hutchison)

noch sehen werden. Aber die historischen Quellen zeigen uns, daß solche Taillenweiten in der Vergangenheit ebenso selten waren wie heute. Daher ist es an der Zeit, die Frau des neunzehnten Jahrhunderts nicht länger mit einer 40-cm-Taille zu erinnern.
1994 veröffentlichte das Magazin *Verbal Abuse* ein Interview mit Pearl, das die Domina Mistress Angel Stern geführt hat. Sie sah »im Korsett einen Fetisch der Zahlen und Maße«. Pearl führte aus, daß »45 cm Taillenweite als magische Grenze gilt. Jede Größe darunter erscheint geradezu extrem gut – ja magisch«.[14]
Pearls Idol, Fakir Musafar, eine Schlüsselfigur in der Welt der Körpermodifikation,[15] hat »drei Grundtypen« zeitgenössischer Korsettträger benannt. In die erste Gruppe fallen die, die er als »Korsett-Nonkonformisten« bezeichnet, Menschen, die »die Form ihres Körpers verändern [...] und eine Art ästhetisches Ideal verwirklichen wollen«. (In diese Kategorie würde er sich vermutlich selbst einreihen.) In der zweiten Kategorie sieht er diejenigen, die sich mit dem »Korsett identifizieren«, die mit Korsetts »Weiblichkeit und

Fakir Musafar als *Der perfekte Gentleman*. (Fakir Musafar und *Body Play*)

weibliche Unterwäsche« assoziieren. Sie sind vorrangig nicht an einer »Formung des Körpers« (etwa durch enges Schnüren) interessiert, scheinen aber, »indem sie das Korsett tragen, eine Art von Geschlechtsumwandlung zu erleben«. (Er betont es nicht ausdrücklich, aber in diese Kategorie fallen viele Transvestiten.) Die dritte Gruppe besteht aus den »Korsett-Masochisten«, die sich eng schnüren, um »ein erotisch stimulierendes, körperliches Unbehagen herbeizuführen«.[16] Zwischen diesen Kategorien gibt es beträchtliche Überschneidungen, und manche Leute passen in keine von ihnen wirklich. Daneben gibt es natürlich auch noch die Jünger der Mode – heutzutage weniger als im neunzehnten Jahrhundert, aber sie sollten nicht unberücksichtigt bleiben.

Überwachen und Strafen

»Man sollte annehmen, daß in der Welt der SM-Rollenspiele der Korsettträger immer der Unterwürfige, der Sklave ist«, schreibt Stephanie Jones. Aber das trifft nicht zu; der Symbolgehalt des Korsetts ist komplexer. Manche Sadomasochisten behaupten, daß Lederkorsetts nur für den dominanten, Gummikorsetts dagegen nur für den unterwürfigen Partner bestimmt seien, andere aber beharren darauf, daß Korsetts »keine sexuell vorbestimmte ›Farbe‹« besitzen. Die Bedeutung des Korsetts ergibt sich aus dem Kontext und wird immer neu konstruiert: »Die gestrenge Herrin trägt ihr Korsett als Rüstung, dessen extreme und starre Betonung der Kurven für den Sklaven, der sie betrachten, aber nicht berühren darf, die höchste sexuelle Verhöhnung darstellt. [...] Die Schnürung des Sklaven dagegen erfolgt als Strafe.«[17] Die korsettierte Domina wirkt und fühlt sich »undurchdringlich«. Im Gegensatz dazu kennzeichnet und betont das Korsett des Sklaven zweierlei, einmal ein Gefühl von Disziplin und dann eines von Bondage. Aus diesem Grund wird das Korsett häufig gebraucht, »um den männlichen Mann in einen weiblichen umzuwandeln«. Es befriedigt seinen Wunsch, wie eine Frau auszusehen, und lindert zugleich bestrafend seine Schuldgefühle.[18]
Die erotische Anziehung des Korsetts mag man, wie die Sexarbeiterin Alexis De Ville vorschlägt, mit dem »Mythos Weib« verbinden. »Ich weiß nur, wenn ich in einer Szene ein Korsett trage, lassen sich bei einem Sklaven bessere Ergebnisse erzielen als ohne.«[19] Für »Masochisten« aber »hat selbst ein bequem geschnürtes Korsett eine wunderbar negative Auswirkung auf die Beweglichkeit, das Gleichgewicht und die physische Stabilität des Trägers«. Ein Artikel von Fakir Musafar über sichere Schnürtechniken für Sadomasochisten betont allerdings, daß »ein Korsett ein Ausrüstungsgegenstand ist, an den, wie an viele andere Gegenstände der SM-Ausrüstung auch, Sicherheits-und Qualitätsanforderungen zu stellen sind. [...] Es gibt ein paar Vorsichtsmaßregeln, die zu beachten sind, wenn man in enggeschnürten Korsetts an SM-Szenen teilnimmt.«[20]
Weder das Wort »Sklave« noch das Wort »Sadomasochist« taucht in der Fetischliteratur

des neunzehnten Jahrhunderts auf, aber viele der *EDM*-Briefe enthalten Verweise auf »Disziplin«, »Haft« und »Zwang«, auf »Leiden«, »Schmerzen«, »Folter«, »Agonie«, »Unterwerfung« und »das Opfer«. Eine schmale Taillengröße war einigen der Briefpartner nicht genug, sie meinten, »die Hälfte des Zaubers einer schmalen Taille rührt daher, daß sie so eng geschnürt ist – je enger, desto besser –, und entsteht nicht etwa, obwohl sie geschnürt ist«. »Schnürung, geschickt vorgenommen, ist durch sich selbst anziehend.«[21] (Diese Sichtweise war in der viktorianischen Kultur *besonders* ungewöhnlich, wurde doch die »natürliche« schmale Taille gegenüber ihrer korsettierten Nachahmung stark bevorzugt.)
Einige der Befürworter, wie ALFRED zum Beispiel, stellen sich sadistisch die weiblichen Opfer vor:

> In der Vorstellung, daß ein junges Mädchen für viele Jahre der striktesten Disziplin des Korsetts unterworfen wurde, liegt für mich etwas außerordentlich Faszinierendes. Wenn sie, wie ich ohne Zweifel annehme, starke Schmerzen gelitten hat [...], hervorgerufen durch den extremen Druck, so wird sie dafür durch die Bewunderung, die ihre Figur hervorruft, entschädigt.[22]

Für andere Briefautoren war es dagegen selbstverständlich, sich Männer oder Knaben vorzustellen, die unter der Gewalt dominanter Frauen gezwungen wurden, enge Schnürungen zu erdulden. Andere waren erfüllt von dem Gedanken, sich selbst zu quälen und zu foltern. So schrieb 1909 ein Mann an das Magazin *Modern Society*: »Ich wurde überredet [...], ein Korsett von einem »Gefolterten Opfer« mit einer Taille von 42 cm anzulegen.«[23]
Krafft-Ebing beschreibt einen Mann, dem Schmerz, »bei forciertem Schnüren an sich selbst und an Frauen hervorgerufen [...] eine Freude« war.[24] Wilhelm Stekel, ein anderer führender Sexualwissenschaftler, der zu Anfang des zwanzigsten Jahrhunderts veröffentlichte, beschrieb einige solcher Fälle, darunter den eines »hochachtbaren« verheirateten Mannes, der sich straff korsettierte und hochhackige Frauenschuhe trug, die so eng saßen, daß er nur humpeln konnte: »Es schien wirklich der körperliche Schmerz für seine Glückseligkeit nötig zu sein und er weidete sich förmlich daran, wofern der Schmerz nur durch ein weibliches Kleidungsstück verursacht wurde.« Auch hatte er

> die ganze Literatur gesammelt, die für oder gegen diesen Gegenstand geschrieben war. Er versuchte öfters sich so eng zu schnüren, daß er ohnmächtig werden würde, jedoch gelang ihm dies nicht. Er überredete auch seine Frau, sich zu schnüren und zog ihr Korsett täglich enger, bis er ihre Taille um fast 6 Zoll im Umfange verkleinert hatte, was ihm ebenfalls eine sinnliche Befriedigung gab.[25]

»SM mit einer Taille von 37 cm.«
(Sammlung Peter Farrer)

Ein sechsunddreißigjähriger Polizist, der Stekel konsultierte, trug ebenfalls Korsetts und »onanierte vor dem Spiegel mit der Vorstellung, daß er [eine] Frau ist«. Der Polizist besaß ein ganzes Album mit Bildern von Korsetts, die er aus Zeitungen ausgeschnitten hatte; das Ganze war mit obszönen Skizzen und Randbemerkungen versehen: »Ha, welche Lust, die wahnsinnig geschnürte Dame auszuziehen und zu notzüchtigen. (Vorher reißt ihr das Mieder vor schämigen [sic!] Kampf in Stücke.)«

Dieses Buch bezeichnete Stekel als die »Bibel« des Fetischisten und lenkte die Aufmerksamkeit auf den Kontrast, der zwischen den »religiösen Bußideen« des Fetischisten, seinem zölibatären Leben und seinen »höllischen« Phantasien bestand.[26]

Schmerz und Druck standen in den *EDM*-Briefen neben Anspielungen auf die »faszinierenden«, »wunderbaren«, »köstlichen«, »superben«, »exquisiten« und »angenehmen« Empfindungen, die das Engschnüren des Korsetts gewähren solle. Schmerz und Lust waren jedoch nicht die einzigen Themen. Macht und Unterwerfung waren mindestens ebenso wichtig. Von daher rühren die vielen Geschichten über gewaltsames Schnüren.

Die französische Gouvernante

Einige der frühesten und einflußreichsten Korsettbriefe verlegten den Schauplatz des Schnürens ins Mädchenpensionat. NORA zum Beispiel schreibt:

> Im Alter von fünfzehn Jahren wurde ich in einem eleganten Mädchenpensionat in London untergebracht. Dort war es Brauch, daß die Taillenweite der Schülerinnen jeden Monat um 2,5 cm heruntergeschnürt wurde, bis die Vorsteherin sie für schmal genug befand. Als ich die Schule im Alter von siebzehn Jahren verließ, hatte ich ein Taillenmaß von 32 cm gegenüber dem früheren Taillenumfang von 57 cm. Jeden Morgen kam gewöhnlich eines der Mädchen, um uns beim Anziehen zu helfen, eine Gouvernante jedoch führte die Oberaufsicht und vergewisserte sich, daß unsere Korsetts so eng wie möglich geschnürt waren.[27]

Um die Bedeutung solcher Darstellungen ermessen zu können, ist es notwendig, eine ganze Anzahl von Briefen durchzugehen und ihre Sprache zu analysieren.
Wie ich in meinem ersten Buch geschrieben habe, sind die Schauplätze oft ähnlich: Heranwachsende Mädchen bleiben für Jahre undiszipliniert und ohne Korsett, vielleicht weil ihre »Angehörigen« im »Ausland oder in Übersee« sind. Dann aber ändert sich die Situation ganz plötzlich, und die Mädchen werden gezwungen, sich einer grausamen Korsettdisziplin zu unterwerfen. An bestimmten Schlüsselpunkten wird die träumerische Unbestimmtheit der Erzählung durch eine minutiöse Schilderung der spezifischen Eigentümlichkeiten von Miederwaren unterbrochen. FANNY schreibt dazu:

> Bis zum Alter von fünfzehn Jahren war es mir [...] gestattet, wild [...] herumzurennen. [...] Familienumstände und veränderte Vermögensverhältnisse [...] brachten meine Angehörigen zu dem Entschluß, daß meine Erziehung einen Abschluß auf dem Kontinent erforderte. [...] Ich wurde zu einer hochvornehmen und eleganten Erziehungsanstalt für Damen gebracht, in den Vororten von Paris gelegen [...], [wo] ich einem strengen und rigiden Schnürsystem unterworfen wurde.[28]

Manchmal rebellieren diese Mädchen oder bitten um Gnade, aber sie werden gezwungen zu gehorchen.[29] Die Geschichten wurden mit dem Fortschreiten des neunzehnten Jahr-

Eine modebewußte junge Dame wird unter Aufsicht ihrer Gouvernante von einem kräftigen Mädchen »eingeschnürt«.
Illustration von Annette Laring. *London Life*. 30. März 1929. (Cup 701 a 5. British Library)

hunderts zunehmend wollüstiger und müssen unbedingt in Zusammenhang mit der verwandten Korrespondenz über körperliche Züchtigung betrachtet werden. Wie die besten Methoden, ein Korsett zu schnüren, ausführlich diskutiert werden (Sind Handschellen oder Korsetts, die die Trägerin nicht selbst öffnen kann, zweckmäßig?), so diskutieren andere Briefeinsender, ob es besser sei, das Mädchen über ein »Pferd« zu legen und festzubinden oder sie mit Ketten an der Decke aufzuhängen; ob man ihr die Unterwäsche lassen oder sie nackt ausziehen solle. Viele der Schnürkorsettbriefe schildern Szenarien, die ohne weiteres Teil eines pornographischen Romans sein könnten, und der Eindruck, daß diese Briefe als sexuelle Phantasien analysiert werden müssen, läßt jeden Impuls, sich über eine historisch verbürgte »Korsetterziehung« an realen Schulen zu empören, zunichte werden.

So berichtet einer der Briefe, was einer WASP WAIST zustieß, als sie sich dagegen auflehnte, enger als 45 cm geschnürt zu werden:

> Die Französischlehrerin wurde, als sie das hörte, sehr wütend; denn es gehörte zu ihren besonderen Aufgaben, dafür zu sorgen, daß alle Mädchen Wespentaillen bekamen. Ich erhielt daraufhin eine Bestrafung, die mich zähmte und sicher viel Gutes bei mir bewirkte. Das Gewicht meines Körpers hing an meinen Handgelenken, die über meinem Kopf befestigt waren, während meine Füße, in enge, hochhackige Stiefel gepreßt, an einem im Fußboden angebrachten Ring befestigt waren. In dieser Haltung, geschützt nur durch mein Korsett, wurde ich am Rücken heftig ausgepeitscht, was mir starke Schmerzen verursachte, aber wegen des Korsetts keine Spuren hinterließ. Nach dieser Züchtigung war ich sehr demütig, aber bevor mir die Französischlehrerin die Hände losband, reduzierte sie meine Taille auf 37,5 cm.[30]

Das häufige Auftauchen von Mademoiselle, der »Französischlehrerin« oder der französischen Gouvernante ist wohl kein Zufall. Obwohl die meisten englischen Schulen Unterricht in Französisch anboten, ist das Auftreten der Französinnen in diesen Briefen eher als Erfüllung einer wichtigen Phantasie zu verstehen.[31] Einige der Briefe zum Cross-dressing beschreiben auch die Bedeutung der »lebensklugen französischen Zofe«, die dem männlichen Protagonisten dabei behilflich ist, ihn in eine weibliche Person zu verwandeln.[32] Eine Anzahl von Briefschreibern siedelt ihre Geschichten in ausländischen Städten an, meist in Paris oder Wien. Einige behaupten, Schulen im Ausland besucht zu haben; andere wollen geschnürte Männer und Frauen auf der Straße gesehen haben. »In Frankreich sieht man häufig Frauen mit schlanken Taillen«, schreibt A TRAVELLER. »In Wien ist das enggeschnürte Korsett *de rigeur*.«[33] Ein Artikel auf der Titelseite des *Family Doctor* über »Nationale Taillenweiten« erinnert daran, daß während der viktorianischen Epoche »die Kultivierung der Wespentaille auf dem Kontinent – besonders in Wien und Paris – weit bessere Ergebnisse erzielt hat als in England«.[34]

Warum wählte man Paris und Wien als Schauplätze der Schnürkunst? Zum Teil sicher einfach deshalb, weil sie im Ausland lagen und merkwürdige Dinge sich eher an entfernten Orten ereignen mögen, wohin die meisten Leser überdies nie reisen würden. Es gibt keine Hinweise darauf, daß in Frankreich und Österreich das Schnüren besonders gepflegt wurde. Aber vielleicht phantasierten die Engländer zu einer Zeit, die allem Französischen ein besonderes Gepräge verlieh, in der Zungenküsse als »French Kisses« und Kondome als »French Letters« bezeichnet wurden und in der »French Dress« für frivole Mode stand, gerne über den europäischen Kontinent.

Die Begeisterung für Wien hatte einen naheliegenderen und offensichtlicher fetischistischen Grund und scheint direkt auf die berühmte schmale Taille der Kaiserin Elisabeth von Österreich (1837-1898) – und einen besonderen Brief an das *Englishwoman's Domestic Magazine*, den wir später betrachten werden – zurückführbar zu sein. Einer modernen Biographie zufolge hatte Kaiserin Sissi eine Taillenweite von 48,5 cm und wog bei einer Größe von 1,68 m nur 50 kg. Sie war besessen von Diäten, Körperertüchtigung und Schnürkorsetts.[35] Noch heute genießt sie bei Korsettenthusiasten hohes Ansehen.

Es gibt keinen verläßlichen Beweis, daß Mädchenpensionate, in denen geschnürt wurde, überhaupt existierten, keinen Bericht einer seriösen Zeitung wie etwa der *Times* über Korsettfolter an Mädchenschulen. Nicht ein einziger der Briefe erwähnt den Namen einer bestimmten Schule. Die Geschichten sind dazu oft unstimmig. So ist es zwar möglich, aber doch unwahrscheinlich, daß die Anwesenheit eines Jungen in Mädchenkleidern in einem Mädchenpensionat unbemerkt bleiben konnte.[36] Sowohl in den persönlichen Briefen als auch in der fetischistischen Korrespondenz als Genre zeigen sich Widersprüche und Unglaubwürdigkeiten. Da die Briefschreiber untereinander in Wettbewerb treten, werden die Geschichten fortschreitend abenteuerlicher. Es war auch nicht ungewöhnlich, daß Briefschreiber früher erschienene Geschichten plagiierten und das Material als eigene Erfahrung ausgaben. 1933 zum Beispiel druckte *London Life* einen Brief mit dem Titel »Sollen Mädchen geschnürt werden?« ab. Es war die Kopie eines Briefes, der 1909 in dem Magazin *Modern Society* veröffentlicht worden war.

Selbst wenn Elemente einer bestimmten Geschichte plausibel klingen, so sind sie von phantastischen Details überlagert. Die »Gouvernante« an »Madame La B…'s Schule, am Stadtrand von Paris«, schrieb 1899 an *Society* über »Schnürkorsetts und den allerletzten Schrei«, der darin bestand, daß man sich die *tetons* bei »den Juwelieren der Rue St. Honoré« durchbohren ließ. Es gab selbstverständlich einige wenige, die sich die Brustwarzen durchstechen ließen, und 1899 war diese Praktik ein beliebtes Thema unter den Leserbriefschreibern von *Society*. Aber wenn dieselbe »Gouvernante« behauptet, in *La Vie parisienne* und in »einem kürzlich erschienenen Roman« sei darüber berichtet worden, dann muß man sich fragen, ob sie nicht einfach etwas wiederholt, was sie gelesen hat. Es ist auch kaum vorstellbar, daß die Ringe in ihren durchbohrten Brustwarzen zusammen mit der »Reibung ihrer Unterwäsche« ihren Busen wachsen ließen.[37]

Pornographische Geschichten sind oft so abgefaßt, daß sie im institutionalisierten Rahmen stattfinden, zum Beispiel in Schulen, Kasernen und Gefängnissen, weil solche Systeme Uniformen, Hierarchien und Strafen beinhalten. Es ist jedoch nicht ungewöhnlich, daß Leute ihre Sexualphantasien ausleben. Während ich also sehr bezweifle, daß es wirklich je Kinderinternate gab, in denen Schnüren und Cross-dressing an der Tagesordnung waren, glaube ich durchaus, daß sich erwachsene Fetischisten diese Art von Schauplätzen für sich selbst ausgedacht haben. 1910 erwähnt *Photo Bits* »Miss P. B.s Akademie für Taillenkultur und die Kunst des Schreitens auf hohen Absätzen«[38]. War das ein wirkliches Lehrinstitut, eine Phantasie oder etwas dazwischen?

Im Prospekt einer zeitgenössischen englischen »Schule« für erwachsene Fetischisten liest sich das so: »Miss Prims Reform Academy [ist] eine Schule für ungezogene Jungen und Mädchen ab 21 Jahren [...] sowie für ›Jungen, die lieber Mädchen wären‹.« Zöglinge können sich für Wochenenden oder auch für längere Zeiträume eintragen und müssen Schuluniformen erstehen (»Die Gebühr beträgt 30 Pfund zuzüglich der Anzahl der Tage«), wozu auch marineblaue Turnhosen gehören (»Teilen Sie bitte mit, ob für einen TV oder ein Mädchen«), außerdem Schlüpfer und so weiter.[39] Im Torture Garden unterhielt ich mich mit einem Mann, der mir erzählte, daß er ein ähnliches Institut besucht habe. New York hat ebenfalls eine solche Schule, die auch als »The Academy« bekannt ist: Miss Vera's Finishing School for Boys Who Want to Be Girls. Miss Vera ist die Vorsteherin für Studenten, ihre Freundin Miss Dana die Vorsteherin für High-heels. Die Gebühren betragen zwischen 300 Dollar für eine zweistündige Sitzung und 2 000 Dollar für eine »Wochenendschulung«.[40]

Faludi beruft sich auf MORALIST (mit seiner Aufforderung, Mädchen »eng zu schnüren«), während Kunzle STAYLACE bevorzugt (mit seinem Bekenntnis, »die Empfindung, sehr eng geschnürt zu sein [...], ist herrlich«). Aber warum sollten wir annehmen, daß die *EDM*-Briefe überhaupt eine sachliche Grundlage haben? Es ist bekannt, daß in heutigen Sexmagazinen viele Briefe von den Herausgebern verfaßt werden, während andere frei erfundene Versionen von echten persönlichen Erfahrungen sind. Nicht alle Briefe, die mit einem Frauennamen unterzeichnet sind, sind auch wirklich von Frauen geschrieben; in der Tat gibt es in der pornographischen Literatur eine lange Tradition autobiographischer weiblicher Bekenntnisse, die von Männern verfaßt wurden – John Clelands *Fanny Hill* zum Beispiel. Sollten moderne Psychiater recht haben, wenn sie darauf bestehen, daß die Mehrheit der Fetischisten männlich ist, so ist außerdem anzunehmen, daß viele der Leserbriefschreiber zur Frage des Korsetts Männer waren.

1899 richtete A WOMAN OF FIFTY einen Brief an *Society*, um ihre Erfahrungen an »einem eleganten Mädchenpensionat« in den frühen sechziger Jahren des neunzehnten Jahrhunderts zu beschreiben, während »eines dieser periodischen Zyklen der Korsettdressur, wie man sie den Briefen, die in ›The Englishwoman's Domestic Magazine‹ um diese Zeit erschienen sind, entnehmen kann«. Sie bezog sich dann auf viele der Elemente, die in der fetischistischen Literatur eine Rolle spielen. Da gab es die rituelle Anrufung der sexuell aufregenden und sadistischen »Mistress«, der Erzieherin an der Schnürschule, die bevölkert war mit perversen, aber aristokratischen jungen Damen und gelegentlich auch Herren, die als Damen gekleidet waren. Allgegenwärtig ist die im übrigen derb gebaute französische Erzieherin, Mademoiselle de Beauvoir, mit ihrer »32-cm-Taille«. »Die Züchtigung mit der Rute [...] war eine anerkannte Form der Bestrafung.« Brustwarzenringe – die neueste Schwärmerei verschiedener Leserbriefschreiber in *Society* – trugen »drei der französischen Mädchen, Töchter einer Marquise«.[41]

Wie ich bereits in meinem ersten Buch geschrieben habe, bezweifle ich nicht, daß die wirklichen Fetischisten einen Großteil dessen, was sie in ihren Briefen berichteten, auch verwirklicht haben: Schnürung, Piercing, Auspeitschen, Cross-dressing. Ich bezweifle aber, daß sie all das unter den von ihnen geschilderten Umständen in die Tat umsetzten: in der Schnürschule, im Schoß der aristokratischen Fetischistenfamilie oder in der Gewalt von Mademoiselle de Beauvoir.

Männer im Korsett

Ein anderes wichtiges Thema in der fetischistischen Literatur war der Gebrauch enggeschnürter Korsetts durch Männer. WALTER schrieb im November 1867 an das *Englishwoman's Domestic Magazine*:

> Ich wurde noch ziemlich jung nach Österreich auf die Schule geschickt. Dort sieht man Schnürkorsetts für einen Gentleman nicht wie in England als lächerlich an. In meiner ganz und gar englischen Art erhob ich Einsprüche, als die Gattin des Doktors von mir verlangte, mich schnüren zu lassen. Doch ich hatte gar keine Wahl. Ein kräftig gebautes *Mädchen* stellte sich stoisch taub gegen meine Proteste und schnürte mich geschwind in ein elegantes Wiener Korsett. [...] Die täglich enger werdenden Schnürungen riefen Unwohlsein und größte Schmerzen hervor. Nach wenigen Monaten jedoch achtete ich wie jeder meiner zehn oder zwölf Kameraden ängstlich darauf, daß meine Korsetts so eng geschnürt wurden, wie zwei starke Arme nur ziehen konnten.[42]

Man kann WALTERS Brief nicht für bare Münze nehmen. Während der manifeste Inhalt des Briefes sich mit männlichem Schnüren in der Schnürschule beschäftigt, scheint der latente Inhalt in einer erotischen Phantasie zu bestehen, in der ein Junge von dominanten Frauen überwältigt (»die Gattin des Doktors« und ein »kräftig gebautes *Mädchen*«) und gegen seinen Willen gezwungen wird, einen Gegenstand weiblicher Unterbekleidung zu tragen. Aber schon bald weicht der Schmerz in der Umarmung des engen Korsetts der

Lust, während die Schmach des Cross-dressing dadurch neutralisiert wird, daß es in der fremden Kultur als normal gilt. Doch trugen die meisten Männer im neunzehnten Jahrhundert kein Korsett. Männerkorsetts und Taillengürtel gab es natürlich. Besonders in der Zeit um 1820 trugen Dandys manchmal ein Korsett (mit Fischbein verstärkt und am Rücken geschnürt), um die modische Stundenglasfigur zu erzielen – obwohl man sich hüten muß, die in Karikaturen gebotenen Beweise allzu leichtgläubig anzunehmen. So behauptet der *Work-womans's Guide* von 1838, daß Männerkorsetts in der Armee, bei der Jagd und für anstrengende Leibesübungen verwendet wurden. Nach neueren Untersuchungen waren diese Korsetts oft nur »ein Stoffstreifen oder Gürtel, da sie keine weiblichen Kurven zu bändigen hatten«.[43] WALTER aber befürwortete keine Gürtel, sondern verstärkte Damenkorsetts. 1909 schrieb ein männlicher Schnürkorsettträger, der (vielleicht zu Ehren des *EDM*-Leserbriefschreibers von 1867) mit WALTER unterzeichnete: »Ich kann all ihren männlichen Lesern nur anraten, von ihren Schwestern (oder Ehefrauen) ein paar Korsetts zu erbetteln, auszuleihen oder zu stehlen und sie dann anzuziehen.«[44]
Die Vorstellung von Männern in Korsetts erschreckte viele der Leserbriefschreiber; selbst ein Befürworter wie LA GENIE, der die forcierte Korsettierung junger Mädchen begrüßte, bestand darauf, selbst kein Korsett zu tragen; er bezeichnete das als eine »ziemlich widerwärtige Vorstellung«.[45] Gelegentlich wurden Korsetts für Männer mit gesundheitlichen Gründen gerechtfertigt, etwa mit Rückenbeschwerden.[46] ANTI-CORPULENCE empfahl das Korsett für »stämmige« Männer,[47] STAIDMAN, ein offenbar untersetzter Mann, fragt: »Warum dieses Vorurteil gegen den Gentleman, der ein Korsett trägt?«[48]
Als 1886 ein Korsettliebhaber, A LOVER OF STAYS, an *Family Doctor* schreibt und beteuert, wieviel Freude es ihm bereite, enggeschnürte Korsetts zu tragen, meldete sich MARY BROWN mit folgender Antwort: »Ich denke, ein ›Korsettliebhaber‹ kann nur ein sehr effeminierter Mann sein […], der sich wünscht, eine Frau zu sein. […] Zweifellos würde es ihm Spaß machen, in Kleid und Unterröcken zu gehen und sich als Frau auszugeben.«[49] Das löste verschiedene Briefe von Männern aus, die sich korsettierten und/oder Frauenkleider trugen. »Obwohl ich nicht zum korsetttragenden Geschlecht gehöre«, schreibt ein Mann, »habe ich doch seit meinem zehnten Lebensjahr Korsetts getragen.«[50]
Es gibt zu viele von Männern verfaßte Briefe zum Korsett, um auch nur einen Bruchteil der Themen zitieren zu können; augenfällig aber ist die Beschäftigung mit weiblicher Dominanz. BROUGHT UP AS A GIRL und A WOULD BE LADY schrieben beide an *Family Doctor* und führten aus, sie seien von Tanten erzogen worden, die sie zwangen, Mädchenkleider zu tragen – ein Szenario, für dessen Glaubwürdigkeit einiges spricht.[51] Weniger glaubwürdig sind die Geschichten über Ehefrauen, die ihre Männer gezwungen hätten, sich zu schnüren und Frauenkleider zu tragen. SATIN STAYS heiratete beispielsweise »eine erheblich ältere Dame, […] deren exquisite Taille und hübsche hochhackige Schuhe meine Phantasie vollkommen gefangennahmen […]; sie nötigte mich, ein Dokument zu unterzeichnen«, in dem SATIN STAYS ihr versprechen mußte, sie zu befriedigen, und

Inserat für Madame Dowdings Korsetts in *Society*, 21. Oktober 1899. (N.2288.c.21, Bodleian Library, Oxford University)

zwar »mit meiner Art, mich zu kleiden«. »Ich erfüllte diese Forderungen freiwillig und ließ mir nicht träumen, wohin das führen sollte.«[52] (Wir können es uns vorstellen.) Zeitgenössische Untersuchungen über Transvestiten und ihre Ehefrauen betonen dagegen, daß es Entscheidung der Männer ist, Frauenkleider zu tragen.

Ein RETIRED COLONEL behauptete, in Amerika seien [Männerkorsetts] verhältnismäßig gebräuchlich, und Jungen trügen sie ebenso wie Mädchen; daraus ergebe sich ohne Zweifel die »vorzügliche Körperhaltung der amerikanischen Jugendlichen […] und Männer«.[53] Die meisten der Briefschreiber aber konzentrierten sich auf deutschsprachige Männer – insbesondere auf Angehörige des österreichischen und preußischen Militärs. Die österreichische Armee stellte zwar keine beeindruckende Kriegsmaschinerie dar, aber es gab in Österreich-Ungarn eine Fülle spektakulär anzusehender Uniformen, die häufig für Maskenbälle in Frankreich und England nachgeahmt wurden. Insofern können englische Fetischisten aus WALTERS Generation ohne weiteres mit solcher Kleidung vertraut gewesen sein. Hinzu kommt, daß die preußische (und später die deutsche) Armee ausgesprochen schlagkräftig war. »Es ist allgemein bekannt, daß sehr viele preußische Offiziere Korsett tragen«, schrieb REFORMER und fügte hinzu, daß »nichts einem Mann oder Jungen so gut bekommt wie die aufrechte Haltung, die durch das Tragen eines Korsetts hervorgerufen wird«.[54] In diesem Brief wird, wie auch in vielen anderen, die phallische Symbolik, die mit Korsetts und engen Militäruniformen assoziiert wird, neben transvestitische Elemente (Unterröcke und Ohrringe) gestellt.

Uniformfetischismus war (und bleibt) eine bedeutende Subkategorie des Kleiderfetischismus und wird häufig mit Macht- und Unterwerfungsphantasien in Verbindung gebracht. Der Cross-dresser, der gesellschaftlich mit Militäroffizieren verkehrte, war ein beliebtes Thema in Leserbriefen von Fetischisten. »Einer Wette wegen dinierte ich damals in Wien mit einigen Offizieren, alle in großer Abendtoilette […] und auf 41,5 cm geschnürt«, schreibt BROUGHT UP AS A GIRL.[55] »Ich finde es scheußlich, wenn Männer Korsetts tragen«, schreibt heuchlerisch A KENSINGTON BELLE (nachdem sie sich mit ihrer 40-cm-Taille gebrüstet hat), »aber mein Bruder, der bei der …-Garde stationiert ist, erzählte mir, daß viele es tun. Ich weiß, daß *er* eines trägt. Im letzten Herbst gewann er bei einer Wette hoch, weil er, als Dame gekleidet, in Begleitung eines Offizierskameraden dinierte.«[56] 1909 druckte Modern Society eine Reihe von Briefen unter dem Obertitel »Sklaven des Korsetts«, in der zum Beispiel DORA zu Wort kam, die mitteilte, daß ihr ungarisches Mädchen vorher für einen österreichischen Offizier gearbeitet habe, der sich schnürte und 10 cm hohe Absätze trug.[57] SMALL WAIST behauptete, daß »es in Wien für Männer üblich ist, Korsett zu tragen«.[58] In den »Erinnerungen einer Korsettmacherin« sucht der Erzähler Europa nach schmalen Taillen ab und trifft in Wien einen »korsettierten Leutnant«, der nicht nur ein »langgearbeitetes Uniformkorsett« trägt, sondern dessen »Uniformen mit langen Korsettstangen so eng gestaltet waren, daß ein einwandfrei faltenloser Sitz erzielt wurde«. Der Leutnant trug auch Frauenkleider.[59]

Eine Abhandlung über die Disziplin an österreichischen Gymnasien aus dem Jahre 1930 enthüllt die Schwierigkeiten einer wissenschaftlichen Untersuchung fetischistischer Literatur. Der Verfasser beginnt mit Zitaten von WALTER. Am Ende einer verschachtelten und widersprüchlichen Darstellung kommt er zu dem Schluß, daß alle Deutschen (einschließlich der Nazis) virile, korsetthassende Antifetischisten seien, die geschnürten Österreicher hingegen seien effeminierte Korsettfetischisten. Hitler wird als »einer der erfolgreichsten Fetischisten, die die Welt je gesehen hat«, geschildert, obgleich ihm die Fähigkeit zur Heuchelei abgehe. Da die Vereinigten Staaten »ebenso wie Österreich und England ziemlich wohlkorsettierte Nationen seien«, stellt der Autor den USA »eine gute Prognose für die erfolgreiche Weltherrschaft«.[60] Unnötig zu sagen, daß dieser bizarre Traktat keinerlei verläßlichen Hinweis auf den tatsächlichen Gebrauch von Korsetts an österreichischen Schulen enthält, obwohl er immerhin einige Einblicke in die Ventilfunktion des Korsetts gibt.

Manche Männer jedoch trugen (und tragen) Korsetts. Die früheste Werbung für Männerkorsetts, die ich ausfindig machen konnte, datiert aus dem Jahr 1899 und zeigt in illustrierter Form eine Auswahl von Modellen, die von Schlaf- und Jagdgürteln bis zu langen, fischbeinverstärkten Korsetts mit militärischen Typenbezeichnungen wie »The Marlborough« und »The Carlton« reichen. Die Anzeige erschien in *Society*, einem Periodikum, das einen umfangreichen fetischistischen Briefwechsel veröffentlichte. In den Sammlungen der Museen sind nur sehr wenige Männerkorsetts zu finden, obwohl ich am Kyoto Costume Institute ein englisches Korsett »Apollobrand« aus dem späten neunzehnten Jahrhundert in Augenschein nehmen konnte. Es war in robustem, beigefarbenem Leinen mit Metallverstrebungen, sogenannten »Spartan steels«, gearbeitet.

Die London Life League mit Sitz in Montreal bietet Männern wie Frauen, die Freude daran haben, ein Korsett zu tragen, Hilfe an. Die League betont in ihren Mitteilungen mit Anmerkungen zur Korsetterziehung, daß »die Würdigung und das Tragen von Korsetts die Geschlechtsidentität transzendiert. [...] Der moderne Mann sollte sich als stolzer Erbe einer Dynastie von Erfahrungen erweisen, die erstmals beim minoischen Stierspringer dokumentiert ist und sich bis zur Grazie des edwardianischen Dandy und Militäroffiziers fortsetzt.« Es wird eingeräumt, daß korsettierte Männer »feindselige Bemerkungen« riskieren; die League empfiehlt daher persönliche Diskretion in Verbindung mit einer Aufklärung der Öffentlichkeit. Reisende beispielsweise erhalten den Rat, daß auf Flughäfen durch ein stahlverstrebtes Korsett der Alarm der elektronischen Metalldetektoren ausgelöst werden könne; wenn dieser Fall eintrete, sei es klug anzudeuten, daß man das Korsett aus »orthopädischen« Gründen trage.[61]

Männer mit einer Schwäche für das Tragen von Frauenkleidern (oft sind es verheiratete Männer mittleren Alters) tragen privat auch manchmal Korsetts. Einige wenige Männer bevorzugen im privaten Kreis auch sogenannte »Peniskorsetts«, Röhren aus Leder und/oder Gummi, die in der Mitte geschnürt werden, manchmal auch geschnürte

»Nackenkorsetts«. Bedeutender vom Standpunkt der Mode her sind jedoch die Clubkids (insbesondere schwule junge Männer), die in neuester Zeit angefangen haben, Korsetts öffentlich und als Oberbekleidung zu tragen.

Unmodischer Fetischismus

Aus der Damenmode verschwand das Korsett ziemlich früh, nämlich 1907, als der französische Avantgarde-Couturier Paul Poiret einen neoklassizistischen Kleiderstil einführte. Um 1910 fingen jüngere, schlanke Frauen an, das Fischbeinkorsett durch Hüft- und Büstenhalter zu ersetzen, während ältere und kräftiger gebaute Frauen sich für lange gerade Korsetts entschieden. »Verschwindet die Taille?« fragte *Photo Bits*:

> Gerade habe ich gelesen [...], daß »es in dieser Saison keine schmalen Taillen und gar keine Hüften geben« soll. Ein tiefer Seufzer löst sich aus meinem überschweren Herzen. Ich mag mir die Bedeutung dieses letzten Modeedikts kaum vorstellen. Der schwellende Busen, die göttliche Taille von nur wenigen Zentimetern Umfang [...], die gerundeten Hüften – *das alles soll nun vorbei sein*! Himmel nein! Und in gewisser Hinsicht werden sie ja *nicht* verschwinden, aber doch unseren Augen entzogen.[62]

Erbittert behauptet der Verfasser sogar, es habe ihm jemand gesagt, daß »Anzeichen für eine Rückkehr zur extremen ›Wespentaille‹« bestünden, und das zeige, daß »die ›am Drücker‹ heimlich mit rigoros engen Korsetts herumprobieren«. Aber da täuschte er sich offensichtlich.

1910 veröffentlichte *Photo Bits* einige Nummern zum Thema der »Schmalen Taillen«, von denen eine die mögliche Gründung eines Korsettclubs und einer Minoischen Liga beschwor, um die Engschnürung bei Männern zu fördern. Eine andere Ausgabe verkündete: »Das Ideal – 32,5 cm!« Eine Fortsetzungsgeschichte über Männer in enggeschnürten Korsetts, »The Pearl of Piccadilly«, berichtete von den »Abenteuern einer Wespentaille«, die Geschichte eines Mannes, der ein auf 32,5 cm heruntergeschnürtes, karmesinrotes Korsett trug. Daneben gab es auch einen Essay mit dem Titel »Der Kult um das Korsett« und eine Geschichte »Auf der Jagd nach der 32-cm-Taille«.[63]

Aber die wirklichen Korsettfreaks verlegten das Goldene Zeitalter des enggeschnürten Korsetts in die viktorianische Vergangenheit. Auch die zitierten Taillenweiten wurden immer kleiner. Der Verfasser des Artikels »Die Wespentaillenmode« blickt nostalgisch zurück auf viktorianische Taillenweiten von 25 und sogar 22,5 cm,[64] obwohl einer der Briefschreiber seine Bedenken äußert, »an Taillenweiten so weit unter meiner eigenen zu glauben«.[65] Im Jahre 1933 schrieb A WORSHIPPER OF WASP-WAISTS an *London Life*:

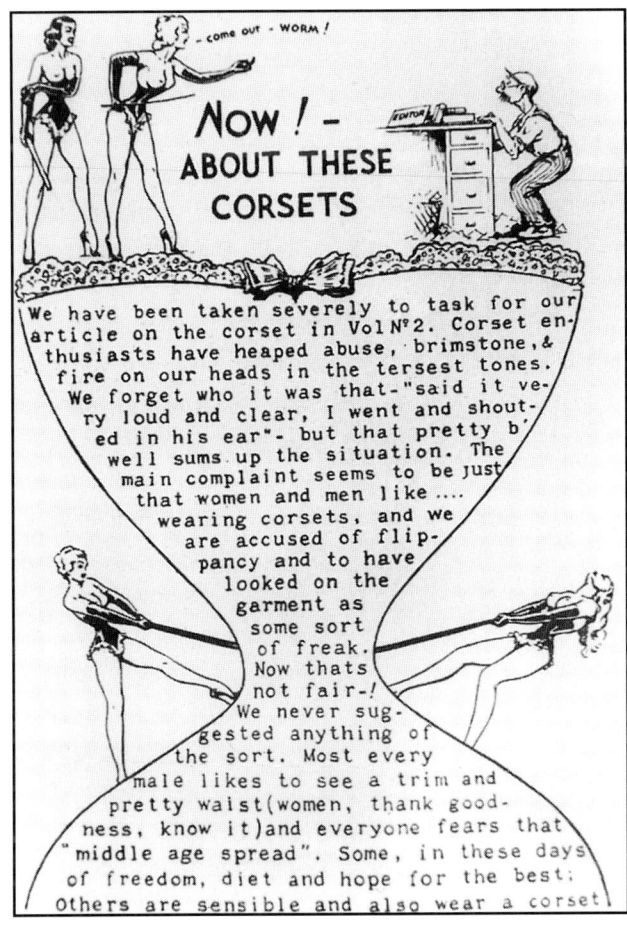

Fetischillustration. Mitte zwanzigstes Jahrhundert

Sehr geehrter Herr – wie Diabolo bin auch ich, wenn es um das schöne Geschlecht geht, ein Liebhaber schmalster Taillen. Es ist mir unverständlich, daß man einen Mann, der es vorzieht, eine Frau straff korsettiert zu sehen, für anormal ansieht, wenn man sich vor Augen hält, daß der viktorianische Mann ein glühender Verehrer der Wespentaille war, was natürlich zu dieser Zeit der gültigen Norm entsprach. Ich bin erst 27 Jahre alt und beginne mich zu fragen, ob ich nicht 30 Jahre zu spät geboren bin, da ich in einer durch geschicktes Korsettieren erzielten weiblichen Figur so viel mehr sexuelle Anziehung erblicke als in den sogenannten »natürlichen« Figuren unserer Tage. Ein Freund erzählt mir jedoch, daß man in Paris auch heute noch viele Frauen finden kann, die schlanke Taillen zur Schau stellen. Aus diesem Grund bin ich entschlossen, ein oder zwei Wochen dort zu verbringen, um herauszufinden, inwieweit das zutrifft. Vielleicht können mir einige ihrer Leser, die an diesem Thema Interesse haben, über diese Kolumne Informationen zukommen lassen. [66]

So behielt das Korsett, obwohl es aus der Welt der Mode weitgehend verschwunden war (ersetzt durch Büstenhalter und Strapsgürtel), dennoch seinen zentralen Platz im fetischistischen Pantheon. 1937 erinnerte man sich in *London Life* wieder an die enggeschnürte Schauspielerin Polaire, deren zerbrechliche Taille 1909 im *Tatler* und bei *Photo Bits* groß herausgebracht worden war.[67]

Die berühmteste moderne Schnürkorsettträgerin ist ohne Zweifel Ethel Granger aus Peterborough in England, die ihre Taillenweite über eine Reihe von Jahren hinweg von 57,5 cm auf 32,5 cm reduzierte. Sie war eine kleine Frau, 1,57 m groß, und wog lediglich 45 kg. Mit ihrer Schnürpraxis begann sie 1928 unter Einfluß ihres Ehemanns, des »Erzfetischisten« Will Granger, der eine Biographie seiner Frau geschrieben und sie auch gedruckt hat. Die Kapitelüberschriften lauten folgendermaßen: »Ethel, mein niedlich Weib«, »Was Liebe vermag«, »Glück auf hohen Hacken«, »Nasenringe«, »Folterwerkzeug«, »Gepiercte Titten« und »Endlich! – 32,5 cm!«.[68]

Schon in jungen Jahren war Will Granger besessen von dem Gedanken an die Modifikation des Körpers (obwohl er nur kurz damit experimentierte, selbst ein Korsett zu tragen). Eindeutig dominant in seiner Ehe, brachte er seine Frau nicht nur dazu, sich zu schnüren, sondern auch ihren Körper an dreizehn Stellen von ihm piercen zu lassen. Aus welchen Motiven sie bei

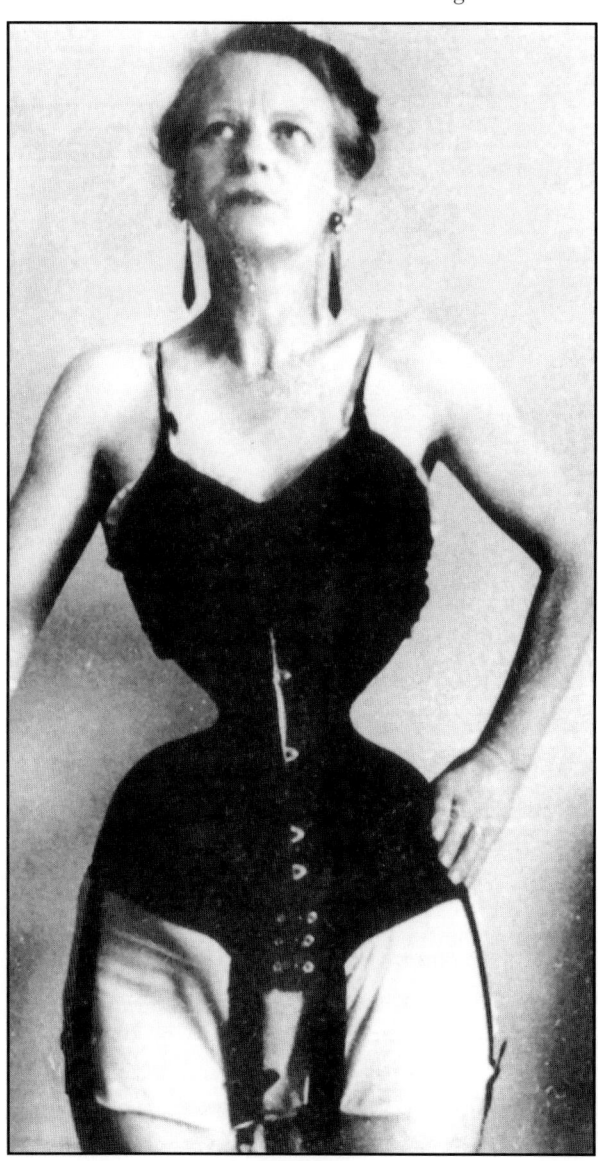

Ethel Granger.
»Die schmalste Taille der Welt«.
(Fakir Musafar und *Body Play*)

alledem mitspielte, ist unklar, obwohl Menschen, die sie kannten, behaupten, daß auch sie es genossen habe. Wills Besessenheit von geschnürten Taillen war so ausgeprägt, daß er ausgesprochen verärgert reagierte, als Ethels Frauenarzt darauf bestand, sie müsse während ihrer Schwangerschaften das Schnüren einstellen. Die Kriegsjahre brachten sie vom Schnüren ab, aber Will brachte sie 1946 dazu, wieder anzufangen, und in den späten Fünfzigern erreichte sie erneut die 32,5 cm.[69]

»Moden ändern sich, und wir auch«, schrieb Will Granger, aber seine Liebe zu Korsetts hatte mit Mode wenig zu tun. Ein modisches Phänomen wie der Wespentaillengürtel der fünfziger Jahre unterscheidet sich deutlich von fetischistischen Hard-core-Handlungen. Obwohl die »Körperarbeit« der Grangers anfänglich im geheimen stattfand, wurden sie schließlich in der Welt der Enthusiasten doch zu Kultfiguren. Ethel wurde jeweils 1957 und 1959 ausführlich in der Presse vorgestellt, danach nochmals 1968, als die Associated Press die Fotos ihrer 32,5-cm-Taille veröffentlichte. Letztlich zog sie dann ins *Guinnes-Buch der Rekorde* ein als die »Schmalste Taille der Welt«, eine Aussage, die ihr von ihrem Ehemann auch in den Paß gestempelt worden war. Die öffentliche Aufmerksamkeit, die Ethel Grangers Körperformen zuteil wurde, hat einen solchen Umgang mit sich selbst tatsächlich für viele Menschen aufgewertet. Ethel starb 1982, wenige Jahre nach ihrem Ehemann, fast bis zum Ende geschnürt.[70]

Die Schnürpraxis heute

Korsetts sind »unwahrscheinlich erotisch«, bekennt Fakir Musafar, der heute berühmteste Korsettenthusiast. »Hilflose Frauen mit zerbrechlichen Taillen ist [sic!] ein sexueller Stimulus für Männer« – und auch für Frauen –, »wenn sie sich […] diesem Körpertraining anpassen.« Korsetts »erweitern sexuelle Erlebnisse. Nichts geht darüber, als Mann extrem eng geschnürt zu sein und mit einer Frau, die ebenfalls extrem geschnürt ist, sexuell zu verkehren […], alle inneren Organe und die Geschlechtsteile sind in abweichenden Positionen, unter unüblichen Spannungsverhältnissen und so weiter – es gibt einfach mechanische Voraussetzungen dafür. Es ist die reinste Ekstase.«[71]

Seine eigene Taillenweite hat Fakir Musafar schon in den fünfziger Jahren von 72,5 cm auf 47,5 cm reduziert, angeregt sowohl vom *Englishwoman's Domestic Magazine* als auch vom *National Geographic*. Diese zwei Quellen werden auch in den beiden Grundformen seiner Selbstdarstellung reflektiert: einmal als »Moderner Primitiver« und dann als »Perfekter Gentleman«. In den fünfziger und sechziger Jahren etablierte sich Fakir Musafar mit einer Korsettfirma, aber da es nicht genug Kunden gab, um das Geschäft gewinnträchtig zu machen, verkaufte er die Firma an die Eigentümer von BR Creations, die in den achtziger Jahren drei Frauen mit der Herstellung von Korsetts beschäftigten. »Die verkaufen jetzt an ganz normale Leute, nicht nur an das freakige Umfeld«, sinniert

Fakir Musafar. »Es ist wie mit Brautmoden – nicht zu glauben, wohin die überall verkaufen. Sie hatten ein Inserat in der *New York Times* und kriegten tonnenweise Aufträge.«[72]

Pearl ist ein englischer Korsettpraktiker mit einer 47,5-cm-Taille. »Ist das ein Fetisch?« fragte ich ihn. »Kann sein«, meinte Pearl. »Ein Korsett zu tragen ist eine sinnliche Erfahrung [...], obwohl ich mein Interesse nicht mit einer sexuellen Praktik verknüpfe.« Wie viele Enthusiasten wuchs Pearl in einer sehr religiösen Familie auf, und sein Interesse an Korsetts datiert aus seiner frühen Kindheit. »Ich lebte, als ich zwei oder drei Jahre alt war, bei meiner Großmutter, die jeden Tag ihr Korsett trug, da sie seit ihrer Jugend an einer Rückgratverkrümmung litt. Ich half ihr beim Schnüren. Es war wundervoll gearbeitet, rosa, es war immer rosa, so ein herrlicher pfirsichrosafarbener Satin.«

»Ich versuche dadurch nicht, wie eine Frau zu sein«, sagt Pearl. (Der Fotograf Travis Hutchison pflichtet dem bei und erklärt, daß er sich »sehr maskulin« fühlt, wenn er das Korsett trägt, das Pearl für ihn entworfen hat.) Für Pearl geht es beim Schnüren »um Selbstkontrolle. Kleider sollten stärker disziplinieren.« Obwohl er Korsetts eigentlich »bequem« findet, liebt er das Gefühl der »Einengung« und die Vorstellung, daß »ein Kleidungsstück gewisse Regeln mit sich bringt; daß man bestimmte Dinge nicht tun kann. Man kann nicht krumm dasitzen. Wenn ich kein Korsett anlege, fühle ich mich einfach nicht in Ordnung. Ich mag auch nicht barfuß laufen. Ich liebe meine Lederschuhe. Ich schlafe in meinem Korsett oder mit einem Gürtel, weil es am besten ist, wenn man immer die Kontrolle spürt. Ich fühle mich dann einfach besser.«[73]

Pearl stellte mich einer Frau vor, die sich korsettiert. Nachdem wir ein langes Interview am Telefon hatten, besuchte ich Cathie J. und ihren Mann zu Hause im Nordosten der Vereinigten Staaten. Cathie, eine amerikanische Hausfrau in mittleren Jahren, kann sich auf 37,5 cm herunterschnüren. (Diese Maßangabe ist eine Schätzung ihrer Taillenweite unter dem Korsett und geht davon aus, daß das Korsett dem Taillenumfang etwa 5 cm hinzufügt, was einem Außenmaß von etwa 42,5 cm entspricht.) Über dem Korsett gemessen, beträgt ihre Taillenweite durchschnittlich zwischen 45 und 47,5 cm. Sie ist 1,75 m groß und wiegt um die 59 kg. Um eine so schmale Taille zu halten, trägt sie ihr Korsett 24 Stunden täglich und nimmt es nur zum Baden ab. Das hat ihren Körper dauerhaft verändert.[74]

Cathie ist mit einem Chirurgen verheiratet. »Es hat immer wieder Gerüchte gegeben, er habe mir die Rippen herausoperiert.« (»Das ist gar nicht nötig«, sagt ihr Ehemann, »denn die Rippen sind ziemlich flexibel.«) Röntgenbilder ihres Torsos zeigen eine Veränderung der unteren Rippen und möglicherweise eine Vergrößerung der Bandscheibenabstände zwischen den Wirbeln. Sie ist jedoch überzeugt, daß er nie darauf bestehen würde, daß sie etwas medizinisch Gefährliches unternimmt.

Ihr Mann interessierte sich sein Leben lang für Korsetts. Als sie vor dreißig Jahren anfingen, miteinander auszugehen, ermutigte er sie, zu speziellen Anlässen ein Korsett zu tra-

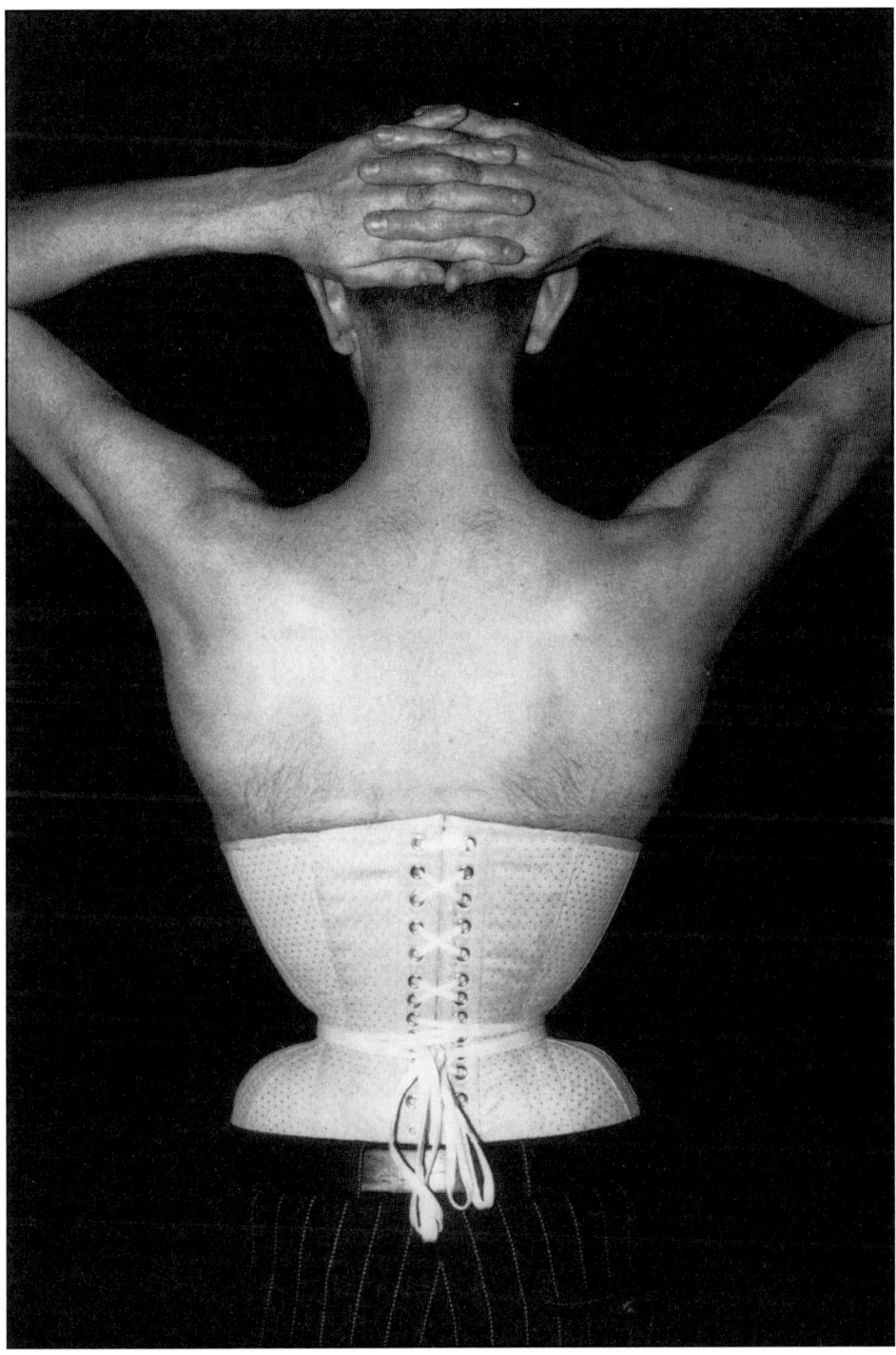

Pearl, ein moderner Schnürkorsettträger.
(Travis Hutchison)

gen. Für die Hochzeit bestellte er ein maßgearbeitetes. Cathie hatte »kein Problem« damit, daß ihr Mann sich für Korsetts interessierte: »Es war einfach etwas, was er mochte.« Danach trug sie dann und wann mal ein Korsett, meist abends. Dann, vor etwa neun oder zehn Jahren, als die Kinder erwachsen waren, lernten ihr Mann und sie einige Korsettenthusiasten aus England und Deutschland kennen und fingen an, sich stärker mit Schnürpraktiken zu beschäftigen.

»Es war einfacher für mich, das Korsett ständig anzubehalten.« Sie erklärt das so: »Es gibt Leute, die lieben diesen plötzlich auftretenden Druck«, der einsetzt, wenn jemand schnell geschnürt wird. (Will Granger, wie es scheint, schnürte Ethel vor Zuschauern manchmal so fest und schnell, daß sie ohnmächtig wurde.) Cathie jedoch konnte dieses Gefühl von Benommenheit nicht ausstehen und zog es vor, sich ständig zu korsettieren; normalerweise schnürt sie ihr Korsett selbst mit Hilfe einer Türklinke und eines Hakens, um auf den Schnüren Spannung zu erzeugen.

»Wenn man versucht, seine Taillenweite zu reduzieren, entsteht ein Gefühl der Unbehaglichkeit, ich weiß nicht, ob Sie es ›Schmerz‹ nennen würden«, meint sie. Probleme entstehen aber eher dadurch, daß »man sich die empfindliche Haut wundreibt« und gelegentlich »eine Blase oder auch eine leichte Verletzung auftritt«. Ihr Ehemann »genießt den Anblick der Korsetts und die Art, wie dadurch die Figur betont wird«, erzählt Cathie. »Ich habe das immer gemocht«, pflichtet er bei. (Seine Mutter hat sich nie geschnürt.) Obwohl für ihn der Anblick einer korsettierten Frau »sexuell stimulierend ist«, betont Cathie, daß »das Tragen eines Korsetts« bei ihr selbst »keine großartig sinnlichen Gefühle erweckt«. Es ist auch nicht aufregender, als irgendein anderes schönes Wäschestück anzuhaben, meint sie, und bei weitem nicht so sinnlich wie Satin.

»Meine Absicht ist es, meinen Mann glücklich zu machen«, sagt sie und schätzt, daß »in neunundneunzig Prozent der Fälle Frauen deshalb ein Korsett tragen, weil ihr Mann oder eine andere wichtige Person es mag. Das trifft zumindest für meine Generation zu.« In Deutschland kennt sie ein Pärchen in den Dreißigern, bei denen die Frau, als der Mann vorschlug, sie solle ein Korsett tragen, antwortete: »Wenn du das von mir verlangst, dann mußt du es auch tun.« So schnüren sich heute beide.

»Schnüren ist ein häufig bei Paaren auftretendes Phänomen«, bemerkt eine Studie neueren Datums. »Unsere Untersuchung legt nahe, daß unter all den Heteropaaren, die Freude am Schnüren haben, die Frauen häufig unter dem Einfluß ihrer Ehemänner zu diesem ästhetischen Empfinden bekehrt wurden.« (Mit anderen Worten, wenn bei heterosexuellen Paaren der Mann weder Cross-dresser noch einer der Partner sadomasochistisch orientiert ist, ist der Mann derjenige, der sich für Korsetts interessiert.) Wie Cathie den Verfassern der Studie anvertraute: »Wäre ich mit jemand anderem, der sich nicht für [Korsetts] interessiert hätte, verheiratet gewesen, so hätte ich damit sicher nicht angefangen. Und wenn er mir morgen sagte, daß ihn das alles nicht mehr interessiert, wäre es auch kein Problem für mich.«[75] Als wir uns unterhielten, schränkte sie diese Feststellung

Cathie J., mit einer Taillenweite von 37,5 cm.
(Fakir Musafar und *Body Play*)

allerdings vorsichtig ein: »Wenn er sterben würde, würde ich möglicherweise weiterhin ein Korsett tragen, aber vielleicht nicht so extrem. Wenn man es so lange getan hat, dann gewöhnt sich der Körper daran. Wenn ich zur Zeit mein Korsett für länger als einige Stunden weglasse, fängt mein Rücken an zu schmerzen. Ich brauche die Stütze.« Hinzu kommt, daß alle ihre Kleider maßgefertigt sind, passend zu ihrer korsettierten Figur. »Wenn ich aufhörte, ein Korsett zu tragen, hätte ich nichts mehr zum Anziehen!«

»Es gibt Leute, die das alles mit Bondage oder Körpermodifikation gleichsetzen«, sagt Cathie, »aber damit haben wir nichts am Hut.« Sie distanziert sich heftig von Korsettenthusiasten, die sich für »freakige« Sachen begeistern, etwa dafür, als Männer und Cross-dresser ein Korsett zu tragen. Sie glaubt jedoch, daß »für Männer die Gründe, ein Korsett zu tragen, sehr unterschiedlich sein können«. Fakir Musafar zum Beispiel tut es, »um Grenzen zu erforschen«. Cathie kennt auch einige alleinstehende Frauen zwischen zwanzig und dreißig, die Korsetts tragen, weil es »einfach toll aussieht. Korsetts sind beliebt als modische Aussage.« Diese jüngeren Frauen neigen dazu, ihre Korsetts »über den anderen Kleidern zu tragen«, manchmal in Verbindung mit anderen Fetischmaterialien wie Leder und Latex.

Cathie und Pearl machten mich mit Lauren bekannt, einer siebenundzwanzigjährigen Frau, die Korsetts mit einer 47,5-cm-Taille trägt. »Ich mag die Art, wie es sich anfühlt«, sagt Lauren, »als ob mich jemand halten würde. Und ich mag auch, wie es aussieht.« Anders als Cathie, die sich schnürt, um damit ihrem Mann zu gefallen, besteht Lauren darauf: »Ich trage das Korsett für *mich* und nicht für irgendeinen Partner.« Sie vergleicht das Schnüren mit Balletttraining: »Ballett ist kulturell akzeptiert, das Korsett nicht, aber in beiden Fällen trainiert man seinen Körper. Ballett ist eine Anstrengung für die Füße, und dennoch wird das Ergebnis als schön anerkannt.«

Die Schnürpraxis vermittelt wie das Ballett »Stärke und Anmut«, erklärt Lauren. »Es ist feminin und dennoch wirklich stark. Mit Freuden würde ich die Märchen über das Korsett zerstreuen. Ich habe keine Gesundheitsprobleme. Man muß es nur auf gesunde Weise tun und seinem Körper erlauben, sich daran zu gewöhnen. Das einzige Problem ist, wenn ich nicht trainiere, fühle ich mich krank.« »Wie finden Sie die neuen Modekorsetts?« frage ich sie. Lauren denkt nach. »Das ist schwer zu beantworten. Ein Teil von mir möchte sagen: ›Bitte, das ist ein Lebensstil, keine Mode.‹ Aber es lohnt sich, wenn Leute dadurch Verständnis für Korsetts entwickeln.«[76]

Da Korsetts inzwischen zu halbmodischen Kleidungsstücken geworden sind, hat Cathie auf den Korsettbällen, die sie besucht, eine bezeichnende Veränderung festgestellt. Den ersten Ball dieser Art, vor zwanzig Jahren in England, besuchten zwanzig heterosexuelle Paare, die Männer im Frack, die Damen in eleganten Abendkleidern, die über den Korsetts getragen wurden. Bälle in den letzten Jahren, wie zum Beispiel 1994 der Korsettball in Wien, haben eine größere und gemischtere Anzahl von Menschen angelockt, darunter Männer in Damenkleidern und Frauen, die das Korsett als Oberbekleidung tragen.

Lauren, mit einer Taillenweite von 47,5 cm.
(Aaron Cobbett)

Korsetts en vogue

Als das Korsett wieder in der Mode auftauchte, war Vivienne Westwood eine der ersten Designerinnen, die das Charisma des Verbotenen nutzten. »Es war ihr Korsett, das 1985 erstmals den Busen zeigte, wie er voll und zweigeteilt nach oben geschoben wurde, und es blieb ihr bedeutendster Modebeitrag in den letzten zehn Jahren«, erklärte *Vogue*.[77] Vivienne Westwood war mehr von den Korsetts des achtzehnten Jahrhunderts inspiriert als von den vertrauteren stundenglasförmigen der viktorianischen Zeit: »Die Mode verlangt immer etwas Neues, auch wenn es aus der Vergangenheit stammt.«[78] Ihre Korsetts, obwohl vom Anblick her überwältigend, sind dennoch nicht sehr deutlich strukturiert. Wie Pearl dazu bemerkt, »sind sie aus Plastik und ziemlich leichtgewichtig, so daß sie einer neueren Erfahrung des Komforts entsprechen. Aber sie lassen sich nicht schnüren, sondern nur enger ziehen.«

Und gerade die Schnürung ist es, die so viele andere Designer angeregt hat. Schon in den fünfziger Jahren entwarf der französische Modeschöpfer Jacques Fath ein Abendkleid in pinkfarbenem Satin, das am Rücken mit einer Korsettschnürung geschlossen wurde. In der Ausstellung »Infra-Apparel« im Costume Institute des Metropolitan Museum of Art stellten die Kuratoren Richard Martin und Harold Koda Faths Kleid neben zeitgenössische Kleidungsstücke wie einen Korsettbadeanzug von Fendi.

Der französische Modedesigner Jean-Paul Gaultier steht wohl am dringendsten im Verdacht, Madonnas perlmuttfarbenes Satinkorsett mit klassischer Schnürung und Projektil-Brüsten entworfen zu haben. Seine einflußreiche Frühjahrskollektion von 1987 zeigte eine Anzahl von Korsetts, Hüft- und Büstenhaltern. Er entwarf auch einige Gummikleider, die über den ganzen Rücken geschnürt wurden – ein Stil, wie ihn die pornographische Fotografie seit den dreißiger Jahren kennt. Gaultier hat außerdem eine ganze Reihe von Jacketts (sowohl für Männer als auch für Frauen) entworfen, die sich wie Korsetts schnüren lassen.

»Mein erster Fetischentwurf war ein Korsett«, erinnert sich Gaultier. »Es war für meine Großmutter.« Als Kind verbrachte er seine Zeit häufig bei ihr, und er erinnert sich daran, daß er ein lachsfarbenes Schnürkorsett in ihrem Schrank fand: »Ich dachte: ›Mein Gott, was ist das?‹ [...] Später sah ich sie, wie sie es trug, und sie bat mich, es enger zu schnüren.« Sie erzählte ihm von den Schnürkorsetts zur Zeit der Jahrhundertwende, und er war »fasziniert« von etwas, was er als »eines der Geheimnisse« betrachtete.[79] Gaultiers Parfumflaschen sind wie eines seiner Korsetts geformt.

Im Grunde seit Mitte der achtziger Jahre sind Korsetts ein wiederkehrendes Thema in der zeitgenössischen Mode. Besonders wichtig ist dabei der französische Modedesigner Thierry Mugler, der das Korsett zum unerläßlichen Bestandteil seiner theatralischen

Von Korsetts und Wäsche inspirierte Mode von Azzedine Alaïa. 1992. (Roxanne Lowit)

Femme-fatale-Entwürfe gemacht hat. Nie besorgt, zu weit zu gehen, zeigte Mugler aggressive Korsettmodelle, bei denen etwa die Brüste mit Nägeln versehen sind, oder Lederkorsetts mit Verzierungen, die deutlich Brustwarzenringe assoziieren. Er hat glitzernde Korsetts als Abendkleidung im Programm, strukturierte Plastikbustiers, die entfernt an römische Brustpanzer erinnern (dem weiblichen Oberkörper angepaßt), und daneben noch unzählige andere Korsetts, Büstenhalter und Bustiers in den verschiedensten Stilrichtungen. Außerdem führte Mugler die Korsettnaht auch für andere Kleidungsstücke ein, etwa für schwarze Lederjacken.
Auch der in Tunesien geborene Designer Azzadine Alaïa, der in Paris arbeitet, baut in seine Entwürfe Miederwaren mit ein; 1991 zum Beispiel Korsetts und Strümpfe im Leopardenmuster. 1992 schuf er wundervolle Lederkorsetts in Rot und ausgebleichtem Rosa, dazu Accessoires wie Geldbörsen in der Form kleiner Korsetts. Wenn er nicht gerade Korsetts als solche entwirft, präsentiert er oft breite, enge Ledergürtel. Betsey Johnson, eine Amerikanerin, die eine preis- und körperbewußte Mode für junge Frauen herausbringt, und die französische Designerin Chantal Thomass, die für ihre Wäschemoden

bekannt ist, entwerfen beide auch Korsetts. Atemberaubend schöne und teure Korsettkreationen sieht man in den Kollektionen von Couturiers wie Christian Lacroix, Ungaro und Valentino.

Karl Lagerfeld hat aus Korsetts und Miederwaren einen Schwerpunkt seiner Arbeit für Chanel gemacht. »Diese Kleider kann man nicht ohne Korsett tragen«, erklärt Lagerfeld. »So wie sie geschnitten sind, würden ohne Korsett alle Knöpfe abspringen.«[80] Heute hat sich das Korsett als Unter- wie als Oberbekleidung wieder einen Platz erobert. Selbst Kaufhäuser wie Saks in der Fifth Avenue, die sich dem modischen Mainstream verpflichtet haben, werben mit Inseraten, in denen behauptet wird, daß sich »das Korselette als ultimatives Accessoire« erwiesen hat.[81]

SCHUHE

Der Schuh,
aus *Skin Two*.
(Chris Bell)

In einer frühen Version der Aschenputtel-Geschichte hacken sich die bösen Stiefschwestern ihre Zehen und Fersen ab, um in Aschenputtels Glaspantoffel hineinzupassen, werden aber durch eine Blutspur verraten. In dem satirischen Film *Qui Êtes-Vous, Polly Magoo?* (1965) von William Klein erklärt ein Professor, daß die verborgene Bedeutung von Aschenputtels Geschichte in der »Wertschätzung eines kleinen Fußes und in schönen Kleidern« liege. Triumphierend kommt er zu der Schlußfolgerung: »Was bleibt sind Fetischismus, Verstümmelung und Schmerz. Mode auf dem kleinsten Nenner.«

Obwohl das offensichtlich übertrieben ist, wären doch zumindest im Hinblick auf hochhackige Pumps viele Leute geneigt zuzustimmen. Die Künstlerin Camille Norment gestaltete ihre Skulptur *Glass Slipper* aus zersplitterten Glasscherben. Erst als sie die Arbeit vollendet hatte, kam ihr selbst die Aschenputtel-Geschichte in den Sinn; ihre ursprüngliche Idee war, ein Objekt zu Kleidung als Fessel und zur Verwundbarkeit des Körpers zu schaffen.

Auf viele Menschen jedoch üben hochhackige Schuhe einen unwiderstehlichen Reiz aus. »Ich bin Schuhfetischistin«, gestand mir stolz eine Modejournalistin und wollte damit lediglich ausdrücken, daß sie Schuhe liebte. Etwas von Imelda Marcos steckt in vielen Frauen, und viele Männer zeigen mehr oder weniger Pawlowsche Reflexe, wenn sie eine Frau auf hohen Absätzen erblicken. Sind sie deshalb alle Fetischisten? Wie unterscheidet sich echter Hard-core-Fetischismus von der verbreiteten Schwärmerei für »sexy« Schuhe? Dieses Kapitel soll aufzeigen, warum Füße und Schuhe eine so wichtige Rolle in der erotischen Imagination spielen. Historisch bietet sich der Vergleich mit dem Binden der Füße in China an. Im Westen wurden wie in China kleine Füße allgemein mit weiblicher Schönheit assoziiert, während große Füße und schwere Stiefel mit Männlichkeit gleichgesetzt werden. Hohe Absätze sind ausdrücklich mit der Mode der gebundenen Füße verglichen worden.

Der goldene Lotus

Die Praxis der gebundenen Füße in China weist viele Merkmale eines kulturellen Quasi-Fetischismus auf. Die erotische Literatur Chinas enthält die Beschreibungen von Männern, die gebundene Füße liebkosen, küssen und mit der Zunge lecken. Der 7,5 cm lange

»goldene Lotus« wurde als erotisches Ideal gefeiert: »Betrachte sie in deinen Handflächen liegend«, schrieb ein Dichter der Sung-Periode, »wundervoll winzig entziehen sie sich jeder Beschreibung.« Auch die unsicheren Schritte einer Frau hielt man für sexuell attraktiv, glaubte man doch gleichzeitig, daß das Schnüren der Füße die Muskeln der Vagina straffen würde. Der Jesuitenpater Ripa schrieb im achtzehnten Jahrhundert über die Chinesen: »Ihr Geschmack ist vollkommen pervertiert. Ich habe einen Arzt gekannt, der mit einer Frau lebte, mit der er keinen anderen Verkehr hatte, als ihre Füße zu betrachten und zu liebkosen.«[1]

Wenn Pater Ripas Bekanntschaft *wirklich* keinen anderen Geschlechtsverkehr hatte, als die Füße seiner Geliebten zu liebkosen, dann hätten ihn seine Zeitgenossen als ausgesprochenen Sonderling betrachtet; denn sie legten ebenso großes Gewicht auf den Zeugungsakt wie auf die vermuteten lebensverlängernden Auswirkungen eines häufigen Sexualverkehrs, bei dem der Höhepunkt hinausgezögert wurde. Nichtsdestoweniger ist diese Geschichte letztlich ähnlich oberflächlich wie moderne westliche Berichte über Fuß- und Schuhfetischismus.

Ein kürzlich erschienener Bericht über zeitgenössisches Sexualverhalten beispielsweise enthielt die Geschichte einer Frau, die unwissentlich einen Fuß- und Schuhfetischisten geheiratet hatte. Zu ihrem Entsetzen verbrachte er die Hochzeitsnacht damit, ihre Zehennägel zu schneiden und ihre Füße mit Küssen zu bedecken und zu lecken:

> Ich platzte heraus: »Liebe mich doch endlich, ich will dich!« Er antwortete: »Das tue ich.« [...] Was mich dann völlig verrückt machte, war, was er mit meinen Zehen machen wollte. Sie wissen, wie Kerle einen Billardstock zwischen den Fingern halten? Na gut, Mr. Foot fing an, seinen Penis zwischen meine Zehen einzuführen, und bewegte ihn vor und zurück, er war ganz außer sich [...], es war einfach total daneben.[2]

Jedesmal, wenn sie versuchte, einen genitalen Geschlechtsverkehr einzuleiten, wurde er impotent.

Das Binden der Füße wurde gewöhnlich als grausame Form weiblicher Unterdrückung und/oder als eine pervertierte Sexualvariante bewertet. Mittlerweile ist das traditionelle Bild der gebundenen Füße, wie es ursprünglich durch die Darstellungen westlicher Missionare und die erotische Literatur zu uns gekommen ist – beides Quellen mit spezifischen Vorurteilen –, durch die Wissenschaft revidiert worden. Dorothy Ko zeigt auf, »daß die Praxis, die Füße einer Frau zu binden, nicht als eine monolithische, identische Erfahrung zu sehen ist, der sich alle Frauen der einander ablösenden Dynastien zu unterziehen hatten, sondern daß es ein amorpher Brauch war, der für verschiedene Leute verschiedene Bedeutungen hatte. [...] Es ist, mit anderen Worten, eine lokale Praxis.«[3]

Da eine umfassende Darstellung des Fußbindens dieses Kapitel sprengt, kann das Phäno-

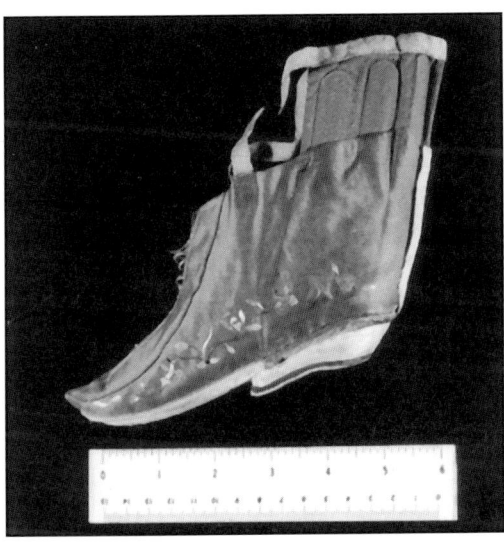

Chinesischer Schuh für einen gebundenen Fuß.

men nur dadurch verständlich gemacht werden, daß man es in seinen historischen Kontext zurückversetzt, um seine vielfältigen und sich verändernden Bedeutungen zu erkennen. Wie es scheint, entstand der Brauch, den Frauen die Füße zu binden, am chinesischen Kaiserhof im Lauf des zehnten Jahrhunderts und betraf die Tänzerinnen. Ursprünglich bedeutete er offenbar nicht mehr, als feste Socken zu tragen, vielleicht nicht sonderlich verschieden von Ballettschuhen. Unter der Sung-Dynastie verbreitete sich diese Sitte als eine Art Statussymbol in gehobenen Kreisen und gestaltete sich jetzt zumindest in einigen Fällen körperlich weitaus deformierender. Im vierzehnten Jahrhundert hatte sich das Binden der Füße schon bei der Landbevölkerung durchgesetzt. Es verschwand erst zu Beginn des zwanzigsten Jahrhunderts.

Das Binden der Füße war eine schmerzvolle Prozedur, die die körperliche Beweglichkeit der Frau stark beeinträchtigte. Die vier kleineren Zehen wurden unter den Fußballen gepreßt, so daß nur noch der große Zeh hervorschaute. Der Vorderfuß und die Ferse wurden so gegeneinandergedrückt, daß der große Zeh nach unten und der Fersenknochen nach vorne geschoben wurde. Die Knochen wurden gebrochen. Dadurch formte der Spann einen hohen Bogen, was gleichzeitig die Sohle des Fußes tief spaltete. In der Silhouette entstand der Eindruck eines hochhackigen Schuhs.

Der sexuelle Symbolcharakter erscheint eindeutig, und wirklich zeigt die erotische Literatur, daß der große Zeh beim Liebesspiel als Penissubstitut, die Sohlenspalte dagegen als Pseudo-Vagina Verwendung fand. Der Mann steckte den ganzen Fuß in den Mund, während die Frau umgekehrt den Mann stimulierte, indem sie seinen Penis mit ihren Füßen berührte. Auch der Schuh war ein Schwerpunkt der erotischen Aufmerksamkeit. Der Schuh, angefertigt aus hellfarbiger, bestickter Seide und oft parfümiert, umhüllte

Fuß und Knöchel und wurde in verschiedene Rituale, zum Beispiel Trinkspiele, einbezogen.

Bis vor kurzem glaubte man, daß nur die allerärmsten chinesischen Frauen (und Mitglieder anderer ethnischer Gruppen wie die Mandschu) dieser Verstümmelung entkamen. Zwar wurden einem Teil der Mädchen die Füße im extremen und quälenden Stil des goldenen Lotus gebunden, doch wie es sich jetzt darstellt, wurden die Füße anderer Mädchen auf weniger schmerzhafte Weise behandelt, nämlich »lediglich« die Zehen zusammengepreßt oder das Wachstum des Fußes eingeschränkt, aber keine Knochen gebrochen. Der wenige Zentimeter lange Fuß mag genauso selten gewesen sein wie die 40-cm-Taille.

Es gab offenbar auch einige wenige Männer, die sich die Füße banden. »Meist handelte es sich dabei um die ›angenommenen‹ Jungen erwachsener Homosexueller«, schreibt William Rossi in seinem bekannten Kompendium *The Sex Life of the Foot and Shoe*. Indem er mehrere Kategorien, die die historische Realität nicht notwendig wirklich beschreiben, vermengt, fügt er hinzu: »Chinesische Homosexuelle, Transvestiten und professionelle Frauendarsteller fanden, da sie keine gebundenen Füße hatten, Vergnügen daran, den Lotusfuß vorzutäuschen, indem sie ihre Füße eng zusammenschnürten, sie in kleine lotushafte Schuhe zwängten und den sinnlichen Wiegegang nachahmten.«[4]

Das Fußbinden scheint eng mit dem Neo-Konfuzianismus und der gesellschaftlichen Unterordnung der Frau zusammenzuhängen. Es diente als Mittel, die Keuschheit der Frau zu garantieren, war Zeichen einer auffälligen Muße und Symbol der chinesischen kulturellen Identität. Die Anstrengungen der Missionare trugen dazu bei, daß diese Praktik aufgegeben wurde, aber auch innerhalb der chinesischen Gesellschaft hatte sich ihre Bedeutung geändert. Während in der Sung-Dynastie das Binden der Füße in gewisser Hinsicht der Betonung der Männlichkeit und Kultiviertheit des chinesischen Mannes diente, wurde die Praxis der gebundenen Füße zu Beginn des zwanzigsten Jahrhunderts von vielen chinesischen Männern als rückständig erfahren, da sie die nationalen Anstrengungen, dem westlichen Imperialismus zu widerstehen, behinderte. Einige, wie der Schriftsteller Li Ruzhun, wandten sich auch deshalb gegen das Binden der Füße, weil dadurch Frauen unterdrückt wurden. In seinem Roman *Blumen im Spiegel* kommt ein Land vor, in dem Frauen herrschen und Männern die Füße gebunden werden. Organisationen wie die »Gesellschaft für natürliche Füße« mußten hart kämpfen, um die Vorstellung zu beseitigen, daß ungebundene Frauenfüße »groß« und »häßlich« seien. Es gibt Hinweise darauf, daß die Einführung der hochhackigen westlichen Pumps, die optisch den Eindruck eines kleineren Fußes hervorrufen und zu einem wiegenden Gang führen, den Übergang weg vom erotischen Ideal des gebundenen Fußes erleichtert haben.

Ist das Fußbinden »fetischistisch«, wie Freud meinte? Es kann durchaus sein, daß Kastrationsangst in China durch das kulturell vorgeschriebene Binden gemildert wurde. Aber die Bedeutung jeder Praktik ist durch ihren Kontext determiniert, und nicht alle chinesischen Männer waren gleichermaßen für gebundene Füße zu begeistern. Vor einiger Zeit

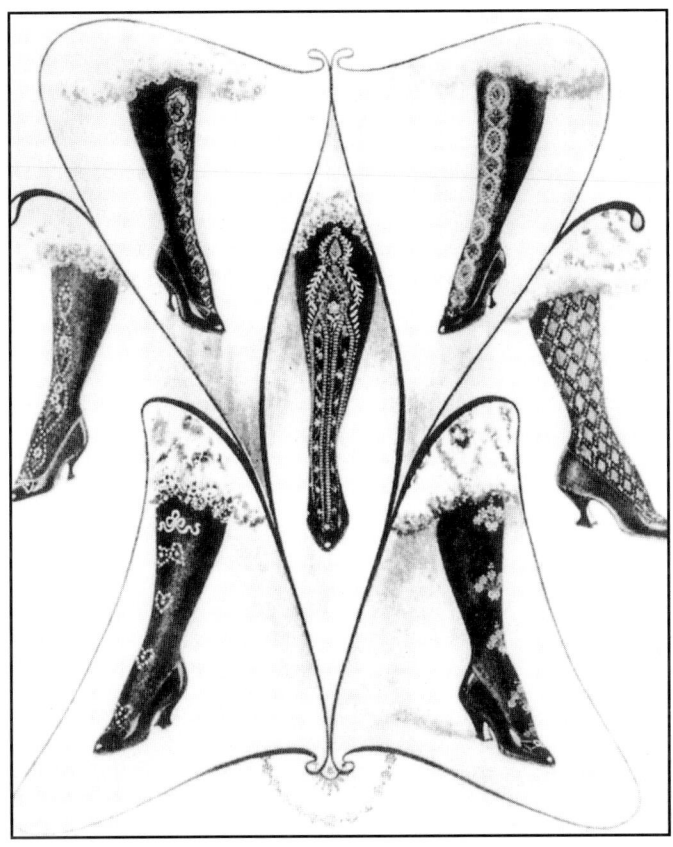

Strumpfreklame, um 1900.

schrieb der chinesische Autor Feng Jicai einen Roman, *Drei Zoll Goldener Lotus*[5], in dem er seine gründliche Kenntnis des Fußbindens einarbeitet und die Geschichte einer Frau beschreibt, die in eine Familie einheiratet, deren Männer von gebundenen Füßen derart besessen sind, daß es die Norm ihrer eigenen Kultur bei weitem übersteigt.

Sicherlich interessiert das Fußbinden den modernen westlichen Fetischisten. In den siebziger Jahren existierte eine Organisation von Fußfetischisten, die sich The Lotus Club nannte, zu Ehren des legendären Goldenen-Lotus-Fußes. Und es gibt auch heute noch Schriften, die Anleitungen zum Binden geben. Aber das sagt mehr über die modernen Fetischisten aus als über die historische Praktik, die sie idealisieren. Zeitgenössische Fetischisten verbinden gerne ihre individuelle psychosexuelle Vorliebe mit traditionellen Praktiken fremder Kulturen, doch scheint es zwischen dem modernen Fetischismus und solchen Vorläufern wichtige Unterschiede zu geben. Dennoch mag es zweckmäßig sein, die chinesische Praktik des Fußbindens mit der Entwicklung der Schuherotik in anderen Teilen der Welt zu vergleichen; denn bei allen Unterschieden gibt es auch erstaunliche Gemeinsamkeiten.

Eine übertriebene Erotik

Die allgemeine Vorstellung vom neunzehnten Jahrhundert fokussiert eine sexuelle Unterdrückung, die die viktorianische »Prüderie« hervorgebracht und die wiederum zu unzähligen Perversionen geführt habe. »Die Kampagne zur Verhüllung des Beins war so effektiv, daß Männer um die Mitte des Jahrhunderts schon durch den flüchtigen Anblick eines weiblichen Knöchels in Erregung gerieten«, schrieb der Historiker Stephen Kern. »Das zu dieser Zeit gehäufte Auftreten von Fetischen, zu denen Schuhe und Strümpfe gehören, dient als weiterer Hinweis auf eine übertriebene Erotik, die dadurch hervorgerufen wurde, daß man die untere Hälfte des weiblichen Körpers dem Auge entzog.«[6] Philippe Perrot ist ebenfalls der Ansicht, daß »im neunzehnten Jahrhundert Busen und Gesäß der Frau betont wurden, während die Beine völlig versteckt blieben, um so aus den Wogen von spitzengesäumter Unterwäsche ein erotisches Kapital zu gewinnen, dessen Zinsen sich am Kult um die Wade messen lassen und an der Erregung, die der flüchtige Anblick eines Knöchels hervorrief«.[7] Historische Analysen der Mode des neunzehnten Jahrhunderts verwenden oft Begriffe aus der Ökonomie, und man kann davon ausgehen, daß der Kapitalismus die obsessive Körperwahrnehmung ausgebeutet hat, um neue Waren zu vermarkten.

Falsch und stereotyp ist die Annahme, daß die langen Röcke der viktorianischen Zeit den weitverbreiteten Fuß- und Schuhfetischismus »hervorgebracht« hätten. Die Röcke der weiblichen Mode waren über Jahrhunderte hinweg lang – im freizügigen Paris des achtzehnten Jahrhunderts genauso wie im angeblich prüden London der viktorianischen Zeit. Beine wurden ganz selbstverständlich für sexuell attraktiv gehalten. In *The Fleshly School of Poetry* behauptete Robert Buchanan, daß die Gesellschaft auf gefährliche Weise von »Sinnlichkeit« durchdrungen werde:

> Selbst bis zu Süßwarengeschäften ist dies vorgedrungen; dort [...] kann man in diesem Jahr Darstellungen des weiblichen Beins sehen, das ganze feine und elegante Stück bis zum Oberschenkel verziert mit in Papier geschnittenen, gerüschten Nachahmungen weiblicher Schlüpfer, nach der gängigen Mode bestickt! [...] Das Bein wird geradezu [...] zum Phantasma, zum Omen, zur Manie [...] – überall der Cancan in den Schaufenstern.[8]

Kern hält dies für einen Beweis der sexuellen Repression, aber logischer könnte man die Stelle als Hinweis auf die wachsende Öffentlichkeit der Sexualität oder auch auf die zunehmende Kommerzialisierung verstehen. Außerdem gibt es keinen Grund anzunehmen, im neunzehnten Jahrhundert sei Fuß- und Schuhfetischismus üblicher gewesen als heute. Der Schuhfetischismus scheint jedoch im achtzehnten Jahrhundert zuerst aufgetaucht zu sein.

Nicolas Restif de la Bretonne (1734-1806) kam der Vorstellung eines »wahren« Fetischisten im heutigen Verständnis viel näher, wenn er in seinem Roman *Le Pied de Fanchette* beschreibt, wie der Erzähler die rosenfarbenen Pantoffeln der Ehefrau seines Patrons stiehlt, die mit ihren kleinen rosa Zungen und grünen Absätzen so verführerisch wirken: »Während ich meine Lippen auf eines dieser Schmuckstücke preßte, ersetzte mir das andere, das Heiligste der Natur betrügend, im Überschwang das Objekt der Begierde.« Mit anderen Worten, während er eines dieser »Schmuckstücke« küßte, ejakulierte er in das andere. Einer neueren Studie zufolge »enthüllen [Restifs] tägliche Tagebucheintragungen sogar noch deutlicher als seine Erzählungen, daß er ein Schuhvoyeur, ein Schuhdieb und Schuhsammler war«.[9] Hochhackige Schuhe hatten es ihm besonders angetan.

Der Kult der hohen Absätze

In einem Artikel neueren Datums mit dem Titel »Hell on Heels« beschreibt Ann Magnuson »die Agonie und die Ekstase« hochhackiger Schuhe und schließt mit der Feststellung, daß, »was uns von den armen Chinesenmädchen unterscheidet, die ihrer Beweglichkeit beraubt wurden, die Tatsache ist, daß wir, wenn wir genug haben, auf und davon gehen können«.[10] Die Höhe der Schuhe hat ebenso wie ihre Größe erotische Bedeutung. Der aufsehenerregendste Schuh der Renaissance war der venezianische *chopine*, ein enorm hoher Plateauschuh, der insbesondere von Kurtisanen getragen wurde. Plateauschuhe (für Männer und Frauen) gab es in vielen Kulturen, und ihre Bedeutung war keinesfalls auf die Erotik beschränkt. Indem sie die Gestalt des Trägers vergrößern, können sie einen hohen Rang bezeichnen. Wenn sie nicht zu hoch sind, können Plateauschuhe, wie der japanische *geta*, auch die Funktion haben, den Träger davor zu bewahren, auf der Straße mit Matsch und Schlamm in Berührung zu kommen.

Ohne Frage schränken sehr hohe Schuhe die Bewegungen des Trägers ein, eine Form von Bondage, die manche Leute erotisch finden.[11] 1922 verkaufte das Haus Chanel in Paris Plateausandalen mit Korksohlen und Knöchelriemchen. In einem davon angeregten Artikel in der *New York Times* fragte die Modehistorikerin Anne Hollander, was ihren Anblick so »sexy, pervers und hinreißend« machte. Indem sie über »unausgesprochene erotische Praktiken« nachsinnt, erklärte sie, daß ein elegantes Knöchelhalfter den Fuß »als schönen Sklaven« präsentiert.[12]

Im siebzehnten Jahrhundert veränderten europäische Schuhmacher den Plateauschuh, um daraus den hochhackigen Schuh zu gestalten. Am Anfang wurden hohe Absätze sowohl von Männern als auch von Frauen getragen. Als die Männermode gemäßigter wurde, assoziierte man hochhackige Schuhe mit Frauen. Die erotische Attraktion hochhackiger Schuhe ist daher nicht von der »Weiblichkeit« zu trennen. Doch betont weibliche Mode keinesfalls immer den hohen Absatz[13] – im Gegensatz zu Schuhfetischisten, die das üblicherweise tun.

Das *Englishwoman's Domestic Magazine* brachte viele Stellungnahmen zum hochhackigen Schuh, darunter einige, die ihn ausdrücklich mit der Praktik, die Füße zu binden, assoziierten. »Man kann zwar die von chinesischen Damen erlittene Qual verstehen […], aber keiner wird, wie ich glaube, die pikante und anmutige Wirkung von Schuhen mit hohen Absätzen leugnen.«[14] Ein kleiner, »niedlicher« Fuß in einem »erlesenen« Schuh, der einen »anmutigen« Gang bewirkt, genoß offenbar die größte Begeisterung vieler *EDM*-Korrespondenten.[15] Sie verdammten die »großen, unförmigen, schweren« Absätze der Männerschuhe und bevorzugten schmale Absätze, »so hoch wie möglich«, die einen »hohen Spann« und »ausladende Hüften« verliehen.[16] Einer der Briefschreiber bestand darauf, »hinreißende Pariserinnen gesehen zu haben, die ohne Schwierigkeiten auf gut 8 cm hohen Absätzen gelaufen« seien.[17]

»Erlauben Sie, nachdem hohe Absätze in der Konversation unserer Damen die Korsettfrage verdrängt haben, daß ich meine Ansicht zu ersterem als auch zu letzterem Gegenstand vortrage?« bittet WALTER. (Er beschrieb, wie oben erwähnt, die Korsettdisziplin an einem Jungeninternat in Österreich.) Er mochte »die anmutige Art des Ganges«, die durch hohe Absätze erreicht wurde, und besonders die Weise, in der sie eine Dame veranlaßten, »ihren Fuß spitz aufzusetzen«. Tatsächlich hatte er selbst »angefangen, Damenstiefeletten zu tragen [und] nach und nach die Höhe der Absätze gesteigert«.[18]

Lange bevor die Mode den hohen Absatz betonte, taten es die Fetischisten. Logischerweise vertraten sie Absatzhöhen, die deutlich über der modischen Norm lagen. Der Historikerin Mary Trasko zufolge haben Fetischisten immer »Wert auf Extreme gelegt und Modetrends ignoriert«.[19]

»Liebe zu hohen Absätzen ist eine unserer besonderen Neigungen, und, wie ich denke, eine sehr harmlose«, schrieb ein Leserbriefschreiber 1933 an *London Life*.[20] In der Beliebtheitsskala fetischistischer Subkultur rangierten High-heels an zweiter Stelle direkt hinter den Korsetts. Tatsächlich bildeten hohe Absätze, enggeschnürte Korsetts und Cross-dressing eine beliebte Kombination. HAPPY HEELS beispielsweise behauptete, sie habe ihren Gatten überredet, »zu Hause Korsett und hohe Absätze zu tragen«.[21] MR. X teilte mit, daß er 20 cm hohe Absätze und ein Korsett von 47,5 cm Taillenweite trage.[22] SUBMISSIVE WIFE erduldete enge Korsetts und Stilettabsätze, um ihrem Ehemann zu gefallen. SIX-INCH HEELS zog sich »ebenfalls so an, für Männer«, behauptete aber, daß es sie selbst »sogar noch mehr« befriedige. »Nur, wenn es mir selber Spaß macht, kann ich mich demütig sehen.«[23]

Je kürzer die Röcke werden, um so höher werden die Absätze, behauptete 1910 der Autor eines Briefs in *Photo Bits*.[24] Aber in Wirklichkeit war es nicht so einfach. Einiges in der fetischistischen Literatur über hohe Absätze war offensichtlich erfunden. 1910 veröffent-

Venezianische Kurtisane in *Chopines* (Plateauschuhen) und Unterhosen, um 1600. (Aus *Le Corset*)

lichte *Photo Bits* die Fortsetzungsgeschichte »Peggy Paget's Patent Paralyzing Pedal Props«. Sie beschäftigte sich mit quälend engen Fetischschuhen in Lack mit 45 cm hohen Absätzen und einer stelzen- oder pfropfenartigen Verstrebung unter der vorderen Sohle.

> Oh, das Klacken dieser Stelzen und Absätze auf dem harten Fußboden! Ach, die Ekstase – diese unbeschreibliche Ekstase, die durch meine Adern pulsierte, wenn ich dahinschritt. Oh, die Freude – diese unaussprechliche Freude –, die mich verzehrte, als die Spiegel an der Wand die königliche Höhe und den aufrechten Stolz zurückwarfen, mit denen ich dahinstöckelte![25]

Von jemandem, der solche Schuhe trug, wurde nicht unbedingt erwartet, daß er damit auch laufen konnte. Träger oder Trägerin standen wie beim Ballett auf der Spitze – mit radikal überdehntem Spann – und konnten kaum humpeln. Ein Wiener Fetischschuh aus der Zeit der Jahrhundertwende hat einen unmöglich hohen Absatz, der dazu gedacht war, wie ein Dildo in den Anus des Fetischisten eingeführt zu werden. Die fetischistische Pornographie beschreibt oft, wie der Mann von den hohen Absätzen der Frau zerkratzt, gestochen und penetriert wird.

Der Schuh als Waffe und Wunde

»Der hochhackige Schuh [...] wurde zum Objekt einer Hingabe, die an leidenschaftliche Anbetung grenzt«, erklärte das Magazin *High Heels* im Jahr 1962. Mit einem hochhackigen Schuh bekleidet, »wird der Fuß zu einer mysteriösen Waffe, die den passiven Mann bedroht, der triumphiert, so überwunden zu werden«. Der hochhackige Schuh ist »ein Symbol der Liebe« – ebenso aber »ein Symbol der Aggression«. »Er bedeutet Macht. Er zeigt Überlegenheit an.«[26]

Primitive Geschlechterstereotypen kennzeichnen oft fetischistische Phantasien: »Die Natur hat beschlossen, den Mann aggressiv zu erschaffen, während die Frau passiv bleibt. Aber diese Situation hat sich in den letzten Dekaden verkehrt.«[27] Obwohl sie im Kontext der Gleichberechtigung der Frau zu stehen scheint, hat die Vorstellung der dominanten Frau möglicherweise mehr mit der psychischen Realität der Mann-Frau-Beziehungen in der Familie zu tun, in der der Fetischist aufgewachsen ist. »Überhaupt geht es, wenn Frauen hohe Absätze tragen, nur darum, ihre von Natur aus dominante und aggressive Persönlichkeit zu betonen«, schrieb ein *High-Heels*-Leser.[28] »Ich finde, Männer sind richtige Sklaven«, teilt HIGH HEELED dem Magazin *London Life* herausfordernd mit, wobei sie hinzufügt: »Man sollte einem Mann erlauben, selbst zu wählen, welche Art von Schuhen er mag.«[29]

»Der unbekleidete Fuß [...] hat keine Geheimnisse!« Aber wenn er verhüllt ist, wird er »geheimnisvoll« und »verboten« – und dadurch faszinierend. Das Leder »ist wie eine feste, harte Haut!«[30] Der Mann, der hohe Absätze anbetet, »demütigt sich tatsächlich vor dem überlegenen Geschlecht«. Er betrachtet die Frau mit solcher »Ehrfurcht und Hochachtung«, daß sie »unberührbar« erscheint und er sich dankbar fühlt, ihre Schuhe küssen zu dürfen, indem er darin eine befriedigende »Form der Erniedrigung« findet.[31]

Daneben existiert auch die Phantasievorstellung von der Riesin und dem Zerquetschtwerden, in der Frauen als ungeheure Gestalten erscheinen, die unter ihren Füßen winzige, unbedeutende Männer knirschend zertreten. *Leg Show* bringt verschiedene Fotografien und Zeichnungen, die mächtige weibliche Füße zeigen, einige davon nackt, andere auf hohen Absätzen, die von Bananen zu Schnecken und Käfern alles unter sich zerdrücken. (Dazu werden auch Videos mit »feucht-schlüpfrigen Klangeffekten« angeboten.) Eine besonders eindrucksvolle Fotoserie zeigt einen weiblichen Fuß in einem schwarzen hochhackigen Schuh, belagert und bedrängt von Dutzenden von kleinen Plastiksoldaten.[32]

Richard von Krafft-Ebing nahm an, daß »die meisten, vielleicht alle Fälle von Schuhfetischismus auf [...] masochistischen Selbstdemütigungstrieben beruhen«. Herr X. zum Beispiel hat die »wollüstig betonte Vorstellung, sich von einem Weibe mit dem Absatz

Fetischschuh mit einem fast 20 cm hohen Absatz.
Österreich, um 1900.
(Musée International de la Chaussure, Romans)

treten zu lassen und in kniender Stellung des Weibes Schuh zu küssen«.[33] Havelock Ellis stellt den Fall eines Mannes vor, dessen erotisches Leben sich auf weibliche Beine und Füße konzentrierte, die »elegant gekleidet« sein mußten und von denen er »getreten« werden wollte. Der Fetischist C. P. schrieb:

> Die Rockränder müssen genügend erhoben sein, um mir den Anblick der Füße und eines nicht geringen Anteils der Knöchel zu gestatten, aber durchaus nicht etwa bis zum Knie oder darüber, denn dann wird die Wirkung sehr gering. [...] Das Treten muss einige Minuten lang geschehen und zwar auf Brust, Abdomen, Inguinalgegend, zuletzt auf den Penis, der in heftiger Erektion [...] ist [...]. Ich habe übrigens auch Genuss daran, wenn mir durch einen Frauenfuss die Kehle zugedrückt wird.[34]

Die Strangulationsphantasie, die C. P. zur Lust verhalf, wenn sich der Fuß auf seine Kehle preßte, gibt wichtige Aufschlüsse. Sicherlich erinnert der auf den Penis auszuübende Druck an den durch ein Korsett erzielten Druck, an das Zusammengepreßtwerden durch einen engen Handschuh und so weiter. C. P. bekam sogar eine »starke Erektion«, wenn er nur sah, wie das Gras »sich langsam wieder aufrichtete«, nachdem »ihr Fuss es niedergedrückt hatte«.[35] Keinesfalls mochte er Stiefel, und er hatte eine unüberwindliche Aversion gegen rote Pantoffeln oder rote Strümpfe; sie konnten bei ihm sogar Impotenz hervorrufen. So wie er vom Schuh als Waffe angezogen wurde, stieß es ihn ab, wenn der Schuh die Wunde symbolisierte.[36]

Einige Schuhfetischisten jedoch sind fasziniert von körperlicher Verstümmelung. Ein Mann aus Oregon schrieb dem Biz-zarre Club über sein Interesse an »extremen« und »ungewöhnlichen« Schuhen: »Ich befinde mich in einer Schuhdesign-Ausbildung und spezialisiere mich auf orthopädische Formen für Menschen, die hinken oder verkrüppelt sind.«[37] *London Life* veröffentlichte eine Anzahl Briefe über Freaks, die Einbeinige bevorzugen.[38] Der Fotograf Helmut Newton schien eine solche Art von Fetischismus zu beschwören, als er Bilder von Jenny Capitän machte, auf denen sie als Krüppel aufgemacht war – an einem Bein einen hüfthohen Gipsverband, dazu eine Nackenstütze, posierte sie vor einem ungemachten Bett in einem Zimmer der Berliner Pension Dorian.[39]

»Panty Raid«, ein Beispiel transvestitischer Pornographie, enthält auch Phantasien über Fetischschuhe. Als die dominante Frau mit »ihrem anbetungswürdigen, aber machtvoll beschuhten Fuß auf den Boden stampfte, sprühten unter dem 20 cm hohen Stilettabsatz kleine Funken!« Die Schuhe, »vorne ausgeschnitten, zeigten in der Öffnung rotschimmernd den Zehennagel«. (Illustrationen in Magazinen für Schuhfetischisten zeigen die Zehennägel der Frau oft als grausame rote Krallen oder Klauen.) Der gefangene Mann in der Geschichte wird zur Strafe als Frau gekleidet: »Bruce wurde beinahe schwindlig, als seine beiden Füße zur Strafe in den hochgebogenen Spann dieser weißen Lacklederpumps eingepaßt wurden.« Der frappierendste Aspekt der Schuhe ist jedoch die auffällige Kastrationsdrohung, die sie beinhalten: »Die Vorderkappe des Schuhs war auf ungewöhnliche Art verziert: mit einer Miniaturguillotine, die von Straß eingefaßt aufglitzerte.«[40]

Der gestiefelte Master

In pornographischen Romanen wie *Boot Licker*, *Boot-Licking Slave* und *Booted Master* kommen Straß und Stilettabsätze natürlich nicht vor, aber die Titel geben einen Eindruck dieses Genres, in dem Stiefel einen großen Penis symbolisieren. Stiefel mit schweren Sohlen und Absätzen, die nach Schweiß und Leder riechen, gelten als ultramaskulin: »Der schwarzlederne Bauarbeiterstiefel ist der Stiefel für Männer, die wissen, daß ein Mann ist, was er an den Füßen trägt.« Ein Junge muß sich »die Männerstiefel erst verdienen«.[41]

In *Booted Master* mokiert sich Nino, ein echter Motorradtyp, über Brians feminine Schuhe: »Turnschuhe! [...] Ach du liebe Muschi! [...] Vielleicht hast du unter deinen Jeans

Der gestiefelte Master

Zeichnung von Tom of Finland. 1978.
Der Abdruck erfolgt mit schriftlicher Genehmigung der Tom of Finland Foundation.
(P. O. Box 26658, Los Angeles, Calif. 90026)

auch noch rote Satinschlüpfer an?« Motorradclubs haben, wie Nino erläutert, »einen Kleidercode, so wie in anderen Kreisen von einem Mann Krawatte und Jackett verlangt werden, wenn er ein elegantes Restaurant besuchen will, oder ein bestimmter Kleiderstil, um in eine Nobeldisco wie das Studio 54 in New York eingelassen zu werden«. Er fesselt Brian und schnürt ihm einen Turnschuh um die Genitalien, »um ihm so eine Lehre über Stiefel zu erteilen«. Das leitet zu einer Szene über, in der die Stiefel geleckt werden. »Sie werden zu Spiegeln [...], du kannst hinunterschauen, und dein Schwanz spiegelt sich in ihnen wider.« Sie schmecken nach »Straße, Leder, Sperma, Scheiße und Pisse«.[42]
»Ich möchte deine Stiefel um mich spüren«, verlangt ein Mann. Aber Brian besteht darauf, daß Männer, die Sex miteinander haben, *nicht* »schwul und keine Tunten sind [...]. Sie haben es mit einem Typen gemacht [...], einfach so, zum Spaß.« Stiefel zu tragen ist ein männliches Privileg, nur für Kerle. »Du Punk, du hast doch nicht geglaubt, daß du in meine Stiefel paßt, oder?« spottet Nino. Dann tritt ein Mann in Cowboystiefeln, »aus hochglänzendem Leder mit eingefärbtem Muster [...] und hohen Absätzen, vorne spitz

zulaufend«, an seine Stelle. Der Mann trägt außerdem »Cowboy-chaps, die noch nach Bullensamen riechen, und dazu ein offenes Hemd, das seine muskulöse Brust sehen läßt«. Stiefel können wunderbar schmecken.[43] Der Sklave leckt an den schweren schwarzen Lederstiefeln seines Herrn »wie ein Baby am Schnuller«.[44]

Boots hat man auch mit Lesben in Verbindung gebracht. In Brasilien ist derzeit die Bezeichnung für Lesbe *sapatao*, was wörtlich »große Schuhe« bedeutet. Ein Brasilianer erklärt: »Der Schuh konnotiert den Fuß, so hat ein Mann, der große Füße hat [...], auch einen großen Schwanz. [...] So will es der Volksmund.« Aber von »allen Ausdrücken für eine männliche Lesbe ist *coturno* [Armeestiefel] der stärkste«, fügt ein anderer hinzu; denn »der Armeestiefel ist ein Symbol des Machismo«. Ein Soldat zieht »Stiefel an, die bis hierher gehen, gemacht, um damit im Schlamm zu waten, in die Schlacht zu ziehen. [...] Es ist eine echte Männerangelegenheit! Verstehen Sie? Der Armeestiefel ist etwas, das sich allem stellt, er ist stark.« Umgekehrt kennt der brasilianische Slang für die ›weibliche‹ Lesbe den Ausdruck *sapatilha* (Slipper), »weil *sapatilha* der Schuh ist, den die Ballerinas tragen.«[45]

Über ein Jahrhundert lang hat man Stiefel vorrangig mit Männlichkeit oder einer starken, phallischen Weiblichkeit korreliert. A SUSCEPTIBLE BACHELOR schrieb an das *Englishwoman's Domestic Magazine*, Stiefel »als Embleme der Stärke und des Durchhaltevermögens sind eindeutig männlich«. Er selbst bevorzugte »elegant geschwungene Sandalen«, wobei unklar bleibt, ob für sich selbst oder seine Freundinnen.[46] NIMROD assoziierte gestiefelte Frauen mit Amazonen: Damenreitstiefel sollten zusammen mit Hirschlederhosen getragen werden, findet er. Sporen (für die sich ebenfalls viele *EDM*-Korrespondenten begeistern) sollten, meint er weiter, deutlich sichtbar sein.[47] Ein Transvestit aus der Zeit um die Jahrhundertwende berichtet, daß ihn der Anblick von Damenstiefeln anzieht, »da sie die Knöchel verbergen (die knochig und daher nicht weiblich sind) und so die Waden (das Fleisch) betonen«.[48]

Ein seltener Fall weiblichen Fetischismus zeigte sich bei der Tochter eines Generals, die »eine besondere Leidenschaft für die glänzenden Reiterstiefel ihres Vaters zeigte«. Sie entschied sich, einen häßlichen alten Mann zu heiraten, »wegen seiner hohen Reiterstiefel«. »Ein Mann zu Pferd mit den hohen Stiefeln ist eigentlich erst ein richtiger Mann«, erklärte sie. Umgekehrt war ein Mann in flachen zivilen Halbschuhen »für sie gar kein Mann«. Vom Anblick eines nackten männlichen Fußes fühlte sie sich heftig abgestoßen, ganz besonders von der großen Zehe. »Sie selbst trug gerne möglichst hoch hinaufreichende Stiefletten, wegen des strammen Aussehens und des *angenehmen Gefühles des Eingeschnürtseins*.«[49]

Schuhe und Sex

»Viele Nahaufnahmen schöner Füße, die in sexuell aufregende Stöckelschuhe hinein- und wieder hinausschlüpfen«, verspricht ein Inserat, das für Fetischvideos wirbt.[50] Der Schuh kann sowohl symbolischer Ersatz des Penis als auch der Vagina sein, in die der phallische Fuß eingeführt wird. Freud nahm an, daß der Schuh fetischisiert wird, weil er das letzte (akzeptable) Ding sei, das der Junge, wenn er unter dem Rock seiner Mutter aufsah, erblickte, bevor seine Augen den furchterregenden weiblichen Genitalien begegneten.

Ernest Becker meint dagegen in *The Denial of Death*, daß »der Fuß die eigene Furcht ist; und darüber hinaus wird er von seiner eigenen verblüffenden und transzendierenden Verneinung und seinem Gegensatz begleitet – dem Schuh«. Auch andere Körperteile haben korrespondierende Fetischobjekte: Die Genitalien sind durch Unterwäsche verhüllt, den fleischigen Torso und die Brüste schnürt das Korsett, aber Schuh und Fuß bilden eine besonders bemerkenswerte Einheit. Während im Fuß ein niedriger und schmutziger »Zeuge unserer entwürdigten Tiernatur gesehen wird«, ist der Schuh – aus poliertem Leder, spitz zulaufend, elegant geschwungen und gewölbt, vom Boden durch einen schmalen, harten Absatz abgehoben – »das dem Körper ›Nächste‹, aber nicht *der* Körper«.[51]

Um seine Theorie zu stützen, zitiert Becker aus einer Fallgeschichte, die aus Médard Boss' *Sinn und Gehalt der sexuellen Perversionen* entnommen ist. Dort wird ein Mann beschrieben, der annimmt, daß Geschlechtsverkehr für Menschen ausgesprochen entwürdigend sei. Boss' Patient fühlte sich von nackten Füßen abgestoßen. Kleiderfetische dagegen zogen ihn stark an, insbesondere Damenschuhe und -stiefel:

> Wo und wann immer er mit solchen Gegenständen in Berührung kam oder sie auch nur erblickte, »verwandelte sich«, um mit seinen eigenen Worten zu sprechen, »die ganze Welt«. Was eben noch »graue Sinnlosigkeit« seines armseligen, einsamen und erfolglosen Alltags war, »fällt dann«, sagte er, »im Nu von mir ab, und eine leuchtende Pracht strahlt von dem Leder auf mich über«. Ja, diese Ledergegenstände besitzen für ihn einen »eigentümlichen Heiligenschein«, der alle anderen Dinge überstrahlt. »Es ist lächerlich, aber dann komme ich mir wie ein Märchenprinz vor. Eine unglaubliche Kraft, Mana, strömt aus diesen Handschuhen, Pelzen und Stiefeln und schlägt mich ganz in ihren Bann.« […] Nackte Frauen, eine Frauenhand ohne Handschuh oder gar ein Frauenfuß ohne Stiefel bedeuten ihm sinnlich-sexuell gar nichts, sind ihm, wie er öfters sagte, wie leblose Fleischstücke in einem Metzgerladen. Ja, ein nackter Frauenfuß ist ihm sogar widerlich […]. Ein Handschuh, ein Stück Pelz oder ein Stiefel »hebt« die Frau

jedoch unvermittelt hinaus über »ihr borniert menschliches Allzu-Persönliches«, über das »kleinlich, bösartig Konkrete eines gewöhnliches Weibes« und ihr »schauderhaftes Genitale«, hebt sie empor ins »Überpersönliche«, ins »Übermenschliche und Untermenschliche zugleich, in etwas Allumfassendes Göttliches«.[52]

Es spricht vieles für Beckers Theorie, obwohl er allzu großes Gewicht auf die Unterschiede zwischen Fuß und Schuh legt.
Viele Fetischisten fühlen sich von *beidem* angezogen, dem Körperteil und seiner Hülle. Einige geben sich Mühe, den Fuß mit Pediküren, Cremes und Nagellack zu veredeln; andere schwärmen nur für »rote, geschwollene, schmutzige, womöglich schweißige, entzündete Männerfüße«.[53] Einige Fetischisten behaupten, Füße und Schuhe »anzubeten«; andere wollen den Fuß anscheinend bestrafen, indem sie ihn in Schuhe zwingen, die zwar »optisch ansprechend«, aber auch schmerzhaft und behindernd sind. Ein Mann, der mit Hingabe den »Strom des Samens […] in die Öffnung eines Schuhs dirigiert« (in einen Männerlackschuh), fühlte sich deprimiert, als er »in einem der Schuhe einen kleinen Riß« wahrnahm. Das war, »als hätte ich die erste Falte im Gesicht einer geliebten Frau wahrgenommen«.[54]
Abscheu und Anziehung wechseln sich ab. »Selbst vom Anblick meiner eigenen Füße werde ich erregt«, erklärte ein Mann auf dem Internet.[55] Im Gegensatz dazu enthüllt die kürzlich erschienene Biographie von Scott F. Fitzgerald, daß ihn »der Anblick seiner eigenen Füße mit Verwirrung und Entsetzen erfüllte«; er wollte immer verhindern, daß andere seine nackten Füße sehen konnten. Dennoch wurde Fitzgerald von weiblichen Füßen sexuell angezogen. In einer Szene seines Romans *Diesseits vom Paradies* verwendet er die häßlichen Füße eines Mannes, um das Böse und sexuelle Unmoral zu symbolisieren: »Mit den Füßen stimmte etwas nicht […]. Es war etwas wie die schwache Seite einer ehrbaren Frau oder Blut auf Satin.«[56] Sein Biograph meint, Fitzgeralds Phobie gegenüber Füßen, »die steif abstehen und auffällig mit Sex assoziiert werden«, hänge eng mit seiner Vorstellung zusammen, sein Penis sei nicht ausreichend entwickelt.[57]
Fetischismus, meint Becker, »repräsentiert die Angst vor dem Sexualakt«, und der Fetisch selbst dient als eine Art »magischer Zauber«, der die angsteinflößende Realität des sichtbaren »Fleisches« in etwas »Transzendentes« verwandelt.[58] Der heftige Abscheu, den Fetischisten empfinden, ist außerordentlich, ebenso die Überidealisierung der Gegenstände, von denen sie fasziniert sind. Aber wer wollte daran zweifeln, daß physische Sexualität fast jedem mehr oder weniger erschreckend erscheint? Angst vor dem Vollzug des Sexualakts tritt bei Männern auf und mag einer der Gründe sein, warum Fetischismus fast immer eine männliche Perversion ist. Wenn eine Frau vor der Sexualität Angst hat, wird sie möglicherweise »frigide«; aber sie kann einen Orgasmus vortäuschen (wenn sie das will). Das Versagen des Mannes ist schwerer zu verbergen. Daher »hypnotisiert er sich

mit dem Fetisch und schafft sich seine eigene auratische Verzauberung, die die erschreckende Realität vollständig verwandelt«. Der Fetisch wirkt als »magischer Zauber«.[59]

»In vielen Fällen läßt sich feststellen, daß die perverse Handlung weit freizügiger ausagiert wird, wenn bestimmte ästhetische Bedingungen erfüllt sind«, beobachtete vor einigen Jahren ein Psychoanalytiker. So wie ein Mann, der vom Auspeitschen phantasiert, auf einer Peitsche beharrt, die genau die richtige Größe, Form und Farbe hat, so bestehen Schuh- und Wäschefetischisten darauf, daß ihre Objekte »bestimmten strengen ästhetischen Anforderungen hinsichtlich Muster, Farbe, Schnitt und so weiter genügen«.

> Die Strenge solcher Vorgaben erinnert an die rigiden Normen, die manche Kritiker oder Vertreter der schönen Künste verteidigen. Tatsächlich dürfte der Zuhörer, wenn er nicht weiß, worum sich das Gespräch dreht, Mühe haben, bestimmte diagnostische Gespräche über die Bedingungen der Befriedigung sexueller Perversionen von einer ästhetischen Diskussion über »gute« und »schlechte« Kunst zu unterscheiden.[60]

Manche Psychoanalytiker vermuten tatsächlich eine mögliche Verbindung zwischen Kreativität und Perversion. Sie meinen, daß »Perverse« auf besondere Weise zu Kunst und allem Schönen hingezogen werden und daß ihr Zwang zu idealisieren mit dem Bedürfnis verbunden sei, ihre Analität zu tarnen. Deshalb ist das Fetischobjekt häufig sowohl übelriechend als auch glänzend.[61]

Schon im neunzehnten Jahrhundert wurde schwarzglänzendes Leder besonders hochgeschätzt. Krafft-Ebings *Psychopathia sexualis* von 1886 beschreibt den Schuhfetischismus in zahlreichen Fallgeschichten. Als ungenau und bloß anekdotisch vernachlässigt, schreien diese kurzen Geschichten geradezu danach, als erzählerische Texte analysiert zu werden.

> Beobachtung 116. Schuh-Fetischismus. Herr von P., aus altadeligem Geschlecht, 32 Jahr, konsultierte mich 1890 wegen »Unnatürlichkeit« seiner *Vita sexualis*. [...] 17 Jahre alt, habe ihn eine französische Gouvernante verführt, jedoch Koitus nicht gestattet, so daß nur gegenseitige mächtige Erregung der Sinnlichkeit (mutuelle Masturbation) möglich war. Mitten in dieser Situation fiel sein Blick auf die hocheleganten Stiefeletten dieser Person. [...] Während dieser Attouchements wurden ihre Stiefeletten zum Fetisch für den Unglücklichen. [...] Sicuti calceolus mulieris gallicae penem tetigit, statim summa cum voluptate sperma eiaculavit.[62] [Er hieß die Gouvernante seinen Penis mit ihren Schuhen berühren, was umgehend eine Ejakulation, begleitet von lustvollen Gefühlen, hervorrief.]

Diese Erklärung der Ätiologie des Fetischismus ist hochgradig problematisch. Vielfach schließen die ersten Sexualerlebnisse von Männern wechselseitige Masturbation ein, bei der sie angezogen bleiben, doch werden sie gewöhnlich keine Schuhfetischisten.
»Sinnlich erregte ihn im Verkehr mit dem anderen Geschlechte nur der Schuh und zwar der elegante [...], glänzend schwarz, wie das Original.« Das sind die Merkmale, die auch heute von der großen Mehrheit der Schuhfetischisten bevorzugt werden. Wenn Herr von P. auf der Straße Frauen sah, die derartige Schuhe trugen, war »er so heftig erregt [...], dass er masturbieren muss. [...] Schuhe in den Verkaufsauslagen, sogar neuerlich blosse Schuhwarenannoncen genügten, um ihn heftig zu erregen. [...] Die renommiertesten Aerzte rieten ihm zur Heirat«, aber

> [d]ie Brautnacht war schrecklich; er fühlte sich wie ein Verbrecher und liess seine Frau unberührt. Am folgenden Tage sah er eine Prostituierte [...]. Nun kaufte er ein Paar elegante Damenstiefeletten, versteckte sie im Ehebett, und indem er sie während der ehelichen Umarmung betastete, konnte er nach einigen Tagen seiner ehelichen Pflicht genügen [...]. Er ejakulierte tardiv, da er sich zum Koitus zwingen musste, und schon nach wenigen Wochen versagte der Kunstgriff, indem seine Phantasie erlahmte.

Er fühlte sich gegenüber seiner Frau, die »sinnlich bedürftig und durch den bisherigen Verkehr sehr erregt« war, schuldig. Aber selbst, wenn er willens gewesen wäre, »sein Geheimnis [zu] entdecken« (was nicht der Fall war) und selbst wenn seine Frau »alles für ihn tun würde, sei ihm nicht geholfen, denn es musste eben der bewusste Demimondeparfüm dabei sein«.[63]
In gewisser Hinsicht gleicht diese Szene Beschreibungen aus unserem Jahrhundert[64] – allerdings versucht der moderne fetischistische Ehemann oft, seine Frau dazu zu bringen, sich mit seinen sexuellen Obsessionen zu arrangieren. Die Literatur über Prostitution zeigt uns aber, daß der Schuhfetischist immer noch ein vertrauter Kunde ist.
Gewöhnlich nimmt man an, daß der Fuß- und Schuhfetischismus die derzeit häufigste Ausprägung des Fetischismus ist.[65] Ein Verleger bestätigt: »Als wir mit unserem Magazin über Sexfetische anfingen, gingen wir davon aus, das ganze Spektrum abzudecken. Aber die Leserpost und andere Reaktionen zeigten uns, daß Fuß- und Schuhfetische jede andere Fetischgruppe mindestens drei zu eins übertreffen.«[66] Pornographische Titel hören sich so an: *Foot Worship, Foot Torture, High-heeled and Dominant, High-heeled Sluts, Spikes Domination, Spurs, Stiletto, Super Spikes* und *Unisex Shoes and Boots*. *Foot Torture* handelt von einer Joggerin, die in die Wohnung eines Mannes mitgenommen wird, wo sie ihre Kleider bis auf die Unterwäsche und die durchgeschwitzten Socken ausziehen muß. »Nachdem er an den Socken gerochen hat, leckt er ihre nackten Füße, die er dann fesselt und über einem Holzkohlenbecken plaziert! Dann kitzelt er sie und ...« Die Szene

scheint nur eine begrenzte Anziehung zu besitzen, und tatsächlich hat eine umfangreiche Untersuchung pornographischer Publikationen ergeben, daß sich weniger als ein Prozent mit Schuhen, Stiefeln oder Füßen befassen.[67] Aber Marilyn Monroe meinte sicher nicht dieses eine Prozent der Bevölkerung, als sie (angeblich) sagte: »Ich weiß zwar nicht, wer den hochhackigen Schuh erfunden hat. Aber alle Frauen haben ihm viel zu verdanken.«

Fußanbetung

Dian Hanson, die Verlegerin von *Leg Show* (einem der besten zeitgenössischen Fetischmagazine), warnte ihre Leser, daß es einen »Abgrund von Mißverständnissen« zwischen Männern und Frauen gebe. »Wenn schon die normale männliche Sexualität Frauen einschüchtert, dann stellen Sie sich vor, was Fetische bei ihnen bewirken.« Als sie einige Frauen befragte, »ob ihnen bekannt sei, daß manche Männer durch den Anblick weiblicher Füße in Sandalen erregt würden, war die häufigste Reaktion Ungläubigkeit. Gefolgt von Angst. Einige Frauen meinten, daß sie mit diesem Wissen keine Sandalen mehr tragen wollten, daß es ihnen angst mache.« Dian Hanson wollte die Frauen beruhigen, daß nur die »wenigen Gestörten« zu fürchten seien; in den meisten Fällen von Fetischismus liege »alle Macht bei den Frauen«.[68]

Auch bei meinen Vorlesungen über Schuhe kam es vor, daß unter den Zuhörern einige Frauen unruhig wurden und fragten: »Welche Art von Schuhen kann ich denn tragen, von denen Fetischisten *nicht* erregt werden?« Aber fast jede Art von Schuhen, eingeschlossen zerschlissene alte Turnschuhe, scheint ihre Enthusiasten zu haben. Doch erregen manche Formen mehr Interesse.

Jahrelang galten schenkelhohe Stiefel als »Aushängeschild für Prostituierte, die sich auf Sadomasochismus spezialisiert haben«.[69] 1994 konnte Ann Magnuson mit den Lesern eines Modemagazins darüber witzeln, daß Designer wie Marc Jacobs »Emma Peel mit Betty Page gekreuzt haben, um mit Stiefeln aufzuwarten [...], die zusammen mit einem Gummi-Macintosh und Reitpeitsche umwerfend aussehen müßten«. Lacklederstiefel mit Stilettabsatz waren etwas »für die strenge Domina in jeder Frau«. Über das Tragegefühl, das ihr solches Schuhwerk vermittelte, berichtete sie: »Ich fühlte mich von Stärke überflutet, wußte, daß ich jeden Mann, den ich mir wählte, zerstören, verwüsten konnte.« Sie phantasierte: »Auf den Boden, du Wurm! *Jetzt sofort*, habe ich gesagt [...]!«[70]

In den letzten Jahren hat die Mode immer häufiger und nachdrücklicher einen Stil betont, den eines der Fetischmagazine als »cruel shoes« bezeichnet.[71] Ein Artikel in *Bizarre* meinte dazu: »Wenn man sich einige der letzten Moden ansieht, kann uns keiner erzählen, Frauen hätten kein Gefühl der Dominanz.«[72] Eine professionelle Domina erklärte, daß sie ebenso wie ihre transvestitischen Kunden lernen mußte, auf 12 cm hohen Absätzen zu laufen, sie aber dennoch für ihre Arbeit bevorzuge: »Sie drücken das Gesäß hoch; und man kann sie als Foltermittel einsetzen.« Absätze machen eine Frau auch größer, »was ein Vorteil gegenüber Männern ist«.[73]

Da Zurschaustellung auch Verfügbarkeit beinhaltet, werden »nackte« Schuhe ebenfalls als sexy angesehen. Sling-Pumps, die mit Riemchen am Knöchel befestigt werden und hinten offen sind, sind umgangssprachlich als »fuck me shoes« bekannt, weil sie die nackte Rückansicht des Fußes zeigen. *Frederick's of Hollywood* nannte einen Schuh »Open 'n Inviting« (offen und einladend). »Für alles offen« sind Pumps mit »provokativem Zehenausschnitt«, die »mit ihrer sinnlichen Lochung einen wirklich nackten Anblick bieten«.

Persönlichkeitsberatern zufolge »ermutigen« Schuhe mit Zehenausschnitt Männer, »Frauen eher als Sexualpartnerin denn als potentielle Vorstandsvorsitzende zu sehen«, berichtete das *Wall Street Journal*.[74] Ein etwas größerer Ausschnitt enthüllt den Spalt zwischen den Zehen, der in Männern offenbar Assoziationen weckt. Oder wie Ann Magnuson berichtete: »Der Schuh stellte die Spalte zwischen meinen Zehen auf laszive Weise so zur Schau, daß es unklar an irgendein Produkt in der örtlichen Metzgerei erinnerte.«[75]

Der Fuß wird als Ersatzkörper wahrgenommen, dessen verschiedene Teile zur Schau gestellt werden können. Glanzvolle Abendpumps haben »ein tief ausgeschnittenes Dekolleté«, berichtet Frederick's. Betont werden häufig besonders das geschlitzte Oberleder, der offene Zehenausschnitt und das Knöchelriemchen. Der große Schuhmacher Salvatore Ferragamo entwarf einmal einen Satinschuh, bei dem das Obermaterial »so weit ausgeschnitten war, daß der gewölbte Spann exakt mit Diors Nackenlinie übereinstimmte«. Bei einem anderen Schuh, den er kreierte, war ein ovaler, durchsichtiger »Kristall« in die Sohle eingelassen. Hielt die Trägerin ihren Fuß in einem bestimmten Winkel, konnte man ihre Fußsohle sehen.[76]

»Exotisch« ist ein anderer Schlüsselbegriff im Vokabular von *Frederick's of Hollywood*: »*Exotisches* Leopardenmuster gedruckt auf *sinnlichem Pelz*.« Das mag unterschwellig an »exotische« Sexpraktiken erinnern: »Eine *hochgewölbte* Sandalette aus *exotischem* Leder mit Krokoprägung *entfacht* sein Verlangen.« Eine Sandalette in Schlangenleder wird als »SSS-insational« angepriesen (gesprochen liegt die Betonung auf »sin«, Sünde). Bondage ist ebenfalls erotisch: »Ein Knöchelriemen windet sich verführerisch um Ihr wohlgeformtes Bein.« Es gibt eine Sandalette, deren »käfigartige« Ferse »fesselt«, während eine andere »sexy Kettenriemen« als Besonderheit aufweist. Bestimmte Materialien fesseln das Auge: »Lackleder *glänzt* verführerisch bei Tag und Nacht.«[77]

Die Beliebtheit bestimmter Fetischobjekte ist kein Zufall. Kulturelle und historische Gründe führen dazu, daß bestimmte Kleidungsstücke so oft als Fetische erwählt werden. Hochhackige Schuhe werden in unserem Kulturkreis eng mit einem bestimmten, sexuell raffinierten Typ Frau verbunden, ein Grund, warum sie von Prostituierten und Crossdressern so favorisiert werden. Im Gegensatz dazu wird der flache Absatz mittlerweile mit der Abwesenheit weiblicher sexueller Verführungskraft gleichgesetzt. *High Heels* kommentiert: »›Flach‹ ist [...] ein unanständiges Wort! Und in dieser Ausgabe von *High Heels* werden Sie auch nichts ›Flaches‹ finden, ausgenommen die Bäuche unserer Models – die sich nie im Leben in ›flache Absätze‹ würden stecken lassen. Alle haben *volle* Busen, einen *kurvenreichen* Körper, *üppige* Hüften und *schlanke* Beine – und *hohe Absätze* natürlich!«[78]

Viele der Eigenschaften, die man normalerweise mit weiblicher sexueller Attraktivität verbindet, werden durch hochhackige Schuhe akzentuiert, da sie sowohl den Gang als auch die Haltung der Trägerin beeinflussen. Der untere Teil des Körpers wird angespannt, und dadurch werden die Bewegungen von Hüfte und Gesäß betont und der Rücken durchgedrückt, so daß sich der Busen wölbt. Hohe Absätze ändern auch die Kontur des Beins, indem sie die Rundung der Wade betonen und Knöchel und Fuß nach vorne kippen und so der Eindruck verführerisch langer Beine entsteht. Aus einem bestimmten Blickwinkel gesehen, erinnert der hochhackige Schuh auch an die Scham.

Möglicherweise gibt es biologische Gründe dafür, daß viele Fetischisten so ausgeprägt visuell ansprechbar sind. Schwarzglänzende Lederschuhe fesseln das Auge, und schwarze Strümpfe kontrastieren mit der weißen Haut. Es gibt zahlreiche Hinweise darauf, daß die Muster männlicher Erregung mehr von optischen Eindrücken abhängen als die der weiblichen. Wie wir wissen, können Kleinkinder den Schwarzweißkontrast früher wahrnehmen als Farbe; womöglich prägen Männer sich früh solche Kontraste ein, die Körperteile graphisch voneinander abgrenzen. Auch ist die männliche Erregung exakter definiert, vielleicht weil der Penis unmittelbar reagiert.

Auch viele Frauen lieben Schuhe und sammeln sie voller Hingabe. Jedoch hat diese weibliche Begeisterung selten mit den spezifisch erotischen Praktiken männlicher Schuhfetischisten (beispielsweise dem Ablecken von Schuhen) zu tun, auch nicht mit der unwillkürlichen Reaktion normal fetischisierender Männer (Frauen haben höchst selten einen unfreiwilligen Orgasmus, wenn sie einen Mann in hübschen Schuhen sehen). Auch scheinen Frauen keine mit denen der männlichen Schuhfetischisten vergleichbaren Phantasien zu haben (wie die der Riesin, die unter dem Absatz kleine Käfer zermalmt). Dennoch haben Schuhe auch für Frauen fühlbare Reize. So erzählt Ann Magnuson:

Meine Knöchel knackten [...], und meine Achillessehnen zogen nach hinten. [...] Als ich so die Straße hinunterhumpelte, wurde ich mir meines Körpers deutlich bewußt. Mein Busen ragte nach vorn, während mein Rücken stark überdehnt wurde. Mein Hintern fühlte sich an wie ein Straßenkreuzer, und meine Hüften, besser gesagt, meine *Flanken* schwangen vor und zurück wie zwei Rinderkeulen. [...] Machen uns solche Schuhe ohnmächtig? Versklaven sie uns? Sind wir hilflos, wenn wir sie tragen?

Die Antwort ist ja! Ja! Natürlich! Was gäbe es sonst für einen Grund, sie zu tragen?[79]

Die Absätze gaben ihr auch das Gefühl einer »mythischen Omnipotenz«; die durch das Tragen hervorgerufenen Schwierigkeiten verschwanden mit fortschreitender Praxis. Während sich Männer früh im Leben bestimmte Sorten von Schuhen »einprägen« (zum Beispiel hohe Pumps mit Pfennigabsatz), reagieren Frauen bewußter auf die kulturelle Konstruktion von Schuhen als Objekten des Begehrens. Ihr Interesse an bestimmten Schuhmodellen ist oft mit der aktuellen Mode verbunden. Schon in den sechziger Jahren zeigte Yves St. Laurent schenkelhohe Krokodillederstiefel, und Mary Quant entwarf Stiefel mit Korsettschnürung. In den siebziger Jahren brachten englische und italienische Modefirmen wie Biba und Fiorucci hohe Plateauschuhe, und in den achtziger Jahren sah man sowohl Phantasiemodelle wie Thea Calabrias »Maid Shoe« als auch klassische Stile wie in den pinkfarbenen Satin-Abendpantoffeln von Manolo Blahnik. Die neunziger Jahre erlebten eine Wiederkehr all dieser Stile, besonders aber der Stilettos der fünfziger Jahre, klassisch »nuttiger« Schuhe. Auch eine Verbreitung des »großstädtischen« schwulen Stils auf den höchsten Etagen der Mode macht sich bemerkbar: angefangen von Versaces Bondage-Gladiatorenstiefeln bis hin zu Chanels Kampfstiefeln mit dreifachem Schnallenverschluß, die den Stiefeln von Motorradpolizisten gleichen (mit Ausnahme der ineinander verschlungenen C, die auf die Kappe gestickt sind). Avantgarde-Designer wie Vivienne Westwood und Jean-Paul Gaultier wurden in bemerkenswertem Umfang von Fetischausrüstungen inspiriert. Vivienne Westwood hat Plateauschuhe von solcher Höhe entworfen, daß das Model Naomi Campbell während einer Show stürzte, Gaultier beutet alle Extreme aus – von Gummistiefeln bis zu seltsamen, stacheligen Kreationen.

Die Modejournalistin Holly Brubach stellt in ihrem Essay »Shoe Crazy« die Frage, warum so viele Frauen Schuhe lieben. Freudianische Theorien mögen zwar, wie sie meint, »den Kick erklären, den einige Männer den Schuhen abgewinnen, die Frauen tragen«, aber »den erregenden Schauder, den diese Schuhe *Frauen* bereiten, können sie nicht begründen«. »Keine Frau mit einem normalen, gesunden Hang zu Schuhen würde sich mit Schränken voller phallischer Symbole zufriedengeben.«[80] Das denke ich auch.

Der Schuh verbindet auf vielen Ebenen männliche und weibliche Vorstellungen, angefangen vom Stilettabsatz, der den Körper des Fetischisten durchbohrt, bis hin zum Fuß, der in einen offenen Schuh gleitet. In der Pornographie wird die Frau auf hohen Absätzen häufig als Schlampe abgestempelt, so teilt man ihr die Rolle eines verfügbaren Sexualobjekts zu. (Wenn sie Nuttenschuhe trägt, dann will sie es nicht anders.) Umgekehrt konzentriert sich die Diskussion in Modemagazinen für Frauen auf die Phantasie, daß Männer anbetend zu Füßen schöner Frauen liegen. Ähnlich wichtig ist die Rolle des Schuhs in der Schaffung (und Übertretung) von *gender*-Stereotypen. »Frauen auf hohen Hacken bete ich an«, sagt der Modefotograf Mario Testino. »Sie können mitmischen und hohe Absätze tragen, wir nicht.« Hochhackige Schuhe sind »das ultimative Symbol der Weiblichkeit«, erklärte der Journalist Frances Roger Little. Und Testino pflichtet bei: »Es ist das einzige, was Männer wirklich von Frauen unterscheidet.«[81]

UNTERWÄSCHE

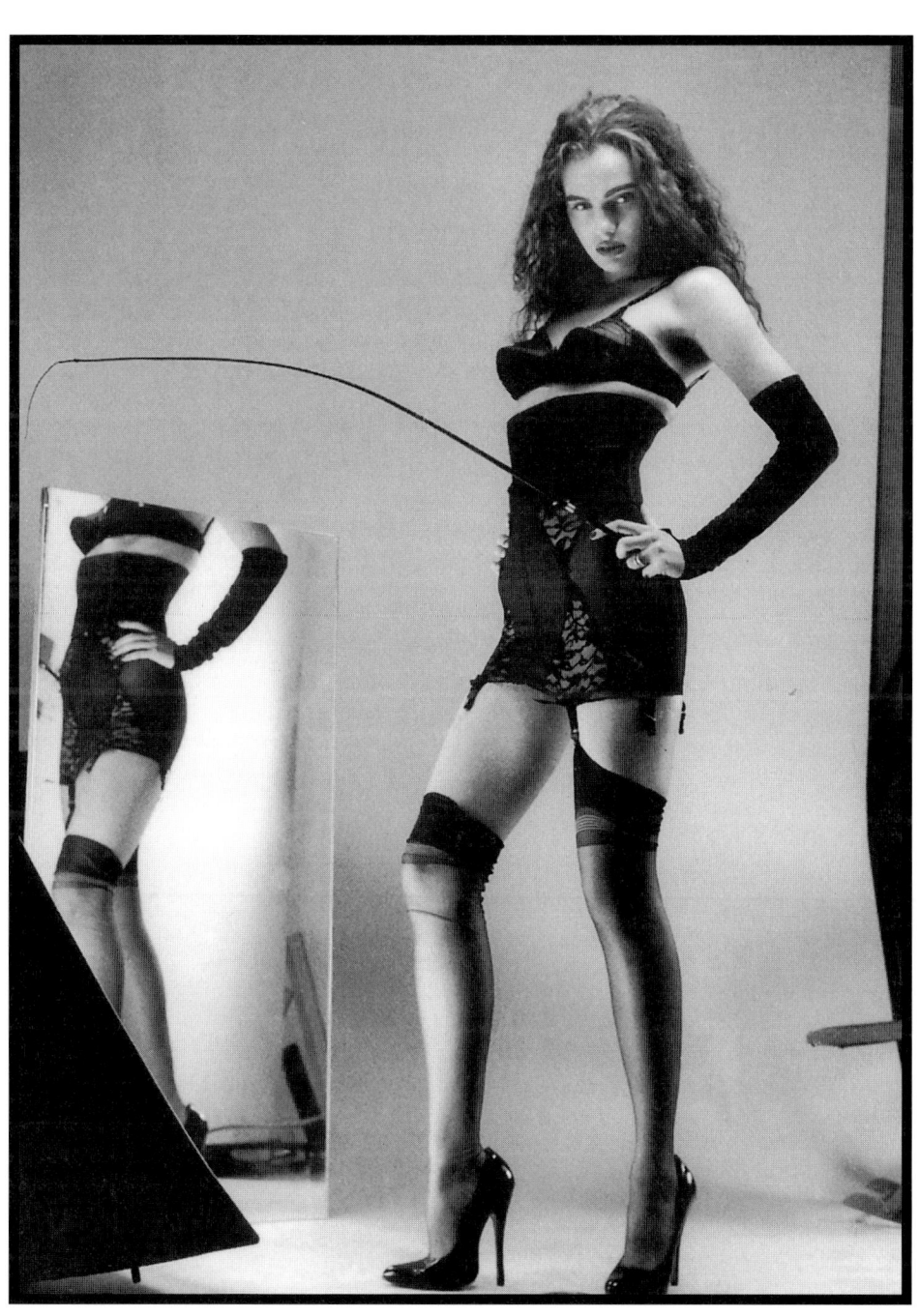

Unterwäsche als Fetisch.
(© Eric Kroll, 1994)

Im Jahr 1994 annoncierte ein Unternehmen namens Lingerie Lounge am Times Square etwas Neues im Stripgewerbe:

> Holen Sie sich ihr Teil vom Neuesten in sexy Moden. Pure Eleganz. Wunderschöne Mädchen zeigen heiße Sexy-Wäsche. Schauen Sie rein: Girls, die sich ausziehen, um unsere Sexy-Reizwäsche in unserer *Lingerie Lounge* anzuprobieren. Umgeben Sie sich mit wunderschönen Models in den verschiedensten Stadien der Entkleidung. […] Die Mädchen sind nie wirklich nackt, sie tragen immer Strumpfhalter und Strümpfe.[1]

Das Frauen-Modemagazin *Mirabella* druckte dann auf einer Seite mit Modenachrichten, die die neuesten durch Wäsche inspirierten Moden zeigte, das Lingerie-Lounge-Flugblatt nach.

Dieses Kapitel untersucht die erotische Attraktion von Unterwäsche als Fetisch und als Modeartikel. Nach einem kurzen Exkurs zur Erotik der Wäsche im allgemeinen gliedert sich das Kapitel grob nach den verschiedenen Kleidungsstücken wie Schlüpfern, Strümpfen und Strumpfhaltern, Unterröcken, Hüft- und Büstenhaltern. Das Augenmerk liegt vor allem auf Wäsche für Frauen, aber auch Männerunterwäsche wird berücksichtigt. Die Unterscheidung ist allerdings nicht immer klar, da es eine der erotischen Funktionen von Unterhosen ist, die sichtbaren Unterschiede zwischen Männern und Frauen zu verwischen. Wir werden auch das Phänomen des Underwear-as-Outerwear betrachten; in den letzten zehn Jahren ist Unterwäsche als Oberbekleidung zu einem vorherrschenden Modetrend geworden. In diesem Zusammenhang ist es vielleicht bezeichnend, daß die Vorführmädchen der Lingerie Lounge als »Models« bezeichnet werden.

Dieser verhüllte, geheime Teil

Dies soll keine Geschichte der Unterwäsche sein, dennoch ist ein wenig historischer Hintergrund nötig, um den Gegenstand in den richtigen Zusammenhang zu stellen. Die Entwicklung einer speziellen Kategorie Unterwäsche im frühen modernen Europa war eine wichtige historische Etappe in der sich herausbildenden Erotik der Kleidung. Statt des traditionellen Gegensatzes zwischen nackt und bekleidet gab es nun eine Zwischenposition, da eine Person in Unterwäsche sowohl an- als auch ausgezogen war. Der Ursprung der Unterwäsche war jedoch ein praktischer, kein erotischer. »Das Bedürfnis adeliger Kreise nach einer von der Hauptgarderobe deutlich unterschiedenen Unterwäsche [...] entstand im Mittelalter« und war zu einem großen Teil von dem Wunsch motiviert, die teure Oberbekleidung vor dem verschwitzten und schmutzigen Körper darunter zu schützen. Auf der anderen Seite schützten leinene Unterkleider den Körper vor Reizungen durch kratzende Wollstoffe und bildeten eine zusätzliche Wärmeschicht.[2]

Im achtzehnten Jahrhundert wurde Unterwäsche zum Mittelpunkt des sexuellen und bekleidungstechnischen Interesses, ein Prozeß, der sich in der zweiten Hälfte des neunzehnten Jahrhunderts beschleunigte. Die Jahre etwa zwischen 1890 und 1910 waren »die große Epoche der Dessous«.[3] Emile Zola beschreibt den Eindruck der in einem Pariser Warenhaus ausgestellten Wäsche: als habe sich eine Gruppe hübscher Mädchen bis auf die satinweiche nackte Haut entkleidet.[4] Ein anderer Schriftsteller, Octave Uzanne, vergleicht eine in Wäsche gekleidete Frau mit einer Blume, »deren unzählige Blätter immer schöner und feiner werden, wenn man die süßen Tiefen des Innersten erreicht. Sie ist wie eine seltene Orchidee, die den Wohlgeruch ihrer Mysterien nur in der Vertrautheit der Liebe verströmt.«[5]

Monat um Monat arbeitete die Modepresse an dem Thema »Wäsche ist etwas Bezauberndes«. Die englische Modeberichterstatterin Mrs. Eric Pritchard meinte sogar, »daß der Chiffonkult etwas mit der christlichen Religion gemeinsam hat – er will, daß das Unsichtbare wichtiger ist als das Sichtbare. [...] Ausgefallene Unterwäsche [...] ist nicht notwendig ein Zeichen von Entartung.« »Selbst die Tugendhaftesten unter uns haben jetzt die Freiheit, hinreißende Wäsche zu besitzen, ohne als verdächtig angesehen zu werden«, schrieb Mrs. Pritchard, die sogar gescheiterte Ehen auf die Weigerung der Frau, verführerische Wäsche zu tragen, zurückführte. Eine Frau mag »eine Säule der Tugend« sein, aber »ohne Geheimnis und ohne Koketterie« wird sie ihrem Gatten nie begehrenswert erscheinen – der vermutlich auf der Suche nach einem anderen »Unterrock« herumstreunen wird.[6]

Französische Autoren betonten die erotische Attraktion von Wäsche noch eindeutiger. Nach der Comtesse de Tramar markiert der Akt des Ausziehens »die Stationen des Liebesverlangens«. Eine Ehefrau, die auch die Geliebte ihres Mannes sein wolle, müsse die »essentielle Bedeutung« erotischer Wäsche begreifen: »Es ist dieser verhüllte, geheime Teil, die ersehnte Indiskretion. Ein verliebter Mann erwartet seidene Schauder, Zärtlichkeit in Satin und ein charmantes Knistern und wird von der formlosen Masse strenger Wäsche enttäuscht. [...] Es ist schrecklich!«[7] In *Die Geheimnisse der Frau* bestätigt die Baronesse d'Orchamps: »Nichts gleicht dem reizenden Eindruck dieser [...] geheimnisvollen Dinge.« Frauen profitieren »von dem Rausch, in den der Anblick dieser reizenden Nichtigkeiten den Mann versetzt«.[8]

La Goulou in Rüschenhosen und Unterröcken, um 1895.

Es schien, als verflüchtigten sich der Charme und die sexuelle Macht des nackten Körpers durch die Unterwäsche, die selbst erregend wirkte. Indem sie den Körper und besonders die Genitalien kunstvoll verhüllt, erhöht die Unterwäsche die sexuelle Neugierde, da sie den Reiz der Enthüllung verspricht. Den Blicken entzogen wie der Körper, den sie berührt, lädt Unterwäsche gleichzeitig dazu ein, sich als Vorspiel der sexuellen Handlung auszuziehen. Das geschieht im Rahmen des »normalen« Fetischisierens und scheint für einen Großteil der sexuellen Phantasien charakteristisch.

Die Leserbriefe in Periodika wie beispielsweise *Society* waren wesentlich deutlicher fetischistisch. So verkündete SATIN WAIST, daß der anhaltende Druck seines roten Satinkorsetts »durch die wunderbare Freiheit seiner unteren Gliedmaßen und das musikalisch ›knisternde Rauschen‹ der Petticoats mehr als aufgewogen wird!«[9] »Petticoats! Schon das Wort hat einen faszinierenden Klang, nicht wahr? [Es] ist ein essentiell weibliches Kleidungsstück«, schrieb ein anderer Enthusiast.[10] »Jeder Mann, der wirklich ein Mann ist, hat eine ausgeprägte Leidenschaft für Rüschen und ›Gerüschtes‹.«[11] Ein Mann, der

Unterröcke stiehlt, ist das Thema von Storys wie »Die merkwürdige Geschichte eines Spitzenunterrocks«.[12] Mittlerweile berichtete auch die medizinische Fachliteratur Fälle von Unterrockfetischismus, zum Beispiel die Geschichte eines deutschen Landarbeiters, der in die Unterröcke seiner Mutter oder Schwester masturbierte und behauptete, »der Frauenrock [ist] für mich ein Mädchen«. (Bis zum Alter von dreißig Jahren, als er wegen des Diebstahls von Unterröcken gefaßt wurde, hatte er noch keinen Geschlechtsverkehr mit einer Frau gehabt.[13])

Es wäre falsch anzunehmen, Wäschefetischismus sei ausschließlich ein Phänomen des Fin de siècle gewesen. Wahr ist, daß sich die Mode nach 1910 dramatisch veränderte und das Geheimnis rauschender Unterröcke dem heute leichtfertig so genannten »Unterzeug« Platz machen mußte. Aber obwohl die Mode der gerüschten *froufroutage* einer neuen Betonung der Körperlichkeit und einer »ehrlichen« Zurschaustellung der Sexualität weichen mußte, ging das Fetischisieren der Unterwäsche weiter.

»Männer lieben Frauen, die Dessous lieben«, erklärte die Stripperin Lily »Cat Girl« Christine 1956 in einem Artikel, der provokativ »My Under Pretties« betitelt war. Es überrascht nicht, daß eine Stripperin das Anziehende von Dessous anpreist, reizt der Striptease doch sein Publikum mit den Wirkungen einer strategischen Enthüllung. Dennoch klingt in der Beharrlichkeit, mit der sie sich »dem [Marilyn-] Monroeschen ›No underwear‹ nicht anschließen mag«, ein defensiver Unterton. Unterwäsche, fuhr sie fort, ist »kontrovers« geworden, weil »eine winzige Minderheit von Mädchen damit Schlagzeilen machte, daß sie nichts unter ihren Kleidern tragen. Aber sie tun es doch. Sie glauben einfach, es sei aufregender zu behaupten, sie täten es nicht.«[14]

Die Meinungen gehen hier offensichtlich auseinander, aber sehr viele Männer lieben es anscheinend, die Stadien vor der Enthüllung des Geschlechts und dem Geschlechtsverkehr auszudehnen, und sie finden eine Frau, die teilweise bekleidet ist, verlockender als eine völlig nackte. Magnus Hirschfeld befragte tausend Männer, von denen 350 aussagten, daß sie sich am stärksten vom nackten Körper angezogen fühlten, 400 bevorzugten eine partielle Nacktheit und weitere 250 den vollständig bekleideten Körper.[15] Prostituierte legen noch immer starken Wert auf den Gebrauch von Unterwäsche. Eine strenge Domina erzählte dem Psychoanalytiker Robert Stoller, daß sie drei Garnituren Unterwäsche trage. Die undurchsichtige obere Lage zu entfernen bringe den Kunden in Erregung, der dann erstaunt und verwirrt feststellen müsse, daß das Geschlecht der Domina noch immer verhüllt ist, was ihre dominante Position verstärke.[16]

Frauen erwähnen manchmal die taktile und psychologische Anziehung von Reizwäsche. Das oben zitierte »Cat Girl« bringt es auf folgenden Nenner: »Ich liebe schöne Sachen für unten drunter und habe das Gefühl, ausgesuchte Unterwäsche bewirkt für eine Frau, daß sie sich ganz Frau fühlt.«[17] Für Männer aber scheint zwischen der sinnlichen und der sexuellen Symbolik ein größerer Schritt zu liegen. Ein Cross-dresser drückt es so aus: »In Unterwäsche fein und seidig [fühle ich mich wie] eine brillant unterhaltsame Kokotte.«

Und ein anderer berichtet: »Schon die blossen Namen einzelner Kleidungsstücke [...] hatten für mich etwas Zauberhaftes.«[18]

Von der Unterhose zum Höschen

Schon in der Renaissance trugen venezianische Kurtisanen Unterhosen, aber die Machart fand wegen der traditionellen abendländischen Assoziation von Hosen und Männlichkeit keinen Anklang. Lange als »halbmännliches« Kleidungsstück angesehen, wurden Unterhosen zuerst von Prostituierten, Tänzerinnen und kleinen Mädchen getragen. Ehrbare Frauen gingen erst im Lauf des neunzehnten Jahrhunderts nach und nach dazu über, Unterhosen zu tragen, und zwar aus Gründen des Schamgefühls, der Wärme und schließlich der »Hygiene« wegen. Noch im Jahre 1870 meinten französische Autoren, daß »*le pantalon* [...] ein Herrenbekleidungsgegenstand« sei, dessen sich die elegante Frau enthalten solle.[19] Als jedoch solche Vorbehalte schwanden, wurden Unterhosen schnell zum modischen Attribut und zunehmend in eleganten Materialien, wie zum Beispiel Seide, hergestellt. Und schon 1887 verkündete ein französischer Romanautor: »So leicht, so kurz, mit Kaskaden von Valenciennes-Spitzen und gerüschten Bändern. Diese *pantalons* [...] treiben den Liebhaber wirksamer in den Wahnsinn als unzüchtige Nacktheit.«[20] Während sich manche Männer darüber beklagten, daß es weniger Gelegenheit gab, einen Blick auf das weibliche Geschlecht zu erhaschen, seit Frauen Unterhosen trugen, wurde ein neuer Voyeurismus geboren, der sich auf die Unterhosen selbst richtete. Vieles, was die Attraktion von Tänzen wie dem Cancan und dem *cahut* ausmachte, ergab sich aus der Zurschaustellung der gerüschten Unterhosen und -röcke der Tänzerinnen.

Als Unterhosen nicht länger mit Männlichkeit gleichgesetzt wurden, brachte man sie mit der sexuellen Verlockung des weiblichen Geschlechts in Verbindung. Cross-dressing ist mit der Begeisterung für weibliche Unterwäsche verbunden, und viele Transvestiten haben die Anziehung weiblicher »Höschen« im Gegensatz zu den wenig ansprechenden Merkmalen männlicher Hosen und Unterhosen hervorgehoben. Diane Kendall, die Amerika-Korrespondentin des englischen Transvestitenmagazins *Repartee*, betitelt ihre Kolumne »Pampered in Panties« und beschreibt »das ekstatische Gefühl, Höschen zu tragen«. In einer ihrer Kolumnen verkündete sie: »Möchten nicht viele von uns sagen: ›Meine Höschen, meine Höschen, ein Königreich für ein Paar süße Höschen – und eine Frau, die mich hineinsteckt‹?«[21] Aber nicht alle Höschen sind gleich. »Es gibt *große* Unterschiede«, belehrte mich Diane Kendall. »Die meisten Höschen sind gar nicht so schön.« Die von ihr bevorzugte Marke beschreibt sie als »kostbar, sehr feminin, reizend, hinreißend süß, anbetungswürdig, attraktiv« und »sehr hübsch!« Sosehr sie auch die anderen Teile ihrer Unterwäsche liebt, »Höschen sind die *crème de la crème*, die Grundlage [...], um herrliche Frauenkleider anzuziehen. Bei vielen von uns, den meisten, denke

Fetischunterhose der Diana Slip Company, um 1935.

ich, begann [Cross-] dressing mit einem Paar Unterhöschen.«[22] Auch klinische Studien belegen, daß Cross-dresser häufig mit einem bestimmten Kleidungsstück (oft Unterwäsche oder Schuhe) anfangen, bevor sie sich vollständig weiblich ausstatten. Ein Transvestit, der im Alter von zwölf Jahren begonnen hatte, mit der Unterwäsche seiner Mutter zu masturbieren, erinnert sich: »Irgendwann wollte ich mehr als nur Damenunterhöschen.«[23]

Obwohl Unterwäsche in der Geschichte der fetischistischen Literatur eine Rolle spielt, scheint sie doch nie so beliebt gewesen zu sein wie hochhackige Schuhe oder enggeschnürte Korsetts. 1933 schrieb ein LOVER OF LINGERIE London Life seine Bitte, »die Korrespondenz über Unterwäsche anzukurbeln«; denn er sehe zwar viele Briefe über hochhackige Schuhe, Schnürpraktiken und Gummiregenmäntel, würde es aber begrüßen, mehr »ins Detail gehende Beschreibungen hinreißender Unterwäsche« zu lesen. Ganz besonders lobte er die Briefe, die sehnsüchtig auf die Unterhosen der Edwardianischen Epoche zurückblickten: »Es gab keine besseren Briefe als die vielen, die sich vor einigen Jahren mit dem Reiz schneeweißer Batistschlüpfer mit feinsten Spitzen und schmückenden Bändern beschäftigten – die, wie es scheint, von uns gegangen sind, um niemals wiederzukehren.«[24]

Viele Unterwäschefetischisten bevorzugen nostalgisch die üppigen *frou-frou*-Stile, die man mit der Belle Epoque assoziiert. In den dreißiger Jahren hat die Diana Slip Company eine Vielzahl fetischistischer Unterhosen entworfen und verkauft, darunter auch einige historisch inspirierte wie die Modelle »Pantalon 1905« und »Le Frou-Frou«. Daneben verkaufte diese Firma auch andere Höschen, bei denen das Material oder die Symbolik der Farben betont wurden. »Pantalon Amoureux« zum Beispiel war aus schwarzer Spitze hergestellt, auf die ein rotes Satinherz appliziert wurde. Es gab auch »exzentrische« Modelle aus Kaninchenfell oder imitiertem Leopard.

»Undercover News«, eine in den sechziger Jahren entstandene Transvestitengeschichte, beschreibt »niedliche, kurzgeschnittene Slips in Leder, die am Körper mit einem kleinen Schloß und Schlüssel verschließbar sind, sowie einteilige Unterwäsche in durchscheinendem Latex, enganliegend wie eine zweite Haut [...], und andere geradezu genial gefertigte Intimmodelle«.[25] Unterwäsche weckt hier den Gedanken an Bondage und tritt an die Stelle des Körpers. Irving Klaws berühmte erotische Fotografien enthalten sowohl dekorative Versionen konventioneller Unterwäsche als auch Modelle, die eher Keuschheitsgürteln ähneln. *Frederick's of Hollywood* und *Ecstasy Lingerie* legten im Gegensatz dazu mit »crotchless panties« Wert auf den einfachen Zugang. Die Höschen waren »offen im Schritt« und »mit schwarzer Spitze akzentuiert«. Ein Magazin für Gummifetischismus brachte sowohl protektive als auch im Schritt offene Slips heraus, die letzteren wahlweise mit luftgefüllten »Lippen« oder »gerüschtem Schlitz«. »Candy pants«, eßbare Unterhosen im Bikini-Stil für Männer und Frauen, waren eine Liebhaberei der siebziger Jahre. Als Lebensmittel wurden sie für den menschlichen Verzehr geprüft. Unter den erhältlichen Geschmacksrichtungen fanden sich Schokolade, Bananensplit und Wildkirsche.[26]

Wäschediebe und Unten-ohne-Cafés

»Mr. Z., ein 27jähriger Rechtsanwalt, konsultierte uns wegen gelegentlicher Impotenz«, berichteten die Sexforscher William Masters, Virginia Johnson und Robert Kolodny in einer Fallstudie mit dem Titel »The Underwear Bandit«. »Er fetischisierte eindeutig Damenslips«, ohne die er fast keine sexuelle Erregung erlebte. Nur »gebrauchte Höschen mit einem weiblichen Geruch konnten ihn in Erregung versetzen. [...] Innerhalb der letzten 10 Jahre hatte er mehr als 500 Paar Unterhosen gestohlen.« Selbst in seinen Flitterwochen entkam er in einen Waschsalon, um dort einige Höschen zu stehlen und mit ihnen zu masturbieren.[27]

Krafft-Ebing berichtet über einen 45 Jahre alten Schuhmacher, der verhaftet wurde, als er

Damenunterwäsche stahl; die Polizei fand mehr als 300 Unterröcke, Hemdchen und Schlüpfer in seiner Wohnung.[28] Der Impuls, unzählige Exemplare des Fetischobjekts zu sammeln (oft aber auch zu stehlen), wurde in der klinischen Literatur häufig beobachtet. Stekel bezeichnete das als den »Haremskult« des Fetischisten.[29]

Ein Artikel im *Economist* berichtete, daß die »Polizei in Japan versuchte, einen geschmacklosen Handel zu stoppen«. Offensichtlich hatten Geschäftsleute in Tokio neunzig Verkaufsautomaten aufgestellt, in denen gebrauchte Unterhosen, »garantiert von einem japanischen Schulmädchen getragen«, zum Verkauf angeboten wurden. Es waren schon gebrauchte Höschen im Wert von 200 000 Dollar verkauft worden, das Stück für 3 000 Yen (fast 30 Dollar). Die Polizei prüfte, inwieweit die Geschäftsleute strafrechtlich belangt werden konnten, weil sie ohne Lizenz Antiquitäten verkauft hatten oder, so die andere Möglichkeit, wegen Betrugs, falls nachgewiesen werden konnte, daß die Unterhosen nicht wirklich von Schulmädchen getragen worden waren.[30]

Im allgemeinen geht man davon aus, der Fetischismus sei eine typisch westliche Perversion, aber der Augenschein spricht dagegen. Wenn auch in Japan der jüdisch-christliche »Puritanismus« hinsichtlich des nackten Körpers geschichtlich keine Rolle spielt, bedeutet das nicht, daß es dort keine Körpertabus gibt. Man kennt in Japan zum Beispiel ein strenges gesetzliches Verbot gegen die Zurschaustellung weiblichen Schamhaares. Unterhosen sind natürlich eine aus dem Westen eingeführte Mode, die in Japan erst zu Beginn des zwanzigsten Jahrhundert verbreitet wurde. Aber schon um 1920 beschreibt der japanische Autor Nagai Kafu sogenannte *no-pan kisa*, Unten-ohne-Cafés, in denen die Kellnerinnen keine Unterhosen trugen. 1981 berichtete Ian Buruma über ähnliche Cafés, in denen die Unterwäsche der Kellnerinnen zur Schau gestellt wurde; die Wände waren mit gerüschten Höschen dekoriert, und es fanden Höschenauktionen statt. Auch Nicholas Bornoff erwähnt ein sozusagen falsches Unten-ohne-Café in Osaka. Es hatte einen speziellen Glasboden; die Kunden saßen in einem Raum darunter und stierten nach oben. Die Kellnerinnen sollen Unterhöschen mit aufgemalten weiblichen Genitalien getragen haben. Das Geschäft wurde geschlossen, als wirklich mal eine das Höschen auszog. Bei öffentlichen Veranstaltungen werden auch völlig ahnungslose Japanerinnen Opfer einer besonders lästigen Art von Voyeurismus: »Ein Videokünstler erfand dafür sogar eine spezielle Minipuppe, mit der eine nach oben zeigende Kamera durch Fernsteuerung über den Boden bewegt werden kann.« Unterhosenfetischismus ist in Japan so häufig, daß dem nicht nur spezielle Fetischmagazine, sondern auch die offiziellen Illustrierten Rechnung tragen.[31]

Wenn Unterhosen die Geschlechtsteile als ursprüngliche Erregungsquelle ersetzen, neigen Psychoanalytiker zu der Annahme, daß eine tieferliegende Phobie vorliegt, die sich entweder auf die weiblichen Genitalien oder auf den Geschlechtsverkehr bezieht. Da die Genitalien durch die Unterhosen verborgen werden, ergibt sich eine irritierende Zweideutigkeit – brillant umgesetzt in Eric Krolls Fotografie einer Frau, die in ihrer Unterhose einen Penis zu haben scheint. Wie die Pornographie zeigt, fällt fetischistisches Interesse an Unterhosen häufig mit einem Interesse an Analverkehr oder mit einer sadomasochistischen Obsession zusammen, die das Gesäß zum Ort der körperlichen Züchtigung macht.

Unterhosen liefern auch taktile und olfaktorische Reize. Die Empfindung beim Anfassen einer Unterhose wird häufig in erotischen Quellen erwähnt und kann dem Materialfetischismus zugeordnet werden. Magnus Hirschfeld berichtete den tragikomischen Fall eines Ehemannes, der von seiner Frau verlangte, während des Geschlechtsverkehrs Flanellschlüpfer zu tragen. Flanell sei angenehm und weich, erklärte er. Sie aber sah in dem Wunsch nach gerade diesem Fetisch eine persönliche Beleidigung. »Ja, wenn er mich aufgefordert hätte, Seide zu tragen«, beklagte sie sich. »Aber so ein gewöhnliches Material wie Flanell!« (Gelegentlich trug er die Schlüpfer selbst und wollte während des Verkehrs »den Platz der Frau einnehmen«, wie er sagte.[32])

Einige Untersuchungen über Fetischismus wollen Fetischobjekte grob in »riechende« und »fühlbare« einteilen. Das fetischistische Interesse am Geruch gebrauchter Schlüpfer ist sehr bezeichnend, zeigt es doch, daß die dem Fetischisten angenehmen Merkmale nicht immer das sind, was andere Männer und Frauen erfreut. Obwohl viele Frauen Unterwäsche lieben, wären doch die meisten angeekelt beim Gedanken, etwas anderes als saubere Wäsche zu tragen. (Und doch scheinen Ekel und Verlangen im Unbewußten eng zusammenzugehören.) Riechende Fetische scheinen eine obsessive Beschäftigung mit den Ausscheidungsfunktionen zu belegen, was eine »infantile« Sexualität implizieren würde. Koprophilie kann mit Gesäßfetischismus, ferner auch mit Unterhosenfetischismus in Verbindung gebracht werden. Dennoch ist es für Männer und Frauen (und für alle Säugetiere) nicht ungewöhnlich, sexuell auf bestimmte geruchliche Reize zu reagieren.

In allen bekannten Fallbeschreibungen ist die erotische Bedeutung von Unterhosen abhängig von einer Vielzahl sich aus dem Kontext ergebender Elemente. Ein beträchtlicher Teil des auf Unterhosen bezogenen Voyeurismus gehört in den Bereich einer »normal« fetischisierenden männlichen Sexualität. Dafür sprechen pornographische Magazine, die Titel tragen wie *69 Hot Panties*, *Panty Babes* und *Panty Passions*, *Peek-A-Boo Pussy* und *Pussies & Lace*. Auch manche Homosexuelle fetischisieren Männerunterhosen, die die Sicht auf den Penis des anderen Mannes verhüllen. Sexualwissenschaftler berichten, daß manche Männer »die Unterhosen ihrer sexuellen Eroberungen sammeln, während andere mit einem Paar Unterhosen ihrer Geliebten auf Reisen gehen. [...] Das trifft natürlich auch für schwule Beziehungen zu.« Aber es scheint da einen Unterschied zu geben zwischen den Männern, die *faute de mieux* masturbieren »und die Unterhosen mit einer bestimmten Person verbinden«, und den »echten« Fetischisten, die primär durch den Geruch oder das Anfassen einer Unterhose in Erregung geraten.[33]

Schlüpferrazzia

»Panty Raid«, die Schlüpferrazzia, ist eine Geschichte, die für Transvestiten geschrieben ist. Robert Stoller hat den Text in seinem Essay »Pornography and Perversion« analysiert. Ich möchte hier seine Interpretation weiterführen, wobei es hier um die mit der Unterwäsche verbundene Phantasiewelt gehen soll. Die Geschichte stellt zu Beginn den Helden vor, Bruce King, der sich im Rahmen seiner Initiation in einer Studentenverbindung allein zu einer Gruppe von Studentinnen begibt, auf die Jagd nach Unterhosen. Er ist nervös und erregt zugleich:

> Und wenn seine Unterhosenjagd erfolglos bliebe? Wenn er ohne die Beute zurückkäme – ohne ein Paar spitzengesäumter Höschen oder hautenger pfirsichfarbener Unterhosen, ohne einen Slip in Seide oder in Satin mit roten Strapsbändern, vielleicht ein oder zwei Strumpfhaltern, um von schwarzen knielangen Netzstrumpfhosen zu schweigen? Würden seine Kameraden in der Verbindung ihn dann weniger achten?

Der Einfall, den Protagonisten im Zuge einer solchen Initiation Damenunterwäsche stehlen zu lassen, hat, wie Stoller aufgezeigt hat, die Funktion, diesen Akt zu normalisieren und aufzuwerten. Wirkliche Mitglieder von Verbindungen haben solche »Panty Raids« veranstaltet, also besteht kein Anlaß zu der Annahme, es sei daran etwas Sonderbares. Nicht ein innerer Zwang, sondern die Kameraden veranlassen Bruce dazu. »Verstohlen machte er sich auf den Weg rund um das Gebäude zum Hintereingang« des Gebäudes der Studentinnen. Dort hängt auf einer Leine »die Wäsche, die er bald besitzen würde«. Nun folgt eine überaus detaillierte Beschreibung der verschiedenen Wäschestücke:

> Er starrte auf das kombinierte Miederhöschen. Die elastischen Ränder waren mit winzigen blauen Röschen in Seide und Satin bestickt, farblich genau abgestimmt zu dem samtblau verstärkten Schritt. Daneben hing ein weißes, echtes Baby-doll-Modell. Die Bänder der Büstenhalterpartie würden sich milchweiß um die Achselhöhlen winden; schon das Material an sich war verwirrend, wie es sich da im kühlen Wind bauschte. Vorne befanden sich vier winzige mit Seide bezogene, herzförmige Knöpfe, und die Spitzeneinsätze vorne paßten exakt zu den plissierten Höschen. Bruce grinste. Es wäre interessant, ein Mädchen zu sehen, das so ein Baby-doll-Outfit trägt. Und sie zu überrumpeln, würde aus ihm einen Helden machen![34]

Stoller meint, diese Phantasie drücke ein hohes Maß an Frauenfeindlichkeit aus, worin ich ihm nicht widerspreche. Aber Frauenfeindlichkeit ist bei einem Großteil der pornographischen Erzeugnisse die Norm; mir liegt mehr daran zu zeigen, daß die übermäßige Aufmerksamkeit, die der Autor den Details der Kleidung widmet, die meisten Leser langweilen muß. Für Transvestiten jedoch sind die Beschreibungen von Materialien, Schnitten und Design per se fesselnd.

Aber warum sollten milchweiße BH-Strapse erregend sein? Wie Stoller feststellt, sind Transvestiten in überwiegender Mehrheit heterosexuell, weil sie einem unbewußten Drang nach Identifikation mit Frauen entgegenarbeiten müssen. »Da sie Intimität mit einer lebendigen Frau für wünschenswert, aber gefährlich halten, ersetzen sie ihre lebende Haut durch leblose Kleider.«[35] Statt auf den Busen konzentrieren sie sich auf den Büstenhalter; an Stelle der seidigen Haut treten reine Seide und Satin, und den Platz der lebendigen Jungfrau nehmen jungfräulich weiße Unterhosen ein. Wenn die Höschen den Genitalien entsprechen, dann mag der spitzenbesetzte Rüschenschlüpfer das gekräuselte Schamhaar assoziieren. Selbst modische Details wie »weich«, »rein« und »hauteng« entsprechen körperlichen und emotionalen Aspekten der Weiblichkeit.

Plötzlich, als er gerade nach einem Paar Spitzenunterhöschen greift, wird Bruce von den Studentinnen umringt. »Einige trugen schwarze Satin-Slacks, andere Seidenshorts.« Also kein neutraler College-Look; hier werden eher die Wünsche von Transvestiten nach übertrieben weiblichen Materialien erfüllt. Die »siegreichen Kriegerinnen« ergreifen Bruce. Er wehrt sich, ist aber rasch überwältigt und wird mit »seidenen Gürteln« gefesselt. Er schreit um Hilfe, aber schon wird ihm »der Mund mit einem hauchdünnen seidenweichen Strumpf gestopft«. Aber Frauen sind nicht nur »seidenweich« – ihre langen scharfen Fingernägel bohren sich in sein »muskulöses Fleisch«.

Die Anführerin der Amazonen, Lori, vereinigt männliche und weibliche Attribute in ihrer Person. Sie ist 1,80 m groß. »Stolz und aufrecht, die schwellende Brust vorgewölbt«, trägt sie »ein hinreißendes, enganliegendes Satinkleid mit Schnallen und einem plissierten Rock, der bei jeder Bewegung wie unzählige Lederriemchen erzittert«. Eigenschaften wie *enganliegend* und *mit Schnallen* stehen für Schnüren und Bondage. Doch der Autor stellt Modephantasien scheinbar in den Mittelpunkt: Loris Kleid ist aus Satin, wirkt aber wie aus Lederriemchen (Peitschen?). »Loris Taille wurde von einem breiten, schwarzglänzenden Lackledergürtel umschlossen; die kontrastierende Silberschnalle glich einem Schloß, mit einem so winzigen Schlüsselloch, das es sich jedem Schlüssel verweigerte.« Schwarzglänzendes Lackleder ist ein klassisches Fetischmaterial, und der schwarzsilberne Kontrast häufig. Besonders interessant aber erscheint die Gürtelschnalle: eine psychoanalytische Deutung wäre wohl, daß dieses Loch sich nicht penetrieren läßt.

Und tatsächlich, obwohl die Umschlagillustration Frauen in Unterwäsche zeigt, ist es in der Geschichte nur Bruce selbst, der seiner Kleider zum Teil entblößt wird. »Er war dankbar, daß er schützende Boxershorts trug.« Dann holen die Frauen ein »jungfräulich weißes« Gummihöschen hervor, an den Hüften ausgepolstert – eine groteske Kombination weiblicher und kindlicher Elemente. »Sandra hakte beide Daumen in den Bund dieses furchteinflößenden und figurbetonenden, hautengen Gummihöschens – und dann d-e-h-n-t-e sie es! Es ging auf wie ein Babymund und schnappte schließlich mit einem kleinen ›Plop‹-Geräusch wieder zurück.« Sie ziehen ihm die Boxershorts aus (»brave Jungs sollten solche Schlabberdinger nicht tragen«) und belassen ihm nur sein Suspensorium, das sie abfällig mit einem Lendenschurz vergleichen. »Benimm dich, sonst nehmen wir dir das auch noch weg.« Das »unschuldig wirkende Höschen«, in das sie ihn zwängen, erweist sich als »unerträglich eng«. Nach Stoller läßt diese Phantasie die traumatischen Kindheitserinnerungen von Transvestiten wiedererstehen, wo sie von feindseligen weiblichen Verwandten gewaltsam ihrer Männlichkeit entkleidet worden sind. Die Phantasievorstellung versucht dieses demütigende, traumatische Ereignis zu heilen, indem sie es erotisiert. Der Cross-dresser identifiziert sich mit dem Aggressor und erklärt faktisch, als Frau erfolgreich zu sein, während er doch ein Mann mit erigiertem Penis bleibt. Natürlich beginnt Bruce die Verwandlung zu genießen: »Bruce trat in die seidenen Beine des Schlüpfers, sie fühlten sich kühl, seidenweich und auf sinnliche Weise vertraut an.« In gewisser Hinsicht hat er Sex mit den weiblichen Unterhosen. Aber er identifiziert sich auch mit der weiblichen Rolle und weist die männliche als untergeordnet zurück: »Er genoß regelrecht dieses weiche, hauchdünne und duftige Material, so verschieden von den rauhen, kratzenden, schlabbrigen Männer-Boxershorts, die alles andere als anziehend sind.«

Er bewundert sich selbst im Spiegel: »Seine Hüften wogten verführerisch unter den transparenten Schlüpfern. Jetzt verstand er, warum so viele Frauen bereit sind, für duftige Wäsche ihr letztes Geld auszugeben. Es macht sie so ... so verführerisch!« Sex vor dem Spiegel spielt eine wichtige Rolle in der fetischistischen Masturbation. Aber Lori grinst und weist auf einen homosexuellen Subtext hin: »Jetzt siehst du schon ganz gut aus. Die anderen Jungs deiner Verbindung werden dir einen begeisterten Empfang bereiten, wenn du zurückkehrst ... gekleidet als perfekte Dame!« Weibliche Kleidung macht ihn bescheiden, »und er verspürte den Groll, den sanftmütige Frauen so oft hinunterschlucken, wenn ihre Privatsphäre angetastet wird«. Auch er leidet unter dem schönen Schein: Der enge Hüfthalter »biß wie mit scharfen Zähnen in seinen Hüftknochen«. Aber das war es wert: »Er würde die Jungs an der Nase herumführen und sie dazu bringen, ihn für ein Mädchen zu halten ... Kleider machen Leute! Und in diesen Kleidern fühlte er sich großartig!«[36]

Herrenwäsche

Nur selten ist Unterwäsche für Männer mit ähnlich erotischen Bedeutungen befrachtet worden wie Damenunterwäsche, da üblicherweise Männerkörper nicht vorrangig sexuell wahrgenommen werden – obwohl die Fetischisierung männlicher Unterwäsche in der homosexuellen Subkultur eine bedeutende Geschichte hat. Im Gegensatz zu der großen Vielfalt weiblicher Unterbekleidungsartikel gibt es bei Männern in der Regel nur zwei, nämlich Unterhosen und Unterhemden, und das meiste davon ist ziemlich schlicht – obwohl es tatsächlich eine größere Anzahl verschiedener Farben, Materialien und Modellentwürfe gibt, als man sich vorstellen mag. Allerdings können auch simple weiße Baumwoll-T-Shirts und -slips eine erotische Bedeutung annehmen.

Das weiße Baumwollunterhemd zum Beispiel war schon in den dreißiger Jahren ein wichtiges schwules Signal. Richard Martin, der Kurator des Costume Institute des Metropolitan Museum of Art, hat analysiert, wie das Unterhemd zum Fetischgegenstand »homosexueller Imagination« wurde. Da das sichtbare Unterhemd mit Männern der Arbeiterklasse assoziiert wurde, erlangte es die Bedeutung besonderer Virilität – auch, weil das Unterhemd die Muskeln des männlichen Oberkörpers betont.[37] Schon in den fünfziger Jahren verhalf das Bild des jungen Marlon Brando im weißen Unterhemd diesem Kleidungsstück auch in der heterosexuellen Vorstellungswelt zu größerer Popularität.

Schwule Erotika betonen auch die Wirkung von Genitalien, die sich provokativ unter einer Unterhose oder einem Suspensorium wölben. Im allgemeinen gilt: je knapper die Unterwäsche, desto größer die erotische Anziehung. Boxershorts sitzen lockerer und decken eine größere Fläche ab als ein Slip, darum wurden sie üblicherweise als konservativer und weniger erotisch wahrgenommen. Die Entwicklung des männlichen Bikinislips in den sechziger Jahren markiert daher einen wichtigen Fortschritt des erotischen Designs. Obwohl es ganze Bücher gibt, die der erotischen Anziehung weiblicher Bikinis gewidmet sind, ist es bislang wenig bekannt, daß sowohl die Bikini-Unterwäsche als auch die entsprechenden Bademoden auch für Männer ein erotischer Stil gewesen sind.

Für Männer wie für Frauen war der Bikinischnitt in erster Linie das knappste noch zulässige Cache-sexes. Für Männer repräsentierte der Bikini zusätzlich ein starkes »Genitalbewußtsein«. In dieser Hinsicht war die Wirkung ähnlich wie bei den engsitzenden Blue jeans – ein weiteres Kleidungsstück, das von schwulen Männern seit Anfang der dreißiger Jahre fetischisiert wurde.

In den sechziger Jahren erkannten dann auch Heterosexuelle den »starken Sexappeal« von Blue jeans. Rodney Bennett-England, der Autor von *Dress Optional*, meint dazu: »Je enger die Jeans sind, desto deutlicher lassen sich die Konturen der Beine erkennen und auch, wie in *Penthouse* so treffend beschrieben, ›die erkennbare Ausbuchtung der Männlichkeit‹.«[38] Um diese Ausbuchtung noch zu verstärken, benutzten manche Männer gepolsterte Suspensorien.

Ab den sechziger Jahren existierte auch in der Herrenunterwäsche eine ganze Reihe erotischer Stile. Wie Bennett-England aufzählt, »gibt es durchsichtige und freakig-aufregende Slips, weiche Lederslips und Unterwäsche, die aus Gummi hergestellt ist, aus PVC und vielen anderen Materialien, die sexuell erregen oder stimulieren«.[39] Versandkataloge bieten Sachen an wie »Posing Straps«, die »mit wenig Stoff maximalen Halt geben«. Daneben werden durchsichtige Shorts und Boxershorts »für Ihre privaten Muskelaufbau-Stunden« offeriert. Auch Windelhöschen werden angeboten: »Zeigen Sie, was Sie haben, und machen Sie das Beste daraus in unseren Jersey-Diaper – nur eine Größe, da seitlich verstellbar!« (Erhältlich in den Farben »dschungelrot« und »fleischfarben«.) Suspensorien gibt es in der Farbpalette schwarz, weiß, dschungelrot, fleischfarben, pink, gelb, hellblau und irischgrün.[40]

Ab den siebziger Jahren hatten selbst Großhersteller wie Jockey begonnen, die erotische Anziehung männlicher Unterwäsche zu unterstreichen. In den frühen achtziger Jahren startete Calvin Klein dann seine Werbung für Herren- und Damenunterwäsche. Anfänglich konzentrierte sich die offizielle Presse vorrangig auf die Tatsache, daß Klein Männerunterwäsche für Frauen auf den Markt brachte. *Time* berichtete nervös über Kleins Überschreitung der *gender*-Grenzen und beklagte, daß die String-Tangas wie Männer-Suspensorien aussahen, während die Boxershorts einen »kontroversen« Eingriff hatten. »Mit Eingriff wirkt es einfach aufregender«, sagte Klein. *Women's Wear Daily* beschrieb Unterwäsche im männlichen Stil als »den heißesten Anblick weiblicher Unterwäsche seit dem Bikinislip«.[41]

Aber Puritanismus und Homophobie der amerikanischen Gesellschaft waren von der Darstellung männlich-erotischer Schönheit schockiert. Insofern waren Bruce Webers Fotografien von gottgleichen Männern in Unterwäsche viel radikaler als seine Bilder von Frauen in androgyner Unterwäsche. Seit 1982 produzierten Klein und Weber gemeinsam die ersten offen erotischen Werbekampagnen für Männerunterwäsche. Bald türmten sich gigantische Reklamewände in der Stadt, die halbnackte muskulöse Männertorsi in reinweißen, provokativ gewölbten Unterhosen zeigten.[42]

Ein Jahrzehnt später sah Calvin Klein auf einem Titelumschlag von *Rolling Stone* ein Foto des Rappers Marky Mark in Unterhosen. (Sich bis auf seine Calvin-Klein-Unterhosen auszuziehen war Teil seines Bühnenauftritts.) Bald darauf fotografierte Steven Meisel ihn für Kleins Unterwäschewerbung. Eine der besonders offen sexuell gefärbten Fotografien zeigte den finster blickenden Rapper mit freiem Oberkörper und mittellangen Unterhosen, wie er sich in den Schritt greift. Für männliche Yuppies war es längst Brauch geworden, die Hosen so tief heruntergezogen zu tragen, daß der Taillenbund der Unterhose sichtbar blieb. Dieser Tragestil wurde jetzt in eine Damenmodenshow bei Chanel eingebaut, und bald erschienen die verschiedensten »Designer«-Unterhosen.

Reklamewand am Times Square. 1982. (Andy Levin)

In der Vergangenheit galt es als Zeichen der Verwahrlosung, zu Hause in Unterwäsche herumzulaufen. Aber seit Beginn der neunziger Jahre quellen die Versandkataloge über von Fotos, auf denen in Unterwäsche herumlungernde Leute zu sehen sind. Das Auftauchen männlicher Unterwäsche als *Mode* spiegelt den Wandel der männlichen Rollen und das permanente Einstürzen sexueller Tabus. Doch ist die Zurschaustellung des männlichen Gliedes noch immer stark tabuisiert; insofern geht die Darstellung in Unterwäsche so weit wie möglich auf dem Weg zur vollen männlichen Nacktheit. Daneben gibt es auch noch einen »Stilfaktor«. Die Mode ist körperbewußter geworden, und Unterwäsche schließt den Körper deutlicher als jedes andere Kleidungsstück ein.[43]

Das alles hat nicht per se mit Unterwäschefetischismus zu tun, sondern lediglich mit dem üblichen männlichen Fetischisieren, da die Aufmerksamkeit immer noch vor allem dem Körper gilt. Aber Fetischismus und Fetischisieren überschneiden sich. Es gibt schwule Unterwäschefetischisten, die »durch Unterhosen in den Zustand höchster Erregung geraten«[44], obwohl sie gegenüber anderen, die auf Leder, Gummi und Uniformen stehen, in der Minderzahl zu sein scheinen. Fotografien von Männern in Unterhosen dürften in erster Linie als Beigabe für Penisfetischisten dienen.

Schwarze Strümpfe und spitze Brüste

Eine vom Kinsey Institute aufgestellte Liste periodisch erscheinender Männermagazine mit sexueller Orientierung umfaßt Titel wie: *Black Garter, Black Lace, Black Satin, Black Silk Stockings, Black Stockings, Lingerie Libertins, Nifty Nylons, Nylon Jungle, Rouge, Sable, Satan and Lace* (es heißt »Satan«, nicht »Satin«; ein Magazin für Transvestiten und Transsexuelle nennt sich *Satin and Lace*), *Silk, Silk Stockings, Silky, Silky Sirens, Skirt, Slip and Garter, Stocking Parade, Velvet* und *Velvet Touch*. Nicht alle sind Fetischmagazine (*Velvet* ist eher so etwas wie *Penthouse*), aber viele konzentrieren sich auf Themen, die vorzugsweise für Fetischisten interessant sind.

Viele der Titel klingen altmodisch; denn Strumpfbänder, obwohl lange Zeit mit Sex assoziiert, sind nahezu völlig verschwunden (außer auf Hochzeiten), während Strümpfe weitgehend durch die undurchdringlichere Barriere der Strumpfhosen ersetzt wurden. Ein Artikel im Männermagazin *Nylon Jungle* kreiste um den drohenden Verlust eines bewährten Fetischobjekts: Strumpfbänder seien, meinte der Autor, lange verschwunden, aber durch Strumpfhalter ersetzt worden, deren Strapse »sich als straff gespannte Linie über den Schenkelkonturen abzeichnen und die sich bei männlichen Anbetern weiblicher Schönheit als genauso beliebt erwiesen haben wie ihre gerüschten Vorgänger«. Aber sollten Strumpfhalter und Strümpfe jetzt durch die Strumpfhose ersetzt werden? Das Magazin bestand darauf, daß sich der »Verkauf von Strumpfhosen als unbefriedigend erwiesen habe, außer bei den unter 21jährigen und den *trendy* Frauen mit Universitätsabschluß.

Projektilbüstenhalter und Cache-sexe. (Paula Klaw/Movie Star News)

Die amerikanische Durchschnittsfrau scheint, wenn man ihr die Wahl läßt, den Strumpfhalter zu bevorzugen […] und läßt sich keine teuren Marotten aufschwatzen.«[45] 1967 war das jedoch schon offensichtlich unwahr.

Die moderne Frau habe, insistiert eine andere Schreiberin, »ein Problem«: Sie ist in einer »Unterwäschehölle gefangen […], hin- und hergerissen zwischen der Vorliebe für all die wundervollen, zarten Teile weiblicher Kleidung und dieser neuen Go-go-Mode, die männlich beeinflußt ist«. Ihre Freundinnen wollen sie ständig dazu bringen, »die Mode richtig mitzumachen […], aber [sie] lehne dicke Strümpfe und die ganzen Wollkleider aus England ab«. Das einzig Gute an der Mode seien die weißen Go-go-Stiefel, »die so gut zu ihren Nylons passen«.[46]

Dies ist ein weiteres, interessantes Beispiel für die Tendenz von Fetischisten, altmodische Kleidungsstücke zu bevorzugen. Man könnte sagen, daß Fetischisten einfach von der Generation ihrer Mütter geprägt sind. Man hat sogar scherzhaft gesagt, daß zukünftige Fetischisten eben jetzt eine Reebok-Tennisschuhobsession entwickeln.[47] Aber das ist allzu vereinfachend. Bestimmte Kleidungsstücke (wie hochhackige Schuhe, Strümpfe und Strumpfhalter) haben besondere Merkmale, die sie geeignet machen, fetischisiert zu werden.

Die Beine sind der Weg zu den Genitalien. Strümpfe lenken die Augen des Betrachters beinaufwärts, während Hüfthalter die Genitalien rahmen. Vielen Männern erscheinen die Beine als Wegweiser zum gelobten Land, ein Effekt, der noch verstärkt wird, wenn sie mit Strümpfen mit Naht bekleidet sind. »Tolle Beine – die Ups and Downs der Strumpf- und Hüfthalter-Branche offengelegt!«[48] Aber der Saum des Strumpfes bildet eine Linie quer über den Schenkel, wie ein Cowboy sie mit seinem Gewehr durch den Sand zieht und die besagt: Bis hierher und nicht weiter! Besonders schwarze Strümpfe lassen einen Teil des Beines graphisch hervortreten und enden wenige Zentimeter unterhalb des Geschlechts.

Es ist kein Zufall, daß so viele Magazine für Reizwäsche das Wort *Schwarz* in ihrem Titel haben. Schwarz ist eine symbolisch wichtige Farbe. Für einen von Wilhelm Stekels Patienten (der sich gerne kämpfende Frauen vorstellte) symbolisiert der »schwarze Strumpf das schwarze, sündenbefleckte Weib. Der weiße Strumpf ist ein Symbol der Reinheit.«[49] Zu hellhäutigem Fleisch bildet Schwarz außerdem den stärksten Kontrast. Vor mehr als einem Jahrhundert warnte tatsächlich *La Vie parisienne* vor Männern, denen schwarze Unterwäsche gefällt, »weil diese zu sehen verlangten, wie weiße Haut sich aus schwarzem Tuch schält, da weiße Haut allein sie kaum mehr erregen kann«.[50] Ich habe fetischistische Pornographie, in der schwarze Models figurieren, nicht systematisch untersucht, aber hier scheint man mehr auf weiße, gelbe, pinkfarbene oder rote Unterwäsche zu setzen.

Nicht nur die Farbe, auch die Materialien haben erotische Konnotationen. So bekennt Stephanie Jones, »das hauchfeine Gespinst von modisch verarbeitetem Nylon oder Seide,

Madonna in einem Korsett von Jean-Paul Gaultier.
(Archive Photos)

verlockend an zarte Glieder geschmiegt, erweist sich als raffiniertester Extrakt des ›second skinism‹, des Zweite-Haut-Stils«. Besonders durchsichtige schwarze Strümpfe sind »Teil der schützenden Rüstung dieser schönen, aber unberührbaren Geschöpfe, die anzubeten Sklaven lieben«. Oder wie Terence Sellers in *The correct Sadist* beobachtete: Strümpfe sind »Widerhall verbotener Frauen. Die Durchsichtigkeit der Seide, vereint mit zarter Beengung, läßt mit ihrer quälenden Ironie das unterwürfige Herz schneller schlagen. Durch den Strumpf wird das Bein der Frau glatt, fest und straff.«[51] Da die Beliebtheit von Seide und selbst Nylon nachgelassen hat, richtet sich die Aufmerksamkeit zunehmend auf Gummi. In der Zeichentrickgeschichte »Subjugated in Rubber« bändigt die dominante Frau ihren Partner, einen Cross-dresser: »Hör auf, dich zu winden, bis ich dir diese wunderbar zarten Gummistrümpfe über deine dürren Beine gezogen habe, die deine häßlichen, zottigen Glieder mit feuchtschimmerndem glattem Latex überziehen.«[52]
»Echte« Strumpffetischisten sind offensichtlich »ziemlich selten«, obwohl viele Männer eine »Vorliebe« für Strümpfe haben.[53] Strümpfe oder Strumpfhosen werden manchmal

auch mit Erstickungs- und Würgephantasien verbunden, entweder mit der Vorstellung, die Frau zu strangulieren, oder der einer erotischen Autostrangulation. Auf pornographischen Bildern sind schwarze Strümpfe häufig in Verbindung mit langen schwarzen Handschuhen zu sehen. Wie Strümpfe werden auch Handschuhe selten als primäres Fetischobjekt ausgewählt, aber sie figurieren häufig als Teil eines Fetischkostüms oder in einer fetischistischen Phantasie.

Nicht selten finden in den fetischistischen Korrespondenzen »lange, enganliegende Glacéleder-Handschuhe« Erwähnung.[54] Gelegentlich gibt es auch Bemerkungen über sogenannte »Bestrafungsstrümpflinge«, die verschlossen werden können, über »enggeschnürte Handschuhe«, mit Vaseline gefüllt, und über das Schlagen mit engbehandschuhten Händen.[55] Dem Tagebuch der Brüder Goncourt zufolge bat der deutsche Kaiser eine Pariser Kokotte, sie solle nackt bis auf ein Paar lange schwarze Handschuhe auf ihn warten. Schwarze Handschuhe seien für ihn ein Zeichen des Sadismus und riefen die schwarzen Strümpfe in Felicien Rops' obszönen Kupferstichen in Erinnerung.[56]

»Da sie die Organe der Berührung bedecken [...], betonen Handschuhe die sexuellen Andeutungen, indem sie das Begehren zugleich zügeln und stimulieren«, schreibt Philippe Perrot.[57] Die Handbücher der Etikette warnten im neunzehnten Jahrhundert vor der Ungehörigkeit, die nackte Hand einer Dame zu berühren; die Pornographie assoziiert die Hand mit Masturbation (in englischsprachigen Ländern »hand job«). Im Mittelalter beschwor man durch Hinweise auf parfümierte Handschuhe die weiblichen Genitalien, und zwischen Liebenden wurden Handschuhe ausgetauscht wie heute Verlobungsringe.[58]

So wie Schuhfetischisten von ästhetischen und strukturellen Details des Fetischobjekts fasziniert sind, bevorzugen auch Handschuhfetischisten besondere Materialien (wie Glacéleder, Samt, Satin, Leder und Gummi), Farben und Schnittformen. So haben zum Beispiel Stulpen- und OP-Latexhandschuhe ihre Enthusiasten, ebenso Halbhandschuhe. Häufig gebrauchen auch Stripperinnen Handschuhe. Rita Hayworths berühmte Szene in *Gilda* setzte das Abstreifen eines Handschuhs ein, um einen Striptease anzudeuten – so wurde die Zensur vermieden.[59]

»Ebenso wie der Fuß im Stiefel wird die behandschuhte Hand zum Machtsymbol.«[60] Vergleichbare erotische Botschaften werden sowohl mit langen Handschuhen als auch mit hohen Stiefeln verbunden. Handschuhe, die bis zu den Ellbogen oder sogar bis zu den Achselhöhlen (etwa bei Abendhandschuhen) reichen, gelten gewöhnlich als weit aufregender als kurze Handschuhe, und das nicht nur unter Fetischisten: Im späten neunzehnten Jahrhundert riet *Godey's Lady's Book* seinen Lesern:

> Bei formellen Anlässen begrüßen Sie Ihren Begleiter vollkommen angezogen und bereit zum Aufbruch. Ihre Handschuhe sollten in der Abgeschiedenheit Ihres Boudoirs übergestreift worden sein und selbstverständlich während des ganzen Abends getragen werden. [...] Nachmittagshandschuhe jedoch können, da sie kurz sind, ge-

legentlich auch in Gegenwart Ihres Begleiters angelegt werden. Die Kürze der Handschuhe nimmt dem Vorgang die schamlose Intimität, die dem Überstreifen formeller, längerer Handschuhe eignet.[61]

Man muß keine allzu Freudsche Phantasie haben, um die Ähnlichkeiten zwischen Hand und Arm, die in einen langen Gummihandschuh eingeführt werden, und einem Penis in einem Kondom zu sehen.
Schwieriger einzusehen ist, daß auch die Brust als phallisches Symbol wahrgenommen werden kann. In »Undercover News« wird der Körper einer weiblichen Hauptperson ganz phallisch beschrieben: »Ihre Brüste ragten spitz wie die Hörner eines zornigen Bullen, bereit, sein Gefängnis zu durchbohren.«[62] Büstenhalter »mit vollkommener Spitze« rühmt ein *Frederick's-of-Hollywood*-Katalog: »Magische Kreise trennen die Brüste und formen sie [...], zwingen sie nach *oben* und *außen*.«[63]
Die Korrelation zwischen Brust und Penis existiert auch in anderen Kulturen; die Sambia in Neuguinea zum Beispiel assoziieren ausdrücklich Samen und Milch.[64]
Manchen Männern erscheint ein großer Busen als »märchenhaft«, während kleine Brüste »flach« genannt werden – eine ziemlich offenkundige Projektion einer doppelten Angst, die Größe des Penis und die weiblichen Genitalien betreffend.[65] Zitzen sind natürlich auch bei weiblichen Säugetieren das wichtigste sekundäre Geschlechtsmerkmal und gelten deshalb als ein wesentliches Symbol weiblicher Anziehung. Häufig wurde die Ansicht vertreten, »Brustfetischismus« sei in Amerika besonders verbreitet, sei es aufgrund der Flaschenernährung der Säuglinge, der verbreiteten Prüderie oder aufgrund der kulturellen »Hochschätzung der Mutter und all dessen, was sie symbolisiert«.[66] Das erscheint zu sehr vereinfacht, obwohl das Fetischisieren der Brust bis zu einem gewissen Grad eindeutig als gesellschaftliche Norm anzusehen ist. Es gibt viele pornographische Titel wie *Big Bazooms*, *Tit Fuckers*, *Titty Milk* und *Mother Jugs*.
»Man sollte annehmen, daß Büstenhalter fast so beliebt sein müßten wie Unterhosen«, schreibt ein Sexforscher, »aber unerklärlicherweise sind sie selten Fetischgegenstände, obwohl unsere Kultur Brüste in den Mittelpunkt des Sexuellen stellt.«[67] Doch Brüste sind nicht annähernd so tabuisiert wie Genitalien. *Life* begrüßte in einer Titelstory den Büstenhalter mit der Überschrift »Hurrah for the Bra!«, und es ist schwer vorstellbar, daß ein amerikanisches Massenblatt eine Nahaufnahme von Unterhosen in dieser Weise präsentieren würde. Unlängst haben Feministinnen auf öffentlichen Demonstrationen ihre Brüste entblößt: »Brüste sind keine Geschlechtsorgane«, sagten sie.[68] Im Gegensatz dazu waren im antiken Rom die professionellen Prostituierten auch während des Verkehrs nur äußerst widerwillig dazu bereit, das *strophium* (einen Vorläufer des Büstenhalters) abzulegen.[69]
Der Büstenhalter, wie wir ihn kennen, ist eine Erfindung des zwanzigsten Jahrhunderts. Er erschien um 1906, als das Korsett nicht länger als geeignete Stütze für den Busen ange-

sehen wurde. Obwohl jede Art von Büstenhalter fetischisiert werden kann, wirken doch bestimmte Stile deutlich anziehender als andere. Allgemein gilt: Je spitzer, strukturierter, durchscheinender und enthüllender, größer, die Brustwarzen exponierender und/oder verzierter ein Büstenhalter ist, desto größer ist die Aussicht, daß er fetischisiert wird.

»Kennen Sie den kegelförmigen Büstenhalter, den ich für Madonna entworfen habe?« fragte Jean-Paul Gaultier. »Den ersten machte ich für meinen Teddybären, er hatte keinen, und so mußte ich einen erfinden. Ich bastelte ihn aus Papier und Stecknadeln.« Am Anfang, als Gaultier begann, seine Mode zu zeigen, beschuldigten ihn einige Journalisten, sexistisch zu sein. Insbesondere der kegelförmige Büstenhalter wirkte wie jene Art Fetischunterwäsche, die auf Irving Klaws bekannten Bondage-Fotografien zu sehen ist. Aber Gaultier bestand darauf, »daß es sich eher um die Übertreibung einer Phantasie handelt. [...] Es war ein Witz, und gleichzeitig radikal und nett.« Obwohl, wie er hinzufügt, der kegelförmige Büstenhalter vielleicht auch »ein bißchen aggressiv« wirkte.[70] Brüste in Torpedoform sind jedoch nicht notwendig fetischistisch. In den vierziger und fünfziger Jahren waren kreisförmig gefältelte Körbchen in Mode, und Gaultier hat für seine Entwürfe offensichtlich die Geschichte des Büstenhalters herangezogen, wie er sich auch von den strukturierten Hüfthaltern der fünfziger und frühen sechziger Jahre hat inspirieren lassen.

Gaultier hat Männer in hochhackige Schuhe gesteckt, »in Netzstrümpfe und Korsetts – aber es waren Korsetts für Männer«, erklärte er. Er stellte außerdem klar, daß die kegelförmigen Büstenhalter, die Madonnas Showboys getragen haben, nicht seine Idee waren: »Das war Madonna. Für Männer verwende ich keine Büstenhalter.«[71] Als Inbegriff eines weiblichen Kleidungsstücks spricht der Büstenhalter jedoch in besonderem Maß Transvestiten an. In »Panty Raid« ist es der Büstenhalter, der Bruce tatsächlich in eine Frau verwandelt:

> »Schau her, Bruce«, dabei ließ sie den Büstenhalter drohend vor seiner Männlichkeit baumeln, »das ist ein Büstenhalter mit Polstern, die alles nach oben drücken, und formgebenden Schaumgummieinlagen. Der Ausschnitt macht einen guten Spalt, für ein Mädchen atemberaubend sündig. Bei dir«, sie stieß ein kehliges Lachen aus, »wird er sehr verrucht sein. Die Körbchen sind aus reinem Satin mit eingearbeiteten leichten Drahtverstärkungen. Der Hakenverschluß vorne wird durch Gummieinsätze, die fest an deiner männlichen Brust anliegen, gespannt – aber deine Brust wird sich verwandeln. Bald hast du einen wohlgeformten Busen.«[72]

Grundbekleidungsstücke wie Korsetts, Hüft- und Büstenhalter, die »stützen«, formen und Teile des Körpers abgrenzen, werden besonders gerne fetischisiert. Ein Cross-dresser berichtete, daß »für ihn lediglich solche [weibliche Bekleidung] interessant sei, die das Fleisch ›bändigt‹: Hüft- und Büstenhalter sowie Strümpfe«.[73]

Kleidsame Unterwäsche. (Paula Klaw/Movie Star News)

Der »anstrengende« und »unangenehme« Aspekt der strukturierten Hüft- und Büstenhalter erweckte starkes Interesse bei den Punks, die gegen die BH-freie Hippie-Generation opponierten. Die Punks nahmen die geschmähten Symbole der sexuellen Unterdrückung subversiv wieder auf und trugen Billigbüsten- und -hüfthalter herausfordernd als Oberbekleidung. Tatsächlich muß der gesamte Trend, Unterwäsche als Oberbekleidung zu tragen, der über das letzte Jahrzehnt hinweg eine wichtige Rolle gespielt hat, zum Teil als Versuch verstanden werden, sexuelle Tabus zu entmystifizieren. (Dabei ließ sich Vivienne Westwood auch davon inspirieren, daß Büstenhalter in der Dritten Welt als Statussymbol dienen.) Sobald der sichtbar getragene Büstenhalter in der Avantgarde aufgetaucht war, folgte die offizielle Modeindustrie dem Vorbild.
Aber innerhalb des veränderten Kontextes wurde die Bedeutung dieses Stils transformiert. Die Designerin Josie Natori stellt fest:

Früher war es schockierend, einen Büstenhalter zu tragen. Jetzt bedeutet es gar nichts mehr. [...] Frauen sind viel wagemutiger geworden. [...] Früher konnte man sich nur im Schlafzimmer selbst darstellen, jetzt geht das den ganzen Tag. Frauen erzählen: »Erst habe ich meinen Büstenhalter verbrannt, und jetzt stelle ich ihn offen zur Schau.«[74]

Aber die Diskussion über die durch Unterwäsche inspirierte Mode polarisiert die Gruppen: Ist die Zurschaustellung von Unterwäsche wirklich »Sex als Befreiung«? Die Modejournalistin Charlotte DuCann klagte, daß die Modeindustrie

davon ausgeht, daß eine Frau, die ihren Schritt zeigt, eine Art individueller Freiheit gewinnt. Das stimmt aber nicht. Es läßt sie nur wie einen männermordenden Wanderpreis aussehen. Auch der modische Flirt mit SM ist kein Zeichen dafür, daß eine Frau stark ist, denn sie benutzt ihre Sexualität nicht als befreiende Kraft, sondern als Machtmittel (was nicht mit den ironischen Bondage-Elementen des Punk verwechselt werden darf).[75]

Freudian Slip[76]

Unterwäsche wird in der Bekleidungsindustrie als »Intimmode« umschrieben. Unterhosen, die die Genitalien bedecken, gilt die größte Aufmerksamkeit von Unterwäschefetischisten, aber auch Slips, Untertaillen, Unterröcke, Nachthemden und Negligés werden mit Nacktheit und Sex assoziiert.[77] »Das Hemd einer Frau [...] ist das weiße Symbol ihrer Sittlichkeit, das weder berührt noch aus der Nähe betrachtet werden darf«, warnte ein Schreiber im Jahre 1861.[78] Um 1890 aber wurde Damenunterwäsche zunehmend in durchscheinenden Materialien hergestellt, mit Spitze oder Stickereien verziert, in verführerischen Farben eingefärbt. »Diese Kleinigkeiten kosten mehr als meine Kleider«, brüstete sich Cat Girl, Stripperin der fünfziger Jahre. »Mit kostspieligen Satin-Hängerchen und durchsichtigen Negligés treibe ich einen echten Aufwand.«[79]

Ab den siebziger Jahren, erinnert sich Paul Cavaco von *Harper's Bazaar*, »gab es Leute, die direkt in ein Wäschegeschäft gingen und sich einen kleinen Unterrock kauften, den sie in der Disco tragen konnten«. In den achtziger Jahren waren es dann die härteren Hüft- und Büstenhalter, die die Mode dominierten, aber in den neunziger Jahren wandte sich die Aufmerksamkeit wieder der weichfließenden Wäsche zu, wie zum Beispiel dem Hemdhöschen. Josie Natori meint, »daß die von Wäsche beeinflußte Mode bleiben wird, weil [...] sie auf positive Weise provokativ ist«.[80]

Feministinnen haben sich mit der Begründung, es komme dadurch zu einer Art visueller sexueller Belästigung, gegen die öffentliche Zurschaustellung von Unterwäsche und

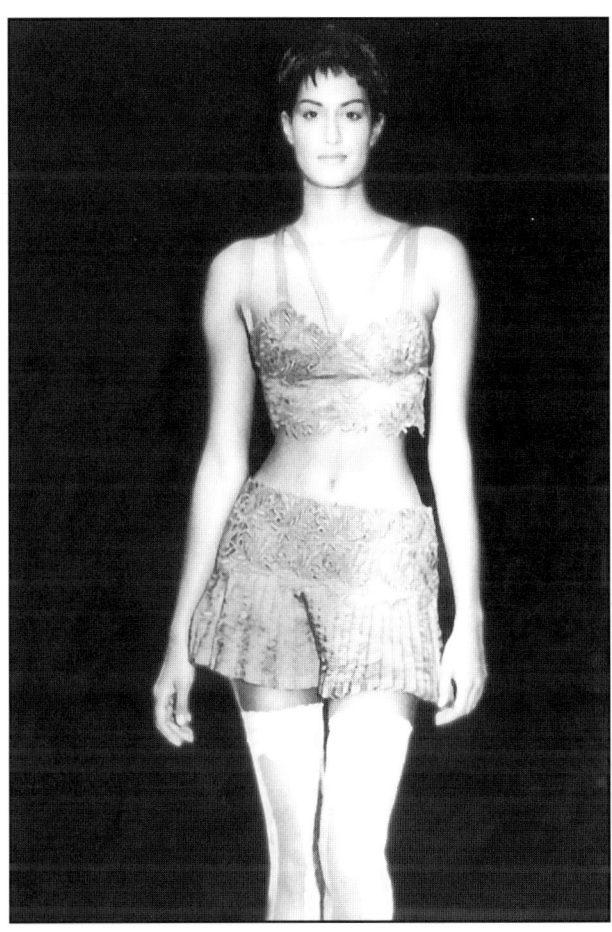

Unterröcke als Oberbekleidung
von Gianni Versace. 1994.
(M. Chandoha Valentino)

gegen erotisierende Bilder von Frauen gewandt. So hat man das Wiederaufleben der »Sexy-Wäsche« auch als Teil eines antifeministischen Rückschlags interpretiert. Einerseits beschreibt Betty Friedan sie »als merkantile Ausbeutung eines Klischees«, bemerkt aber, »es ist wahr, Frauen werden frei, sich selbst als Frauen darzustellen«.[81] Das Problem ist, daß sie selbst nicht kontrollieren können, wie andere ihre bekleidete Erscheinung interpretieren. Der Modejournalist Woody Hochswender sagt: »Nuttiges Straßenoutfit gehört, hören wir, zu den Formen, mit denen unsere Designer einen Stil für die moderne Frau schaffen, der zwar mit Stereotypen zusammenfließt, die Trägerin aber tatsächlich befreit. Als Mann kann ich dazu nur definitiv sagen, daß diese subtilen Differenzierungen an meine Mit-Tiere gänzlich verschwendet sind.«[82]

Die Mode, Unterwäsche als Oberbekleidung zu tragen, ist deshalb bezeichnend, weil sie traditionelle scharfe Unterscheidungen zwischen öffentlichem und privatem Verhalten verwischt. Miniröcke erlauben »den häufigen Anblick von Unterhosen«, so daß diese bald, wie sich vor einem Vierteljahrhundert ein Schreiber sorgte, viel von ihrem »erotischen Reiz« verlieren würden.[83] Das erwies sich als unzutreffend, die Zurschaustellung des Körpers eskaliert hingegen. Unterwäsche wurde lange als geheimes, mit Sexualität verbundenes Kleidungsstück wahrgenommen. Jetzt dagegen wird sie zunehmend auf dem Laufsteg vorgeführt.

Selbst in konservativen Modehäusern wie Dior wurde ein Element von gehobenem Striptease eingeführt, als ein Model den Laufsteg herunterkam, ihr Satin-Cape öffnete und neben einem Kollier lediglich ein juwelenbesetztes Unterhöschen sehen ließ. Designer mit jüngerer Klientel sind noch mutiger. Die 1994er Herbstkollektion von Ghost brachte blendende »Unterwäsche« von Deborah Marquit, »neben der die Kleider praktisch verschwanden«.[84] Röcke wurden bis über den Bauchnabel geschlitzt, und offene Oberteile gaben den Blick frei auf rote Spitzenunterhöschen, neonfarbene Büstenhalter und hohe schwarze Strümpfe bis zum Oberschenkel. Thierry Mugler hat Unterwäsche in Metall, Leder und Latex entworfen. Aber die ausgefallensten Modelle der letzten Jahre sind vielleicht doch Vivienne Westwoods Höschen aus nachgemachtem Fell, die die Rolle der Materialien in Mode und Fetischismus dramatisch überhöhen.

ZWEITE HAUT

Gummikleid von Syren von Body Worship, 1994.
(Amy Gunther, model/Partner Agency, fotografiert von Aaron Cobbett)

Nachdem sie verschiedene enganliegende und glänzende Outfits anprobiert hatte, meinte Candice Bushnell von *Vogue*: »Um es deutlich zu sagen, Gummi ist Macht und Sex.«[1] Nur wenige Jahre zuvor war Gummi noch ein Hard-core-Fetischmaterial, und es wirkte sehr gewagt, als die britische *Vogue* im Januar 1989 den Bericht »Skin on skin« veröffentlichte. Er war »der sinnlichen Präzision weichen schwarzen Leders« gewidmet und zeigte Modelle so klassischer Modehäuser wie Gucci und Chanel.[2] Zunehmend verbindet der aktuelle Diskurs über Mode feministische Rhetorik mit einer fetischistischen Bildlichkeit. Das Supermodel Naomi Campbell posierte in Gummikleid und Stilettabsätzen und kommentierte gelassen: »Es quietscht, wenn man es anzieht. Am besten trägt man erst Talkumpuder auf, damit es nicht festklebt.« Auf die Frage, ob ihre Kleidung für Frauen nicht erniedrigend sei, antwortete sie: »Erwachsene Frauen können tun, wozu sie Lust haben.«[3]

Bestimmte Materialien haben durch ihre taktilen, olfaktorischen und visuellen Eigenschaften sowie durch konnotierte Bedeutungen eine starke erotische Ausstrahlung. Aber die Beliebtheit bestimmter Fetischmaterialien hat sich im Lauf der Zeit geändert, unter anderem durch technische Entwicklungen wie die Erfindung des Polyvinylchlorids (PVC). Des weiteren scheint es eine historische Verlagerung von »femininen« zu »maskulinen« Materialien gegeben zu haben. Im neunzehnten und frühen zwanzigsten Jahrhundert standen feine Materialien wie Satin und Pelz im Mittelpunkt, die in erster Linie mit Frauenbekleidung assoziiert werden. Im späten zwanzigsten Jahrhundert jedoch dominieren gröbere Materialien, besonders Leder und Gummi. Dieser Wandel ist zwar nicht absolut; er ist jedoch signifikant in Hinblick auf die Psychologie der erotischen Empfindungen und der sexuellen Imagination des Selbst. Dieses Kapitel will einen Überblick über den Materialfetischismus geben; es endet mit einem Blick auf die menschliche – tätowierte oder gepiercte – Haut selbst.

Venus im Pelz

In dem berühmten erotischen Roman *Venus im Pelz* von Leopold von Sacher-Masoch verspricht Wanda, die »Herrin«, ihrem »Sklaven« Severin, »so oft als möglich im Pelz zu erscheinen, besonders wenn sie gegen ihren Sklaven grausam sein wird«.[4] Nie erscheint die angebetete Frau hier völlig nackt, sondern sie trägt immer eine Art Fetischgewand: »jedesmal, wenn ich das schöne Weib, das auf den rotsammetnen Polstern lag und dessen holder Leib von Zeit zu Zeit, da und dort, aus dem dunklen Pelzwerk hervorleuchtete, betrachten mußte, […] empfand ich, wie alle Wollust, alle Lüsternheit nur in dem Halbverhüllten […] liegt.«[5] Skopophilie (Voyeurismus) hat sich hier mit taktiler Erotik (Samtpolster und Pelzwerk) verbunden.[6]

»Verzückung« umfängt Severin auch, als »die elastischen Zobelfelle sich begehrlich an ihren kalten Marmorleib schmiegten und der linke Arm, auf den sie sich stützte, wie ein schlafender Schwan in dem dunklen Pelz des Ärmels lag, während ihre Rechte nachlässig mit der Peitsche spielte«.[7] Die Frau ist kalt wie der Tod und warm wie Pelz. Für Severin ist eine Frau im Pelzmantel »eine große Katze, eine verstärkte elektrische Batterie«. Die Wahrnehmung von Pelz auf nackter Haut ist eigenartig und aufregend, aufgeladen mit statischer Elektrizität. Für Sacher-Masochs Severin vermengt sich diese Wahrnehmung mit »Tyrannei«, »Grausamkeit«, »Treulosigkeit eines schönen Weibes«[8].

Pelz ist warm, schön und kostbar. Aber ein anonymer Pelzfetischist teilte Krafft-Ebing mit:

> Die bloss ästhetische Wirkung, die Schönheit edlen Pelzwerks, für die wohl jeder mehr oder minder empfänglich ist, […] und die in der Mode […] eine so grosse Rolle spielt […], erklärt hier gar nichts. Die gleiche ästhetische Wirkung, wie auf normale Menschen schönes Pelzwerk, üben auf mich, wie auf jeden, Blumen, Bänder, Edelsteine und jeder andere Schmuck aus. Solche Dinge heben, geschickt verwendet, die weibliche Schönheit, und können so unter Umständen etwa indirekt einen sinnlichen Effekt hervorrufen.[9]

Obwohl für diesen Fetischisten »die sinnliche und die ästhetische Wirkung durchaus scharf zu trennen sind, so hindert das nicht, dass ich auch an meinen Fetisch eine ganze Reihe von ästhetischen Anforderungen in Bezug auf Form, Schnitt, Farbe usw. stelle«. Pelzwerk übt auf ihn »die geschilderte Wirkung nur dann aus, wenn es recht dichte, feine, glatte, ziemlich lange, in die Höhe stehende, sogenannte Grannenhaare hat«, wie etwa Zobel. Kurzhaarige Pelze wie Seehund und Biber gefallen ihm nicht (obwohl sie für schön und edel gelten), ebensowenig Pelze, deren Haar »überlang« ist.[10]

Freud glaubte, daß Pelz und Samt die Schamhaare symbolisieren, in deren Mitte (der Phantasievorstellung des kleinen Jungen zufolge) ein Penis zu sehen sein *sollte*. Englische Slangausdrücke für das weibliche Genital wie *pussy*, *beaver* und *fur pie* begünstigen diese Assoziation. Bemerkenswerterweise machte dem bereits zitierten Pelzfetischisten die Idee, daß ein Mann Pelz trage, »einen höchst unangenehmen, ärgerlichen und skandalösen Eindruck«. Auch der Anblick »einer alten häßlichen Frau in einem schönen Pelz« war ihm zuwider, weil dies »einander widerstreitende Empfindungen« erwecke.[11]

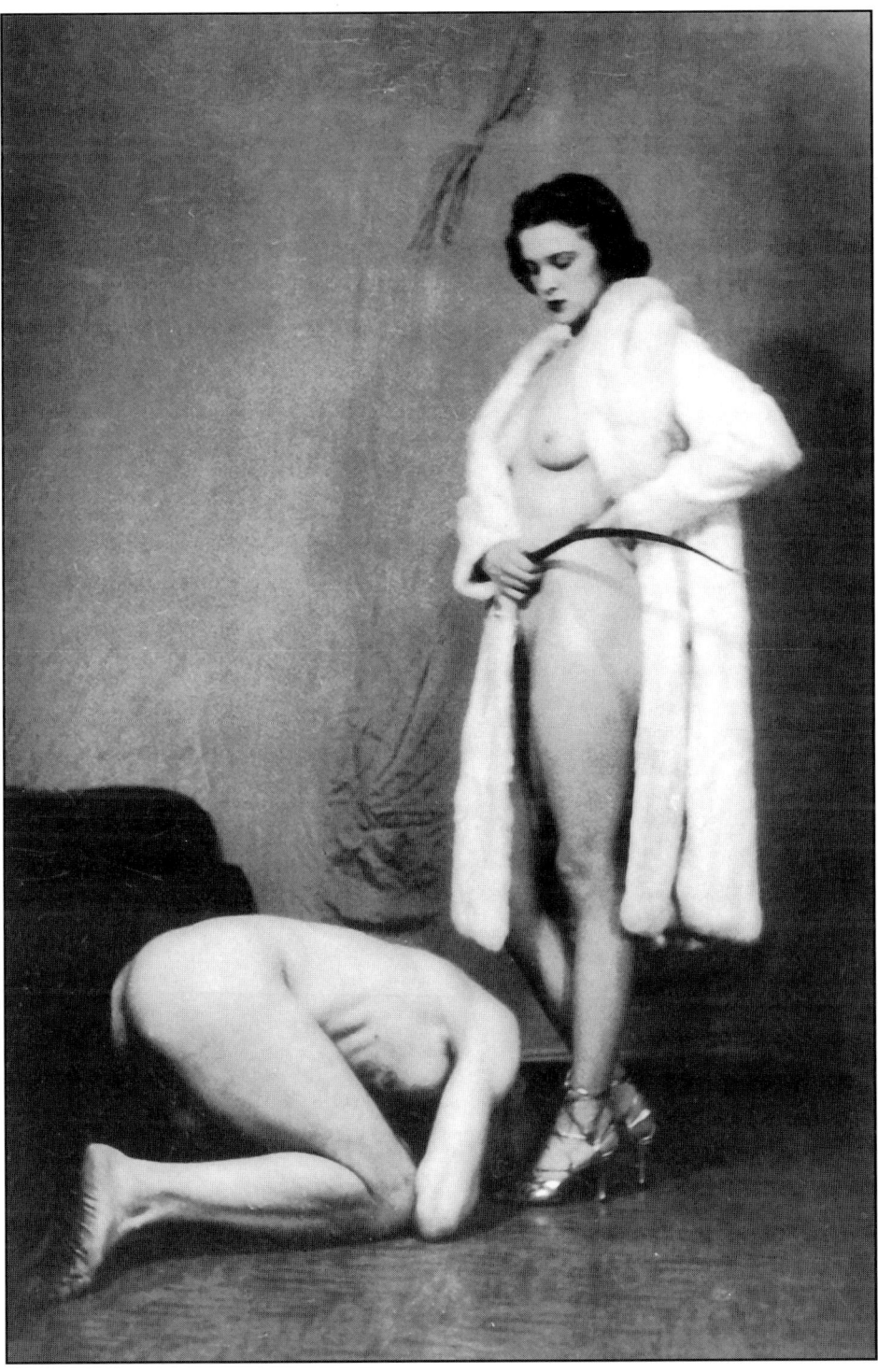

Mann, den Schuh einer Frau im Pelzmantel leckend, um 1937. (Kinsey Institute)

Pelzfetischismus scheint relativ selten vorzukommen. Magnus Hirschfeld berichtete von dem Fall eines Mannes, der »Pelze und Krücken« liebte.[12] Ein anderer Fall aus dem zwanzigsten Jahrhundert handelt von einem kanadischen Ingenieur, dessen Sexualleben in erster Linie darin bestand, sich selbst in einen Pelzmantel zu wickeln, sich dann im Spiegel zu betrachten und zu masturbieren. »Eines Nachts brach er in ein Pelzgeschäft ein, entkleidete sich und tauchte in eine Orgie von Pelzerotik ein.« Danach fing er an, Pelzmäntel zu stehlen. Nachdem er aus dem Gefängnis entlassen war, ging er dazu über, im Haus eine Fellwindel zu tragen.[13]

Auch Samtfetischismus ist selten, obwohl Krafft-Ebing von einigen Fällen berichtet. »In einem Lupanar war ein Mann unter dem Namen ›Samt‹ bekannt. Dieser bekleidete eine sympathische Puella mit einem schwarzen Samtkleide und erregte und befriedigte seine sexuellen Triebe lediglich durch Bestreichen seines Gesichts mit einem Zipfel des Samtkleides während er sonst mit der Person nicht in Berührung kam.«[14] In der Korrespondenz von *London Life* gab es eine Anzahl von Briefen zum Thema Samt, viele davon mit einer sadomasochistischen Note. »Samt ist ein außerordentlich disziplinierendes Material«, meinte einer der Verfasser.[15] »Diese Ansicht verleugnet die eigentliche Faszination von Samt«, meinte dazu ein anderer:

> Samt ist ein besonders weibliches Material – die exquisite Schönheit seines glänzenden Flors, herrlich gewellt in seidigem Schimmer, dazu die üppigen Tiefen seiner hinreißenden Schatten, zeigt sich am vorteilhaftesten in Kleidern […] des weiblichen Geschlechts. Dies ergibt sich aus dem Aufwand an Drapierungen […], die in den Falten ein aufregendes Spiel von Licht und Schatten bewirken.
> Es ist eigenartig […], daß dieses göttliche Material für Frauen anscheinend keine psychologische Anziehung besitzt. Sie tragen es nach der Mode, und bestimmte Frauen, die sich der verführerischen Wirkung auf Männer bewußt sind, gebrauchen es als Betriebskapital.[16]

Der Brief war mit BLACK VELVET unterzeichnet.
Der dichte, weiche Flor von Samt erweckt leicht die Vorstellung sinnlichen Vergnügens. Im amerikanischen Slang ist das Wort *velvet* eine Bezeichnung für im Spiel gewonnenes Geld, und der Kultfilm *Blue Velvet* gebrauchte ein beliebtes altes Lied, um eine Atmosphäre der Dekadenz zu erzeugen.

Die Faszination von Satin

»Die Faszination von Satin ist ein Fetisch, und zwar durch und durch«, erklärte Cosmopolite im Jahre 1911. »Warum dieses Material mit seiner raffinierten Oberfläche eine solch mysteriöse Anziehung auf die männlichsten und ehrbarsten Männer ausübt, bleibt unergründlich.« Was macht, abgesehen von seiner optischen Anziehung, seinen Zauber aus? »Kann mir irgendeine Dame helfen? [...] Glauben Sie, daß Satin die Reize Ihrer Weiblichkeit erhöht?« Dieser »neue Fetisch« schien kein gewöhnlicher zu sein, und die Begeisterung für »üppigen, kostbar schimmernden Satin« schien weit entfernt von den üblichen Fetischneigungen für »schmale Taillen, hochhackige Schuhe und so weiter«. Dennoch erhielt Cosmopolite zum Thema Satin eine ganze Anzahl von Briefen. ENCHANTED kleidete seine Frau »in nichts als Satin – morgens, mittags und abends. [...] ›Wenn ich sie je in etwas anderem sähe‹, schreibt er, ›dann müßte ich sie wohl hassen!‹«[17] In Nana, Zolas berühmtem Roman über die Prostitution im Paris des Zweiten Kaiserreiches, arbeitet die Freundin der weiblichen Hauptperson unter dem Namen Satin. Während seiner kurzen Karriere als Modejournalist unterzeichnete der Dichter Stéphane Mallarmé viele seiner Artikel mit dem Pseudonym MISS SATIN. Satin wird im allgemeinen aus Seide hergestellt, neuerdings aber auch aus Nylon, Polyester und anderen Fasern, die in dieser Manier gewebt werden, um eine schimmernde Oberfläche und eine weiche glatte Textur zu erzielen. Daneben gibt es viele weitere Seidenarten mit verschiedenen Eigenschaften. Taft zum Beispiel ist ein knisterndes, glattes Gewebe, Chiffon durchscheinend und so weiter. Alle Seidenarten aber sind zart und weich, üppig und luxuriös und waren in der Mode seit Beginn des neunzehnten Jahrhunderts in westlichen Ländern den Frauen vorbehalten.

Krafft-Ebing beschreibt mehrere Fälle von Seidenfetischismus: »Am 22. September 1881 wurde V. auf einer Straße von Paris verhaftet, indem er sich an Damen in seidenen Kleidern in einer Weise zu schaffen machte, dass man ihn für einen Taschendieb halten muss.« Tatsächlich war er damit beschäftigt, die seidenen Kleider der Damen zu berühren, »worauf dann sofort Erektion, Orgasmus und oft sogar Ejakulation eintrat. [...] Sein grösstes Glück war es, abends einen seidenen Unterrock beim Zubettgehen anzulegen. Das befriedigte ihn mehr als das schönste Weib.«[18] Andere Fetischisten verhielten sich feindseliger. »Im Juli 1891 stand der 25jährige Schlossergeselle Alfred Bachmann in Berlin vor der zweiten Ferienstrafkammer des Landgerichts I. Im April d. J. gingen der Polizei mehrfach Anzeigen zu, wonach eine böswillige Hand die Kleider von Damen mit einem haarscharfen Instrument zerschnitten hatte. [...] Der letztere verteidigte sich in eigentümlicher Weise. Ein unbezähmbarer Trieb zwinge ihn, sich den Damen zu nähern, die seidene Kleider tragen. *Das Berühren eines seidenen Stoffes sei für ihn ein Wonnegefühl,* und dies gehe sogar soweit, dass er im Untersuchungsgefängnis erregt worden sei, wenn ihm beim Wollezupfen zufällig ein seidener Faden unter die Finger kam.« Bachmann, der schon mehrfach vorbestraft war und zugab, »einen grimmigen Hass auf das ganze weibliche Geschlecht« zu empfinden, wurde zu sechs Monaten Gefängnis verurteilt.[19]

Gaëtan Clérambaults *Passion érotique des étoffes chez la femme* beschreibt drei Frauen, die »sich auf morbide Weise, in erster Linie sexuell, zu bestimmten Materialien, besonders zu Seide, hingezogen fühlten und bei Ausbruch dieser Leidenschaften kleptomanische Impulse entwickelten«.[20] In ihrem kürzlich erschienenen Essay »Masquerading Women, Pathologized Men« hinterfragt Jann Matlock die hartnäckige Behauptung Clérambaults, nur Männer könnten Fetischisten sein, und legt nahe, daß es sich bei seinen Patientinnen um Fetischistinnen gehandelt haben müsse, nicht nur um Hysterikerinnen und Kleptomaninnen, die Stoffe stahlen und damit masturbierten.[21] Die Tatsache, daß Clérambault sich selbst obsessiv für Stoffe interessiert zu haben schien, kompliziert die Angelegenheit noch.

Die Begeisterung für Satin und Seide ließ mit dem Fortschreiten des zwanzigsten Jahrhunderts nach, obwohl ein Trompetenspieler an den Biz-zarre Club schrieb, daß Satin und Taft seine bevorzugten Stoffe seien. Er fügte hinzu, »daß ich mich, wenn es um Frauen geht, immer als Sklave gefühlt habe«.[22] Pornographische Hefte wie *Punished in Silk* (das von einem Dieb handelt, der von einer »wunderschönen blonden Hexe« gefangengenommen wird, die ihn zwingt, Frauenkleider anzuziehen) und *Mistress in Satin* unterstreichen ebenfalls die Verbindung zwischen Seide und einer machtvollen Weiblichkeit.[23] Die Transvestiten-Story »Undercover News« vergleicht mehrere Fetischmaterialien. So wird Sadia, die dominante Frau, in einem »stahlgrauen Anzug aus glänzendem Leder« geschildert, während der unterwürfige TV einen »Taillengurt aus weißem Satin«, ein »lilafarbenes Etuikleid aus Stretchgummi« und einen Petticoat aus Taft trägt – alles Beispiele »des Exotischen und Extremen in der weiblichen Mode«.[24]

Der Gummienthusiast

Gummi ist ein anschmiegsames, wasserundurchlässiges und elastisches Material, das durch chemische Behandlung aus dem Saft des Gummibaums gewonnen wird. (Es gibt auch ähnliche synthetische Substanzen.) Gewöhnlich wurden aus Gummi Regenmäntel und Hüte hergestellt; man verwendet ihn aber auch für Haushaltswaren wie Gummihandschuhe und überall dort, wo Wasserundurchlässigkeit gewünscht wird (zum Beispiel für Hosen, Unterlagen und Schläuche). Vor der Erfindung von Gummibekleidung (im neunzehnten Jahrhundert) gab es allem Anschein nach auch keine Gummifetischisten. Ein Inserat in einer Londoner Zeitung von 1870 bot ein »Herrennachthemd mit Nachtmütze in *Macintosh*-Gummimaterial« an. Angeblich »fördert es eine freie und gesunde

Atmung [...] und heilt Rheumatismus.«[25] Babyhöschen aus Gummi gab es schon vor dem Ersten Weltkrieg, ebenso die »Gesundheits«-Kleidung. Seit den zwanziger Jahren war in Deutschland, England und den Vereinigten Staaten eine Vielfalt von Gummibekleidung erhältlich.

Als Einzelstück war der Mackintosh, ein gummierter Stoffregenmantel, der verbreitetste Gummifetisch. Eine der ältesten Fetischorganisationen der Welt ist die Mackintosh Society, die ihren Sitz in England hat. Schon ab 1926 erschienen in *London Life* Zuschriften, die von der Begeisterung für Mackintosh-Regenmäntel berichteten, und so blieb es über Jahre. SILK MAC schrieb: »Mein Mann und ich freuen uns so sehr auf Briefe von Mackintosh-Fans [...] und auf die zauberhaften Beschreibungen der herrlichen Mackintosh-Outfits.« Ihr Mann hörte besonders gern »das herrliche Quietschen des Gummis. [...] Ich konnte sehen, wie er jede Bewegung, die ich machte, genoß, und Sie können sich vorstellen, daß auch ich glücklich war, solange ich ihm auf so einfache Weise Vergnügen bereiten konnte.« Dann stellten sie das Grammophon an und tanzten, und ihre Macs schwirrten und quietschten, während sie ihm, wie sie es erhofft hatte, einen »hinreißenden Mackintosh-Abend« bereitete.[26]

RUBBER LOVER berichtete, daß er und LADY RUBBER LOVER ähnlich aufregende Erfahrungen gemacht hatten.[27] Viele der Verfasser beschrieben sich als heterosexuelle Paare. Obwohl wir den Briefen nicht automatisch Glauben schenken können (eher im Gegenteil), gibt es doch Berichte über gemeinsamen Kleiderfetischismus. Einige Leser, wie CHROMIUM KID, waren jedoch skeptisch:

> Ich bin ein neuer Leser ihres kleinen Blatts und finde es ziemlich amüsant, nahm ich doch bislang an, daß nur wir Amerikaner so scharf und witzig sein können! Ich halte die Mackintosh-Fans für sehr komisch, entweder geben sie sich einer netten »Marotte« hin, oder uns anderen entgeht der besondere Reiz. Ein paar von uns versuchten es mit *maccing*, aber die kalte, schlüpfrig-gummierte Innenseite des Mackintosh verschaffte mir keine Erregung, sondern eine Erkältung.[28]

MACAMOUR antwortete beißend, daß »es von jemandem, der nicht sensitiv ist, wie zum Beispiel CHROMIUM, absurd ist [...], zu versuchen, Mackintosh-Material auf der Haut als neues ›Wahnsinnsgefühl‹ einzuführen, nur weil einige wenige das als Luxus betreiben«. Bemerkenswerterweise bedauerte MACAMOUR, daß es keine spezielle Fertigbekleidung in Gummi gebe. »Als echter Mann kann ich mir die Kleider, die mir gefallen, nicht selber machen. Vergeblich habe ich nach einer verständnisvollen Person Ausschau gehalten, die das für mich erledigen könnte. Ebensowenig habe ich eine Partnerin getroffen, mit der ich die Begeisterung für *maccing* teilen kann.«[29] Es gab allerdings einige kleine Betriebe, die in Heimarbeit Hemden und Korsetts aus Gummi herstellten sowie andere »Kleidungsstücke, die elastisch am Körper anliegen«[30].

Was war »das Geheimnis des Mackintosh«? »Ich [...] fühle mich so sicher, wenn ich das duftende Gummi eng um mich schlinge«, wurde berichtet. »Es ist einfach himmlisch, wenn sein faszinierendes Geräusch jeden anderen Ton erstickt.«[31] Mit dem Ausbruch des Zweiten Weltkriegs und den »drohenden Luftangriffen« meldeten sich Enthusiasten wie OILSKIN mit dem Vorschlag zu Wort, daß man sich in Gummikleidung gegen »Gasangriffe« schützen könne. Er legte ein Foto seiner Frau bei, auf dem sie zu Jacke, Hose, Kapuze, Handschuhen und Gasmaske hochhackige Schuhe trägt.[32] Zur Zeit des Zweiten Weltkriegs hergestellte Gasmasken werden noch immer in einer Anzahl von Fetisch-Bekleidungsgeschäften verkauft. (Im Londoner Fetischladen Skin Two hörte ich jedoch zufällig die Unterhaltung von zwei jungen Männern, die verächtlich über »diese alten Mackintosh-Leute« herzogen.)

In der Zwischenzeit brachte in den fünfziger Jahren in Nordamerika der Biz-zarre Club die Briefe von »Gummienthusiasten« in Umlauf. Ein Korrespondent beschreibt sich selbst als »kleinen Jungen, 28 Jahre alt [...], zuweilen unartig«, aber grundsätzlich ein »netter, gutherziger Typ«. Er hielt Ausschau nach einem »strengen und doch lieben Mädchen«, das ihn »als Baby nimmt, aber auch zur Besinnung bringt« und bereit sei, seine Brieffreundin zu werden.[33] In einer klinischen Studie über einen Mackintosh-Fetischisten wird dieser wie folgt zitiert: »Der Unterschied zwischen einem Mackintosh und einer Frau ist der: der Mac hat keine Gewalt über mich und kann nicht zurückschlagen. Da er unbeseelt ist, kann er mir seine Zuneigung nicht entziehen.«[34]

Der Autor von *The Kinky Crowd* vermutet, daß Gummifetischisten tendenziell entweder »infantil« oder »masochistisch« sind.[35] Die Masochisten reagieren, wie er ausführt, auf schmerzhafte, aber erregende Kindheitserinnerungen an medizinische Instrumente, während die Infantilen beim Kontakt mit Objekten wie Gummihöschen, Gummieinlagetüchern für das Bett und Schnullern an Babyflaschen in der Kindheit eine Fixierung auf Gummi erfahren haben. Besonders Bettnässer haben demütigende Erinnerungen an Gummiunterlagen. Diese Vorstellungen waren bei Gummifetischisten nicht beliebt. Der Herausgeber von *Rubber News* schreibt: »Egal, wie zutreffend es sein mag [und] wie wichtig das Thema in Ihrer Vorstellung ist, *wir werden nicht einen einzigen Brief abdrucken*, der die Vorliebe für Gummi auf kindliches Bettnässen zurückführt!«[36]

Ein Mr. P. aus London drückt die Schwierigkeiten von Gummiliebhabern aus, ihre Begeisterung mit anderen zu teilen. Er schrieb an *Rubber News*, daß seine Freundin Doris es genieße, einen »Bestrafungsanzug« aus dickem Latex zu tragen, und gehorche, wenn sie geknebelt und »mit einer weißen Nylonschnur gefesselt wird, die sich vorzüglich von Schwarz abhebt.« Ein anderer Mr. P. aus Belfast berichtete, daß er seiner Frau, obwohl sie willens sei, einen glänzenden blauen PVC-Regenmantel zu tragen, bis jetzt noch nichts von der »Lederkapuze und dem Gummiknebel« erzählt habe, die er »heimlich« an sich selbst »ausprobiere«. Er habe auch noch keinen Weg gefunden, ihr vorzuschlagen, ein Korsett zu tragen: »Könnte da nicht etwas unternommen werden, um ihre Figur zu meinem Vergnügen stärker zu betonen? Welche Freude diese Aussicht enthält, wenn sie doch nur reagieren würde, soll ich es wagen, von meiner H. zu träumen, eingehüllt in Gummi, verschnürt, gehorsam und hilflos?« Der Herausgeber von *Rubber News* sandte ihm eine Ausgabe von *A Wife's Guide to the Rubber Craze* (»unersetzlich für Gummifreunde mit einem häuslichen Problem«). Eine Mrs. P. aus Somerset vermutete, »daß mehr Frauen Gummi tragen würden, wenn sie nur wüßten, wie sie damit ihre Ehemänner in den Griff kriegen können. Wo liegt schließlich der Unterschied, ob man Gummi oder Seidenhöschen trägt, wenn es einem gefällt.« Wenn ihr Gatte sich auch »nach anderen Mädchen in Macs umdreht [...], so bleibt uns doch ein gemeinsames Geheimnis, das wir teilen und gegen das nichts ankommt«.[37]

Viele Gummiliebhaber mögen es, von Kopf bis Fuß eng in ihr Fetischmaterial eingeschnürt zu sein. Tatsächlich müßte man bei Gummi, wie bei Korsetts, in vielen Fällen von einem *Schnürfetischismus* sprechen. Gummi hat jedoch, wie alle Fetische, verschiedene anziehende Aspekte. »Er fühlt sich gut an, und das ist wichtig für Menschen, die in einer unsicheren Welt leben.« Gummikleidung »ist *lieb zu dir*, sie liebkost deine Haut, verwöhnt und besänftigt dich«. Aber »direkt auf der Haut getragen«, ist Gummi auch »angenehm stimulierend«.[38]

Gummi ist natürlich auch ein umgangssprachlicher Ausdruck für Kondom, und so wurde gelegentlich gesagt, daß »Gummianzüge ein Kondom repräsentieren. Wenn die Gummifetischisten ihre Anzüge tragen, fühlen sie sich wie gigantische, beseelte Penisse. Für einen psychisch kastrierten Mann muß das ungeheuer aufregend sein.«[39]

Seit etwa 1970 haben die Hersteller Gummi durch Plastik ersetzt, aber das hat den Gummifetischismus nicht beeinträchtigt, sondern bereicherte die Kategorie Gummi um Plastik, PVC und Latex. Besonders wichtig erwies sich dabei die Erfindung des PVC, weil sie den »Wet-look« ermöglichte und so der alten Begeisterung für Regenmäntel neuen Auftrieb gab. Schon 1960 entwarf die Modedesignerin Mary Quant eine Wet-look-Kollektion. In den achtziger Jahren kam Gummi über das High-Tech-Design erneut in Mode. Von industriellen Gummibodenbelägen war es nur ein Schritt zu Gummischmuck und anderen Accessoires. In den letzten Jahren sind zwei Grundkategorien von Fetischkleidung aus Plastik und Gummi entstanden: (1) stereotyp weibliche oder kindliche Modelle und (2) Second-skin-Kleidung. Die erste Kategorie hat wenig direkte Verbindung zur zeitgenössischen Mode. Gerüschte weiße Gummischürzchen für »naive Mädchen« und Plastikhöschen (in Farben wie rosa, hellblau, gelb und durchsichtig) für »männliche, erwachsene Säuglinge« haben eine begrenzte Anziehung.[40] Andere Modelle gummierter Kleidung (für gewöhnlich in Schwarz oder Rot) hatten deutlich größeren Einfluß auf die Mode. Zwar trieben Gummifetischisten diese Form ins Extrem, doch hat sich die hautnahe Silhouette auch beim großen Publikum bewährt, besonders als die offizielle Mode zunehmend körperbewußter wurde.

Latexkleidung hat »die Grenze zwischen Fetisch und Mode« verwischt, berichtet Robert

Stollers SM-Informant Ron. »Becky und ich haben vor kurzem begonnen, damit zu experimentieren [...]; es gehört nicht zu unseren ursprünglichen, authentischen Fetischmaterialien. [...] Es ist vor allem Mode [...] und sieht einfach sexy aus.« Auch bei Bademoden beobachteten sie einen fetischistischen Einfluß; dann begannen die Club-kids, Wet-look-Vinyl und Latexmoden auszuprobieren. Aber die Erfahrung, Latex zu tragen, erwies sich auch als signifikant: Es »verwandelt deinen ganzen Körper in eine schimmernde erogene Fläche«.[41]

Menschen, die in erster Linie Gummi fetischisieren, fühlen sich von diesem physischen Aspekt angezogen: Es ist »sehr einengend« und »unglaublich warm«; »die Kleider sind sehr unbequem«. »Ich bewundere Gummifetischisten für [...] den Mut, mit dem sie sich offen zu etwas bekennen, das so tief in ihrer Kindheit verwurzelt ist«, sagt Ron. »Latexfetischismus hängt sehr stark mit Einschnüren und Verpacken zusammen. Latex zielt auf die abgespaltenen, feindseligen Gefühle gegenüber unkontrollierbaren Körperfunktionen. [...] Sehr ungewohnt, sogar für mich.« Wenn Latex »introvertiert« und »autoerotisch« ist, so ist Leder (Rons Fetisch) eher »symbolisch«, eine »Aussage zur Gesellschaft« wie »Tätowierungen oder Piercing«. Aber Latex und Leder stehen auch in einer Wechselwirkung: »Die Eigenschaften, die Leder attraktiv machen, treffen noch stärker auf Latex zu: es ist einengend, es fühlt sich wie Haut an und ist doch keine. [...] Enganliegendes Leder zeichnet den Körper deutlich nach, aber enganliegendes Latex wirkt eher wie aufgesprühte Farbe.«[42]

Gummi- und Lederfetische bestehen häufig nebeneinander. In einer Fallstudie von 1914 wird ein Schweizer Fetischist beschrieben, der schon durch die Betrachtung der Auslage eines Geschäfts mit Gummiartikeln in Erregung geriet; er empfand Lust, wenn er Gummischläuche um Penis und Hoden wand, Gummischläuche rektal einführte und seinen Penis mit Kondomen überzog. Er trug außerdem gerne »Lederschürzen, ein mit Leder gefüttertes Korsett (selbst angefertigt), Ledergamaschen, eine Ledermaske über den Kopf [...], schwarze Lederhandschuhe«. Er sagte, »Gummi habe für ihn mehr sensible, das Leder optische Bedeutung gehabt«.[43]

Ledersex

Leder ist die gegerbte Haut eines Tieres, von der die Haare entfernt wurden. Über lange Zeit wurde es zur Herstellung von Pferdegeschirren, Sätteln und Peitschen verwendet sowie für Kleidungsstücke wie Schuhe, Gürtel, Jacken, Schürzen, Handschuhe und Handtaschen. Lederbekleidung existierte bereits vor dem Neolithikum, wurde aber erst im Lauf des neunzehnten Jahrhunderts zum Fetischmaterial. Die frühesten Darstellungen ordnen es dem Schuhfetischismus zu. Die frühen Fetischisten legten besonderen Wert auf den Geruch und den Glanz von Leder und schätzten Lackleder besonders hoch. Im zwan-

Illustration von Stephen für die Gold Coast. 1964. (Kinsey Institute)

zigsten Jahrhundert jedoch wurden zunehmend die symbolischen Assoziationen von Leder wichtig.

Leder scheint durch deutschen Einfluß in die Modegeschichte gekommen zu sein. »Wenn wir uns [...] nach den Ursprüngen der schwarzen Lederjacke im zwanzigsten Jahrhundert umsehen, brauchen wir nicht weiter als bis zu den deutschen Piloten des Ersten Weltkriegs zu blicken«, schreibt Mick Farren.[44] Nachdem er die lederne Fliegerjacke des Roten Baron als Beispiel angeführt hat, wendet sich Farren signifikanteren Assoziationen zu. In seiner Geschichte der schwarzen Lederjacke gibt es zahllose Bezüge zu Gestapo und SS und Fotografien von Hitler, Rommel, Göring und Luftwaffenkampfpiloten – alle in schwarzem Leder.

Motorradmystik wird ebenfalls stark mit Leder und Sex assoziiert, eine Verbindung, die später ausführlicher erörtert werden soll. Aus Nützlichkeitserwägungen wird Leder von Motorradfahrern getragen, weil es haltbar ist und Schutz gewährt. Aber schon in den fünfziger Jahren wurde die Motorradausrüstung eng mit den Motorradgangs in Verbindung gebracht, so zum Beispiel in dem Film *The Wild Ones* mit Marlon Brando. Schwarzes Leder wurde über lange Zeit mit sadomasochistischem Sex assoziiert. In den zwanziger und dreißiger Jahren zeigten viele pornographische Fotografien Menschen, die mit SM-Aktivitäten beschäftigt waren, in schwarzem Leder. Aber nicht alle Sadomasochisten stehen auf Leder, und nicht alle Lederfetischisten sind sadomasochistisch veranlagt; dennoch gibt es deutliche Überschneidungen.

Zwar sind viele Lederfetischisten heterosexuell, doch existiert eine relevante schwule »Lederszene«. Das *Leatherman's Handbook* enthält eine Vielfalt an Informationen über die Symbolik von Lederbekleidung. Besonders interessant sind die Auswertungen eines Fragebogens, den Larry Townsend verteilte, wobei er leider keine Angaben über seine Vorgehensweise oder die Anzahl der Personen macht, die auf seinen Fragebogen reagierten. Die Befragten wurden zunächst gebeten, mit Ja oder Nein auf die Aussage »Ich mag Leder« zu antworten, anschließend folgten die verschiedensten einzelnen Kleidungsstücke: »Jacken, Jeans, Mützen, Gürtel [verschiedene Arten von Gürteln wurden unterschieden:] breit, mit Nieten, mit Nierenschutz, Sam Brown, [dann] Handschuhe, Shorts, Schürzen, Bettücher, Lederriemen, Masken, Knebel, Stiefel (niedrig, hoch, extra hoch, stumpf, poliert, geölt, sauber, verschmutzt, neu, alt, Springerstiefel, Motorradstiefel, Cowboystiefel, Polizeistiefel, Bahnarbeiterstiefel, Holzfällerstiefel, Reitstiefel, Bauarbeiterstiefel, hochgeschnürt, Sporen).«[45]

Auch viele andere Quellen belegen die langwährende Beliebtheit von Lederbekleidung, besonders solcher, die Assoziationen zu Militär, Motorrädern und Cowboys hervorruft – dazu gehören Gegenstände wie der Sam-Brown-Gürtel (bei dem ein Zusatzhalfter schräg über die Brust läuft), eine nachempfundene Offiziersmütze in Leder, die dem Master vorbehalten ist, und schwere Stiefel. Im Mineshaft, einem New Yorker homosexuellen SM-Club, war es Gästen traditionell verboten, das Lokal in Anzügen, Krawatten, eleganten

Scott in Leder, 1994. (Travis Hutchison)

Textilhosen (einschließlich Khakihosen und Designer-Jeans), Polohemden, »Disco-Fummel«, Abend- oder Turnschuhen zu besuchen. Waren Gäste nicht in Leder gekleidet, konnten sie die Anstoß erregenden Kleidungsstücke an der Garderobe abgeben und das Lokal halbnackt betreten. Ein lederner Körpergurt ist »gut geeignet, um sich damit in Bars zur Schau zu stellen«, erklärt der Katalog *Leather and Things*, der auch Chaps (an der Seite zu schnüren), lederne Keuschheitsgürtel (zum Verschnüren des Penis) und Henkerskapuzen anbot (die Version für den Masochisten hatte weder Augen- noch Ohren- oder Nasenöffnungen); daneben gab es auch noch Hundehalsbänder, Armbänder mit Nieten und eine pelzbesetzte lederne Augenbinde.[46] Der Marquis de Suede (ein Lederfabrikant) stellte Masken, Zwangsjacken und ähnliches her.

»Du stehst wirklich voll auf Leder, oder?« fragt der Protagonist des schwulen SM-Romans *Hard Leather*.

»Du weißt, welche Art Sex ich mag?«
»Ich glaube schon. Ziemlich hart, wie es scheint. So wie du angezogen bist.«[47]

Die Sammlung Gay Men's Popular Fiction an der Cornell University umfaßt eine Vielzahl von Titeln, die sich mit Leder und verwandten Themen befassen, die meisten aus den späten siebziger und frühen achtziger Jahren, wenige aus den Sechzigern: *Leather and Sex, Hard Leather, Leather Hustler, Leather Sadist, Leather Lust, Breaking into Leather, Leather Whipper, Leather Drifter, Leather Bound and Beaten, Leather Licker, Leather Slaves, Lust for Leather, Leather Boy, Hellbound in Leather, Leather Sucker, English Leather, Leather Bound, Slave to Leather, Leather Closet, Kiss of Leather, Run Little Leatherboy, The Leather Queens, Into Leather* und *Leather Lover*. Auf Video gibt es *Leather Boys, Leather Lover, Leather Narcissus* und *Leathermen*.

Townsend schrieb: »Großer Mann, großer Mann in Leder, das Recht, es zu tragen, mußt du dir erst verdienen, kannst du auch einstecken, was du austeilen möchtest?«[48] Nach Michael Grumley, dem Autor von *Hard Corps*, muß man unterscheiden: »Es gibt oberflächliches Leder, tiefes Leder, echtes Leder und Lackleder. [...] Die Ledersensibilität, die der harte Kern entwickelt, schließt den Gebrauch von Leder bei der sexuellen Selbstdarstellung und beim SM-Ritual ein.« Für manche Masochisten »wäre wohl die eigene Haut, vom Fleisch des eigenen Körpers abgezogen, getrocknet und gefärbt, das allerbeste Leder«.[49] Doch sagt das Tragen von Leder nicht notwendig etwas über die Haltung zu SM aus, obwohl Leder unleugbar in diese Richtung weist.

Obwohl Leder international Sadomasochismus anzeigt, ist es außerdem zum Zeichen für Homosexualität geworden. In einem Artikel in *Village Voice* witzelt Vito Russo: »Warum die Lederkluft zum Synonym für Tunte geworden ist?« Weil Leder sowohl »wild« als auch »zivilisiert« ist, und deshalb genau das Richtige für »Hunnen, Hostessen und Homosexuelle«. Er wiederholt den alten Szene-Witz:

Lederbekleidung von Thierry Mugler, 1977.
(Roxanne Lowit)

Frage: Warum tragen sie im Motorradclub alle Leder?
Antwort: Weil Chiffon so leicht knittert.

Leder vereinigte zweierlei in sich, es war sowohl »Zeichen der Gegenkultur als auch ein Statussymbol«.[50]
»Leder war schwule Sexualität ohne falsche Nettigkeit«, erinnert der Romanschriftsteller John Preston. Es war radikal, da es auf Konfrontation abzielte. Ab einem gewissen Punkt allerdings hörte Preston wie viele Männer, »die wirklich auf SM stehen«, auf, das vorgeschriebene Leder zu tragen. »Wenn man harten Sex wirklich will, ist es besser, man kleidet sich gegen die Mode.«[51] Auch für Lesben bedeutet Leder sowohl SM als auch schwule Sexualität. Die Szenelesbe ist heute ebenso üblich wie die gepflegte »Lippenstiftlesbe«. Lesben haben die Lederkluft der Männer nicht einfach nur kopiert, sondern sie mit Punk-Street-Elementen kombiniert und einen neuen ausdrucksstarken Stil geschaffen.

»Wenn Leder Mode wird, hat es keinen Biß mehr«, beklagt sich Grumley.[52] Aber weil es Biß hat, hat die Mode es integriert. In den sechziger Jahren, als Yves St. Laurent als erster bedeutender Modeschöpfer Leder hoffähig machte, kam »perverse« Lederbekleidung auf die Laufstege. Besonders modern war Leder in den siebziger Jahren, als sowohl Homosexualität als auch Sadomasochismus (»das letzte Tabu«) an Akzeptanz gewannen. Eine Fülle pornographischer Filme mit Titeln wie *Angelique in Black Leather* (für Heterosexuelle) und *Nights in Black Leather* (für Homosexuelle) erschien, daneben aber auch Filme wie *La Maîtresse*, der von Karl Lagerfeld entworfene Leder- und Gummikostüme zeigte. Punks und Haute Couture favorisierten Leder gleichermaßen. Genevieve Reynolds sagte, daß sie zum ersten Mal »in einem Geschäft für Punkmoden, und zwar im schicken Teil von Los Angeles, feststellte«, daß sie Lederfetischistin sei. »Ich bin der Punkmode ewig dankbar, weil viele Ledersachen und Accessoires durch sie für uns Perverse zugänglich wurden!«[53] Ab den frühen achtziger Jahren war Leder dann überall zu finden.

»Lederkleidung brachte man vorher überwiegend mit Motorradgangs, Gestapo und SM-Leuten in Zusammenhang.« Aber jetzt »ist es das ›Material‹, das jeder will, der Jeansstoff der Achtziger […], aber de luxe!« Leder ist vielseitig, paßt morgens wie abends und knittert nicht. Aber die wahren Gründe für seine Anziehung haben mehr mit seinem Symbolgehalt zu tun. Leder zeigt die »Einstellung« und »Integrität« von Denim. »Frauen fühlen sich gut in Leder«, teilte Armani *Newsweek* mit. »Es ist so ein herrliches Material, Frauen sind bereit, ein Vermögen dafür auszugeben.« Und es ist sinnlich. »Nichts fühlt sich auf deiner eigenen Haut an wie Leder«, sagt Donna Karan. »Es ist hocherotisch! Und mit seiner Textur ein herrlicher Kontrast zu Seide, Chiffon und Tweed.«[54] Bald war die schwarze Lederjacke als apricotfarbener Wildlederblouson wiedergeboren.

Für den britischen Autoren Colin McDowell, der über Mode schreibt, liegt der Ursprung für die Anziehung von Leder darin, daß »der unerigierte männliche Penis rosafarben und bemitleidenswert« ist. Leder ist die symbolische Rückversicherung für männliche Sexualität. Eine Lederjacke »tarnt« nicht nur körperliche »Unzulänglichkeiten« und gibt das Gefühl »erhöhter sexueller Bewußtheit«, sie ist auch Ikone einer vulgären, brutalen Männlichkeit – und roher Gewalt.[55]

Das heute bevorzugte Fetischmaterial bleibt Leder, das unter dem Begriff *Ledersex* international zum »Zeichen« für »extremen Sex« geworden ist. Die Anziehung von Leder ist überdeutlich: Seine sinnlichen Eigenschaften versprechen eine feste glänzende Oberfläche, einen besonderen Geruch und ein knarrendes Geräusch. Leder wird symbolisch mit Schmerz und Macht gleichgesetzt, »mit tierhaften, gierigen Impulsen« – und mit Männlichkeit. Aber auch bei Moden für Fetischkostüme zeichnet sich eine Entwicklung ab. »Das ultimative Fetischmaterial«, meint die Sex-Radikale Pat Califia, »müßte die schützenden Eigenschaften von Leder (seine Panzerwirkung) mit der Fähigkeit des Gummis, sich den Körperformen anzupassen und die sinnliche Wahrnehmung zu erhöhen, kombinieren.«[56]

Tattoos und Piercing

Die fetischistische Anziehung einer zweiten Haut geht auch von Formen des Körperschmucks aus. Praktiken wie Tätowieren und Piercen sind historisch seit der Antike weltweit von Bedeutung und nicht zwangsläufig fetischistisch oder erotisch. In vielen traditionsgebundenen Kulturen figurieren sie als Bestandteile des Ritus und/oder als soziale Differenzierung. Fetischistische Körpermodifikationen unterscheiden sich hiervon; denn sie werden von einem Individuum aus persönlichen Gründen ausgeführt, die häufig mit erotischer Lust oder Schmerz verbunden sind.

Tätowierungen und Körperpiercing sind zunehmend in die Mode eingedrungen; selbst Models erlauben sich dezente Piercings, und moderne Bohemiens lassen sich mit gepiercten Lippen, Wangen, Brustwarzen, Zungen und Genitalien sehen. Dabei ist es erst zwanzig Jahre her, daß Robert Mapplethorpe sich die Brustwarzen piercen ließ und damit einen regelrechten Schock auslöste. Es ist daher interessant, die publizistischen Anfänge fetischistischer Körpermodifikation im frühen zwanzigsten Jahrhundert zu betrachten. Schon in den achtziger Jahren des vorigen Jahrhunderts beschrieben Briefe an den *Family Doctor* »Knaben an einer ausländischen Privatschule, die ihre Ohren, Nasen und Brustwarzen durchbohrt und mit Ringen versehen hatten«.[57] 1899 gab es eine Welle von Briefen an *Society* über das Piercen von Brustwarzen als »den letzten modischen Schrei« für Männer und Frauen.[58] *London Life* berichtete in den dreißiger Jahren ausführlich über die »Freuden des Piercing«. AUNTIE'S IDOL schrieb:

> Mein Schatz wünschte sich, ich solle mir, um ihm eine Freude zu bereiten, die Nase und die Wangen durchbohren lassen. Er schenkte mir außerdem weiße Schuhe in Glacéleder, die hinten zu schnüren sind, mit 20 cm hohen Absätzen. Ich entschloß mich, die Sache erledigen zu lassen. […] Das Gefühl war aufregend. […] Es ist sagenhaft, was für ein Vergnügen es bereiten kann, gepierct zu werden und Ringe und Anhänger in den Ohren, Wangen und in der Nase zu tragen.[59]

In den siebziger Jahren meinten Enthusiasten, daß »während des Wassermannzeitalters die natürliche Neigung des Menschen, sich zu schmücken, wachsen wird. Tätowieren und Piercen werden sehr verbreitet sein. […] Da wir als ›zivilisierte‹ Menschen keine […] Initiationsrituale für die verschiedenen Lebensabschnitte haben […], entdecken viele eine Leere in ihrem Leben, die häufig durch die Erfahrung des Piercing gefüllt werden kann.«[60] Der Fotograf Charles Gatewood, dessen Buch *Primitives* fünfundzwanzig Jahre subkultureller Körpermodifikation dokumentiert, vertritt die Ansicht, daß »Body Art mit der Kontrolle über das eigene Leben und den Körper zu tun hat […], weil sie persönlichen Wandel und Wachstum fördert«. In den siebziger Jahren war Piercing seiner Meinung nach teilweise lediglich ein hedonistischer Eskapismus, während es jetzt »mit einem Großteil des New-Age-Gedankenguts« verbunden ist.[61]

Piercing nahm seinen Weg in die zeitgenössische Alltagskultur über die schwule, die sadomasochistische und die fetischistische Subkultur. Gepiercte und tätowierte »Leather boys und girls« im Club Fuck! in Los Angeles sagten einem Journalisten: »Die Leute sollen mich anschauen. Es ist, als sagte ich: ›Ich *bin* ein Freak. Ich *bin* schwul. Ich bin *nicht* wie du.‹« Zum Teil ging es um den »Schockwert«, der unmittelbar mit der »ganzen Punkgeschichte« zusammenhängt.[62] Seit den neunziger Jahren ist Piercing Bestandteil des Mainstream.

»Fetisch oder Mode?« fragte die *New York Times* in einem Artikel, der berichtete, daß sich die Topmodels Naomi Campbell und Christy Turlington den Bauchnabel hatten piercen lassen. Jean-Paul Gaultier setzte bei der Show für eine Kollektion, die durchscheinende T-Shirts mit Tattoo-Mustern und echten wie vorgetäuschten Piercing-Schmuck fokussierte, reich tätowierte und gepiercte Models ein. Gaultier sagte dazu: »Es ging nicht nur um diese primitive Geschichte, sondern auch um Dekoration. Mir gefällt die Vorstellung des Körpers als Kunstwerk. [...] Es ist der Punk-Einfluß, hat aber auch etwas Spirituelles.«[63]

»Die Vorstellung von Schönheit ist radikalen Änderungen unterworfen«, behaupten einige. Rasierte Schädel, Tätowierungen, Ringe im Nabel, selbst gepiercte Zungen und Genitalien sind üblicher geworden.[64] So läßt auch die schockierende Wirkung dieses Umgangs mit dem Körper nach. Und tatsächlich scheinen Piercen und Tätowieren schon passé zu sein: »Nasenringe sind auf der Straße schon keinen zweiten Blick mehr wert.« Während einige sich ihre Tätowierungen mit Laser entfernen lassen, wenden sich andere neuen Arten der Körpermodifikation zu, beispielsweise Brandzeichen, die durch Eisen gesetzt werden, »wie bei Viehherden«.[65] Eine öffentliche Ausstellung von Brandzeichen wurde vor einiger Zeit in New York (aus rechtlichen Gründen) abgesagt. Bei einigen afro-amerikanischen Gruppen wird das Anbringen von Brandmalen als Initiationsritus praktiziert.

Es gehen Gerüchte, daß in Europa eine Schwärmerei für Klein-Amputationen entstehe. Bislang jedoch bleibt das Make-up, vor allem der Lippenstift, immer noch die gebräuchlichste Form des Hautschmucks. Tatsächlich könnte man genug Argumente dafür finden, Kosmetika zu den verbreitetsten sexuellen Fetischen zu erklären.

MODE, FETISCH, PHANTASIE

Catwoman auf der Titelseite eines Fetischmagazins.
(Peter Czernich)

Die Kleider, die wir tragen, stehen, wie fast unser gesamtes bewußtes Leben, unter der strengen Kontrolle dessen, was Psychoanalytiker das Realitätsprinzip nennen. Wir lavieren notwendig zwischen Lust- und Realitätsprinzip hin und her. Nur in der Phantasie sind wir nicht den Prüfungen der Realität ausgesetzt und können frei unserem Vergnügen nachgehen.[1] Manchmal funktioniert Kleidung im sozialen Leben als eine Art Maskerade, in der das Individuum sich subversiv verbirgt.

Einige Fetischisten gehen in ihrer Fixierung auf Kleider weit über einzelne Fetischobjekte hinaus; sie stellen sich ganze Kluften zusammen, die verschiedene Bekleidungsfetische einschließen: ein Korsett über einem ledernen Catsuit, dazu hochhackige Stiefel, lange Handschuhe und so weiter. Für Eingeweihte bezeichnen diese Kostüme präzise die Art der sexuellen Handlungen, die geboten und/oder gewünscht werden, und gleichzeitig bestimmen sie die dramatische Inszenierung, in deren Rahmen der sexuelle Kontakt stattfinden wird. Wenn die sexuelle Handlung sich auf Masturbation begrenzt, kann der Fetischist zur Unterstützung seiner Phantasie einen Spiegel gebrauchen.

Insofern ist die Aufmachung Teil eines elaborierten erotischen Dramas. Die Teilnehmer an diesen ritualisierten sexuellen Begegnungen tragen oft Kostüme aus einer begrenzten Zahl vorgegebener Rollen. Neben der strengen Domina, dem Master und dem Sklaven sind die üblichsten der Motorradtyp, der Cowboy, der Mann in Uniform, die Krankenschwester, das Dienstmädchen, die Haremsfrau, die Amazone und der als Mädchen verkleidete Junge. Solches Rollenspiel mit geschlechtsspezifischen und sexuellen Stereotypen hat offensichtlich Ähnlichkeiten mit Erscheinungen des kulturellen Mainstream. Spezialgeschäfte berichten, daß viele Kunden sich für Phantasiemoden begeistern, »die einen verruchten Einschlag haben – Femmes fatales, französische Zofen, Showgirls, attraktive Krankenschwestern [und] aufreizende Polizistinnen«.[2] Viele dieser Fetischkostüme haben Entsprechungen in der Mode, deren psychologische Bedeutung und deren kultureller Symbolgehalt analysiert werden können.

Wer schwingt die Peitsche?

Die 1992er »Bondage«-Kollektion des italienischen Modedesigners Gianni Versace war umstritten. War das »Schick oder Grausamkeit?« fragte James Servin in der *New York Times*. Einige Frauen nahmen Anstoß an Versaces SM-Modellen und schilderten sie als besonders frauenfeindlich. Andere interpretierten den Look der Domina als affirmative Aussage zu Catwoman in der Haute Couture. In dem Film *Batmans Rückkehr* trägt Michelle Pfeiffer als Catwoman ein Kostüm aus hautengem Gummi, das an eine Domina erinnert. Damit der Film als jugendfrei eingestuft würde, haben die Produzenten eine Szene, in der Pfeiffer Batman ans Bett fesselt, herausgeschnitten; ihre Übungsstunden bei einem »Peitschenmeister« aber werden an exponierter Stelle gezeigt. Versace selbst meinte, daß »Frauen stark sind« und die Emanzipation der Frauen die Freiheit sexueller Aggression einschließe. Holly Brubach (zu der Zeit Modekolumnistin des *New Yorker*) antwortete auf die Frage, ob Versaces Entwürfe Frauen Macht geben oder sie degradieren, weise: »Man könnte beides behaupten. Entweder schwingt die Frau bei Versace die Peitsche, oder sie ist diejenige, die mit Halsband und Leine, gesattelt und gezäumt, durch das Zimmer geritten wird.«[3]

Schon pornographische Fotos vom Anfang unseres Jahrhunderts zeigen die klassische Ikonographie des Fetischismus, mitsamt den Themen Macht und Unterwerfung. Das Vokabular der eingesetzten Bildelemente ist standardisiert und sofort erkennbar. So wie es Monster und Morde in Horrorfilmen gibt, Pferde und Pistolen in Western, so sind in bestimmten pornographischen Genres High-heels, Korsetts, Leder, Reizwäsche und Peitschen zu finden. Ich nehme an, daß es zwischen dieser Art von pornographischer Bildwelt und der zeitgenössischen Mode eine Verbindung gibt, die zunehmend die Themenkomplexe Sexualität und Macht in den Vordergrund stellt.

Das Unbehagen vieler Frauen, die mit Fetischmoden konfrontiert werden, ähnelt auf bemerkenswerte Weise der lauten Debatte über »Pornographie« und dem Versuch, Kunst, die Frauen angeblich abwertet oder »Perversionen« darstellt, zu zensieren. Umgekehrt scheint die Tatsache, daß sich viele Frauen von Mode angezogen fühlen – besonders von Fetischmode –, mit dem Verlangen zusammenzuhängen, sich als unabhängige sexuelle Wesen zu behaupten.

Bemerkenswert ist, daß die Domina-Phantasie von einem Teil der Modepresse lebhaft begrüßt wurde. Die Herausgeber spekulierten darauf, daß das Bild einer starken, sexuell attraktiven Frau mehr weibliche Leser anziehen als abstoßen werde. So setzte das Modemagazin *Harper's Bazaar* eine scherzhafte Legende unter ein Foto: »Heavy metal, light bondage: Die hochgeschnürten Stilettos der gestrengen Herrin kann man einfach nicht zurückweisen. […] Ein schwarzer BH aus Wolle und Seide für etwa 2 100 Dollar, Hot

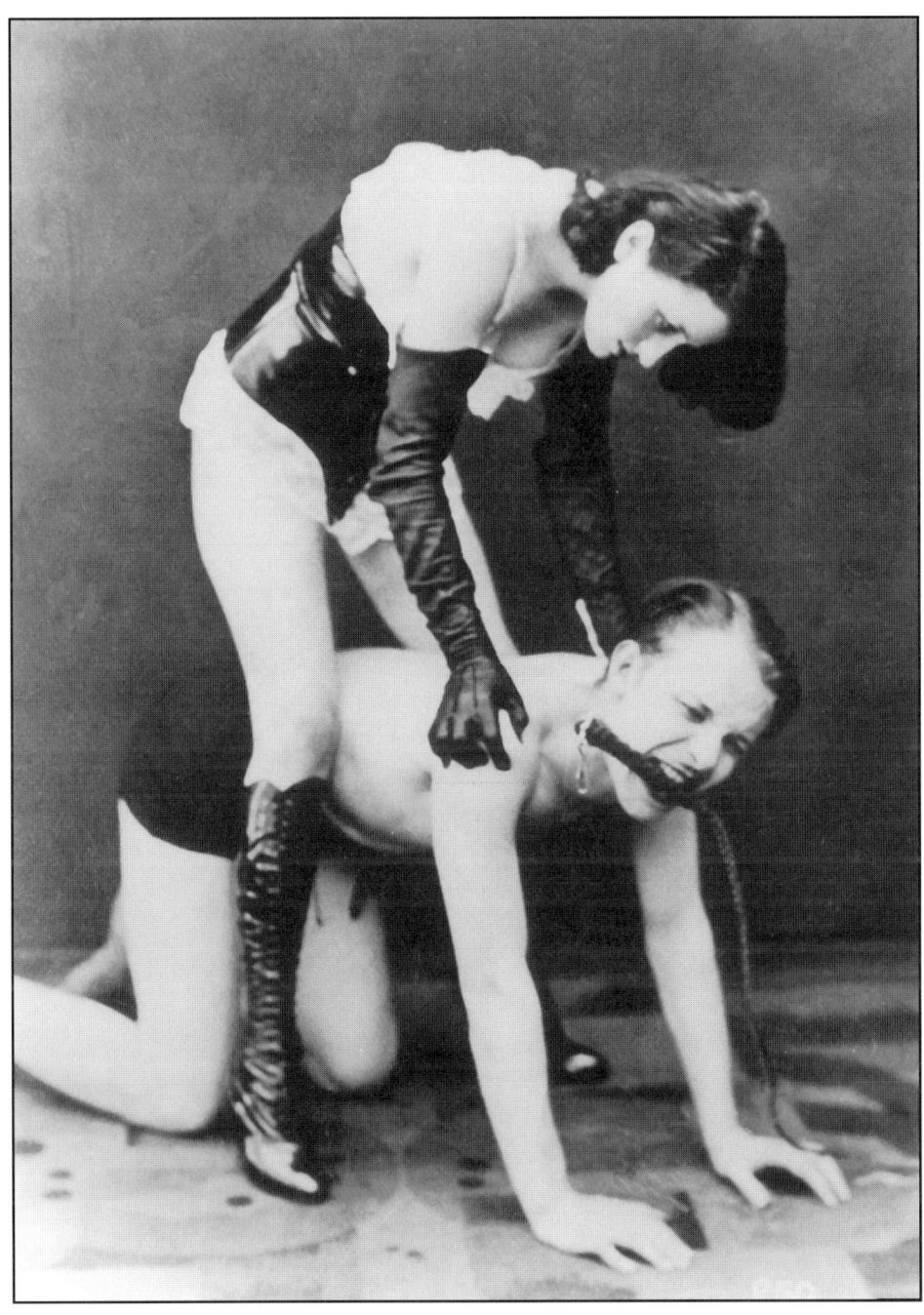

Wer schwingt die Peitsche? ca. 1935.
(Kinsey Institute)

pants, elastisch oder in Leder, etwa 700 Dollar, dazu Stilettos, mit Strapsen bis zu den Oberschenkeln, alles von Gianni Versace.«[4]

Nur wenige Beobachter kommentierten die unmittelbaren Vorläufer von Versaces Kollektion: die Ausstattung und das Aussehen des SM-Ledermannes, der seit den siebziger Jahren bei einigen Schwulen populär ist. Versace selbst erinnerte sich, fünfzehn Jahre zuvor in Dallas eine »ganz ähnliche Kollektion« gezeigt zu haben. »Sie richteten die Scheinwerfer auf uns und behaupteten, solche Kleider gehörten ausschließlich in Lederbars. Und jetzt? – Gestern waren zweihundert Prominente im Bondage-Outfit da!«[5]

Versace wollte mit seinem Design an Ledersex anknüpfen und schuf eine Kollektion, die die modische Lederbekleidung erneuerte, indem sie das Charisma des »radikalen« Sex aufrief. Die Kollektion bezog sich weniger auf Frauenthemen als vielmehr auf rebellischen, grenzüberschreitenden, unapologetischen *Sex*. Es ergeben sich darum zwei Fragen; die eine betrifft die feministische Kritik an »sexistischer« Mode, die zweite das Aufgreifen des radikalen Sex durch die Modeindustrie. Denn nicht nur Feministinnen, auch Fetischisten erhoben Einwände gegen diese Stilrichtung.

»Versace hat den ganzen Look ruiniert«, beklagte sich Randall, Eigentümer des Caped Crusadist, eines Geschäfts für maßgefertigte Lederbekleidung in Seattle. »Modische Sachen sind out. Die Leute bevorzugen jetzt ein härteres Outfit.« »Es gibt allgemein eine ziemliche Konkurrenz, wer mit dem besten Fetischkostüm herauskommt«, bestätigte ein stark gepiercter Kunde in einem anderen Ledergeschäft in Seattle.[6] Viele Feministinnen kritisieren Mode (und besonders die neue Fetischmode) mittlerweile ganz allgemein dafür, konformistisch, konsumorientiert und vor allem sexistisch zu sein. »Ich bezweifle, daß Versace 3 000 Frauen befragt hat«, bevor er seine Kleider entwarf, kommentierte Susan Faludi.[7]

Entgegen der öffentlichen Meinung ist es jedoch *nicht* nur eine Angelegenheit »sexistischer« Modedesigner, Frauen oder sexuelle Minderheiten auszunutzen. Es geht hier nicht um Versace. Ich nehme seine Bondage-Kollektion deshalb zum Gegenstand, weil sie in der Presse so stark kommentiert wurde, aber viele andere Avantgarde-Designer greifen ebenfalls fetischistische Themen auf, darunter auch Frauen wie Vivienne Westwood und Betsey Johnson. Umgekehrt erhalten Designer viele *ihrer* Anregungen von Straßenmoden und Subkulturen. Die englische Feministin Elizabeth Wilson deutet es so: »Die Existenz von Straßenmoden zeigt, daß der Wunsch, seinen Körper zu schmücken, nicht nur bedeutet, von der Modeindustrie und dem Kapitalismus getäuscht worden zu sein.«[8]

Ein Fetisch ist eine Geschichte in der Maske des Objekts

Es ist kein Geheimnis, daß sexuelle Phantasien sowohl extrem verbreitet als auch oft »pervers« sind. Solche Vorstellungen mögen bewußt (wie in Tagträumen) oder unbewußt sein (und kommen dann nur in neurotischen Symptomen zutage). Perverse Phantasien werden vielleicht unterdrückt; aber sie können, wenn die Umstände günstig sind, manifest werden.

Offensichtlich agieren Menschen, die sich etwa als Herr (oder Herrin) und Sklave verkleiden, eine bestimmte Phantasie aus. Aber Phantasie ist ein komplizierter Begriff. Im Normalgebrauch bezeichnet das Wort *Phantasie* Vorstellung, Illusion, übertriebene oder unwirkliche Bilder. So meinen Feministinnen wie Susan Faludi, daß Gianni Versace »Phantasiekleidung« entwirft, die man nicht »allzu ernst« nehmen sollte.[9] Aber Phantasie heißt nicht einfach »unwirklich«, der Begriff hat auch eine bestimmte psychologische Bedeutung, nämlich die Erfüllung psychischer Bedürfnisse. In psychoanalytischer Perspektive überlagern bewußte Sexualphantasien bestimmte Urphantasien, die sich um Kastration, Verführung und die Urszene gruppieren.[10]

In ihrem wichtigen Essay »Pornography and Fantasy« schreibt Elizabeth Cowie: »Was [in der Phantasie] abgebildet wird, ist nicht das Objekt des Begehrens, sondern ein Szenario, in dem bestimmte Wünsche präsentiert werden.« Das pornographische Bild einer Frau, die ihre Genitalien berührt, löst in einem heterosexuellen männlichen Betrachter »nicht automatisch eine Reiz-Reaktion« aus. Eher ist es die Bühne für »eine Szene des Begehrens« und ein »Zeichen«, wobei das »Bild der weiblichen Genitalien für etwas anderes steht, nämlich die Lust des Mannes«. Zu den Wünschen, die in diesem Bild ausgedrückt sind, gehören laut Elizabeth Cowie folgende: Sie wartet auf mich, sie ist schon erregt, sie zeigt mir ihre Genitalien, weil sie meine sehen möchte.[11]

Was für die »normale« sexuelle Phantasie gilt, trifft auch für den Fetischismus zu – und für die Mode. Viele Menschen nehmen an, es sei für einen Mann »natürlich«, durch die nackten Brüste einer Frau erregt zu werden, aber »unnatürlich«, wenn dies durch ihre Füße oder Schuhe geschieht. Die menschliche Sexualität beinhaltet jedoch mehr als nur eine Instinktantwort auf einen programmierten Reiz. Wir paaren uns nicht wie Tiere. Die menschliche Sexualität ist eine Konstruktion. Anders als viele Feministinnen meinen, wird sie auch nicht in Form bestimmter Rollen erlernt. Jungen lesen nicht den *Playboy* und lernen daraus, große Busen zu mögen und Frauen als Sexobjekte zu betrachten, ebensowenig wie Mädchen sich die *Vogue* ansehen und daraus lernen, magersüchtig und passiv zu werden.

Es ist erstaunlich, wie ein derart schlichtes Modell menschlichen Verhaltens so weite Verbreitung finden konnte, es sei denn als ideologische Antwort auf das ebenso reduktionistische Instinktmodell. Schon der Gegensatz Natur/Kultur ist eine solche Vereinfachung, als wäre es auch nur möglich, beides zu trennen. Natürlich ist Sexualität ein biologisches und evolutionäres Phänomen. (Sex ist der Grund, warum wir keine Einzeller sind, die sich durch Teilung vermehren.) Aber menschliche Sexualität ist auch durch das Verlangen nach Lust gekennzeichnet, und Menschen lassen sich auf die verschiedensten lustvollen Handlungen ein, die nichts mit der Fortpflanzung zu tun haben, beispielsweise Masturbation, Homosexualität, Küssen, oral-genitaler Sex und die sogenannten Perversionen.

Sexuelle Erregung wird als unmittelbar erfahren, doch Sexualität entsteht aus psychoanalytischer Sicht aus der Phantasie, wie aus »den natürlichsten biologischen Ereignissen polymorphe Lustgefühle entstehen«. Der Säugling trinkt; Nahrungsaufnahme ist Selbstschutz. Aber das Saugen ist auch lustvoll, und die Brust wird zum »Objekt des Begehrens« nicht nur als solche, »sondern als Signifikant des verlorenen Objekts, das die *Befriedigung* ist, die das Saugen an der Brust gewährt«.[12] Ebenso wie die Brust ist auch der Schuh ein Symbol der Lust. Aber der Fetisch ist nicht nur ein Symbol.

»Der Fetisch ist eine Geschichte in der Maske des Objekts«, schreibt Robert Stoller.[13] Obwohl der Dialog sorgfältig ausgearbeitet und endlos geprobt wurde, bleibt der Text selbst doch (oder eher der Subtext) dem Fetischisten weitgehend unbewußt. Der erwachsene männliche Fetischist weiß, daß Frauen keinen Penis haben. Dennoch fürchtet er unbewußt die Sexualität und versucht, insbesondere wenn er sich emotional bedroht fühlt, seine Männlichkeit durch die Wahl von Sexualpartnerinnen zu bestätigen, deren einschüchternde weibliche Aspekte hinter einem »Schleier« phallischer Signifikanten verborgen sind. Wie Louise Kaplan formuliert, braucht er den Fetisch, etwa ein Korsett oder ein Paar hohe Stiefel, um »seine Angst zu lindern, daß seinem Penis ein schreckliches Schicksal bevorstünde, wenn er dieses unschätzbare Organ in die höhlenhafte Leere einer Vagina einführen würde«.[14]

Viele Psychiater glauben, daß die »phallische Frau« im Bereich der Perversionen tatsächlich »die allgegenwärtige Phantasie« darstellt. Hinter allen Perversionen finden wir, mit anderen Worten, den Versuch, mit der sonst unerträglichen Kastrationsangst umzugehen. Das Ausagieren der Phantasie, daß Frauen wirklich einen Penis oder ein phallisches Äquivalent besitzen, ist häufig eine Phase im Verlauf der Perversion. Obwohl es sicherer wäre, nur zu phantasieren oder Pornographie anzusehen, als das Risiko der Durchführung auf sich zu nehmen, »bezieht das Handlungsbedürfnis [...] seine Stärke aus der *orgastischen Affirmation der Wahrheit der Ursprungsphantasie* einerseits und andererseits aus der Teilhabe der äußeren Welt. Indem tatsächlich *dramatis personae* einbezogen werden, wird die Phantasie zur unbestreitbaren Realität.«[15]

Die Schauspielerin Ingrid van Bergen als Doppelspionin
im Hamburger Rotlichtmilieu während des Zweiten Weltkriegs,
in *Verrat auf Befehl*, 1960.
(Penguin Photo Bettmann Archive)

Die Macht der Kleidung

Aus zwei Gründen beginne ich mit dem Kostüm der Domina: einmal ist es das wichtigste fetischistische Kostüm, und zum zweiten hat es den größten Einfluß auf die zeitgenössische Mode ausgeübt. Als ich ein Treffen mit der Baronesse Varcra vorbereitete, erklärte sie mir, sie habe rotes Haar und werde »entweder ein Samtkleid und darüber ein Gummikorsett tragen – oder die Standardausrüstung der Domina«. Obwohl ich kurzsichtig bin, erkannte ich sie auf fünfzehn Meter Entfernung. »Für eine Domina ist es wichtig, sich einen bestimmten Look zuzulegen, denn ein großer Teil des Geschäfts besteht aus Public Relations«, bekennt die Herrin Jacqueline in ihren Memoiren *Whips and Kisses: Parting the Leather Curtain*. Maßgefertigte, enganliegende Leder-Minikleider, mit Nieten versehene Lederjacken und schenkelhohe Stiefel mit Stilettabsätzen stellen eine »eindeutige Erscheinung« her. Der Geschmack der Kunden ändert sich, aber im allgemeinen ist ein »ausgewogenes Verhältnis zwischen Leder und Spitze« ideal.[16] Madame Sadi zufolge sollte eine Domina »niemals ihre Brüste entblößen und immer elegante Kleidung tragen (hochhackige Schuhe, vorzugsweise Stiefel und Handschuhe)«.[17] Obwohl auch eine Domina nicht umhinkommt, manchmal größere Partien eines nackten Oberschenkels oder Busens zu zeigen, ist sie gewöhnlich vollständig mit einer zweiten Haut bedeckt – von der Maske, die ihr Gesicht ganz oder teilweise verbirgt, bis zu Stiefeln mit Stilettabsätzen.

Ihr ganzer Körper ist demnach in einen gepanzerten Phallus verwandelt. Hochhackige Schuhe, Stiefel und Handschuhe sind offensichtlich phallische Symbole, ebenso wie die Peitsche oder Reitgerte, die sie häufig bei sich trägt. Dazu kommt, daß sie oft ein Korsett trägt, auch dies ein phallisches Symbol, das von der Form her zwar dem weiblichen Torso gleicht, aber durch seine Fischbeinverstabung hart und steif ist. Wer in ein Korsett geschnürt ist, steht aufrecht. Das Opfer (der Kunde) kann ebenfalls ein Korsett tragen, das oft Bondage und Unterwerfung sowie Transvestismus assoziiert. Das heißt, es existiert hier keine statische Symbolik (X gleich phallisches Symbol), nicht einmal eine Vielfalt phallischer Symbole, sondern es handelt sich um ein komplettes erotisches Schauspiel.

Auch die Aufmachung einer Domina enthält ein Szenario, in dem bestimmte Wünsche dargestellt werden. Sie trägt eine Maske und bleibt also anonym; ich will nicht wissen, mit wem ich Sex habe, und wenn ich nicht weiß, wer sie ist, weiß sie vielleicht auch nicht, wer ich bin. Sie wirkt bedrohlich. In der pornographischen Literatur werden Masken mit Folterknechten, Henkern und Einbrechern assoziiert. Daher bin ich das Opfer, ich bin unschuldig, oder wenn ich schuldig bin, dann werde ich schon bestraft, weil ich Sex habe, und so muß ich mich nicht schämen.

Die Gegenwart einer Peitsche impliziert, daß jemand geschlagen werden soll. Aber wer? Und warum? Freuds berühmter Aufsatz »Ein Kind wird geschlagen« beleuchtet die Phantasie der körperlichen Züchtigung, in der es nicht nur um das Schlagen geht, da die Handlung auch eine Metapher für Sex ist. (Eine englischsprachige Umschreibung der Masturbation lautet: »Beat your meat«.) Für Psychoanalytiker stellt die Peitsche den strafenden Penis dar.[18] Schlagen bedeutet auch eine Form der Liebkosung. Oder schließt zumindest ein, daß der Person, die geschlagen wird, Aufmerksamkeit zugewandt wird. In der Polarität von passiv und aktiv ist die offensichtlich aktive Person diejenige, die die Schläge verabreicht. Die passive Figur ist diejenige, auf die eingewirkt wird. Es soll ein »hartes Stück Arbeit« sein, Master zu sein, viel einfacher habe es der Sklave oder Untertan.

Wenn die Domina Stiefel trägt, wird dann auf dem Sklaven herumgetrampelt? Die pornographischen Geschichten wollen es so: Er leckt die Stiefel, sie tritt ihn. Er saugt an ihrem Stilettabsatz, und sie führt diesen in seinen Anus ein. Das Klacken ihrer Absätze verspricht, daß jemand kommt; das glänzende Lackleder wirkt schon feucht. Die hohen Absätze beeinflussen ihren Gang, sie lassen die Hüften und das Gesäß schwingen. Da hohe Absätze Weiblichkeit bezeichnen, weiß er, daß eine Frau kommt – oder ein Transvestit. Die Absätze sind hart, steif und lang; sie werden über den Sklaven hinweglaufen, der diesen Beweis seiner Erniedrigung liebt.

Fetischisten wie Pat Califia weisen die psychoanalytische Interpretation zum großen Teil zurück. Darin stimmt sie allerdings zu, daß »Phantasie das Schlüsselwort zum Verständnis von SM ist. Die Rollenspiele, der Dialog, die Fetischkostüme und die sexuelle Handlung sind Teil eines Dramas oder Rituals. [...] Die SM-Subkultur ist ein Theater, in dem sexuelle Dramen ausagiert werden können.«[19] Psychoanalytische Studien zum Thema Phantasie zeigen überdies, daß der einzelne verschiedene Rollen übernehmen kann – tatsächlich kann er alle Rollen in jeder denkbaren Geschichte spielen. Der männliche Zuschauer eines pornographischen Videos identifiziert sich nicht notwendig nur mit dem männlichen Darsteller, sondern gleichzeitig mit der Darstellerin, also mit der ganzen Inszenierung, auch mit der Rolle des Voyeurs – er ist es, der zuschaut –, vielleicht sogar mit dem Stiefel, der geleckt wird.

Die große Mehrheit der Fetischisten sind Männer. Die meisten Frauen, die Fetischkostüme tragen, tun dies aus wirtschaftlichen Gründen (das heißt, sie sind professionelle Sexarbeiterinnen) oder ihrem Ehemann oder Freund zum Gefallen. Dadurch soll die Existenz von Frauen, die sich selbst als Fetischistinnen identifizieren, nicht geleugnet werden. Bei Perversionen (möglicherweise bei allen Arten von Sex) haben wir es mit sehr tiefreichenden Phantasien zu tun, die man nicht leichtfertig mit bewußten *gender*-politischen Aussagen vermischen sollte.

Kleidung an sich wird im allgemeinen mit Macht assoziiert. Nacktheit bedeutet die Abwesenheit von Macht. Wie die Domina ist auch der Master üblicherweise komplett bekleidet. Im Gegensatz dazu ist der Sklave, der Masochist oder Untertan oft (obwohl nicht unbedingt) nackt oder auf Kleidung reduziert, die die Brust, das Gesäß und/oder die Genitalien entblößt. Ein heterosexuelles Paar, das in einer Master-Sklavin-Beziehung lebt, berichtet, daß die Sklavin ganze Wochenenden völlig nackt bleibt.[20] Daß Nacktheit als solche mit Unterwürfigkeit in Verbindung gebracht wird, zeigen Titel pornographischer Bücher wie *Naked Teen on a Leash* und *Naked Wet Wife*. Die Bedeutung von Fetischbekleidung aber ergibt sich erst aus dem Kontext und durch die Träger.

Während die Maske des Master den Henker verbirgt, bezeichnet die geschlossene Leder-Kopfmaske des Sklaven das Opfer. Die Stiefel des Master sind dafür gemacht, aufzustampfen, während der Sklave durch seine Schuhe »behindert« wird, weil diese vielleicht mehr als 15 cm hohe Absätze oder hohe Plateausohlen haben, von vielfältigen Schnürungen und Schnallen gar nicht zu reden. Die Domina im Korsett wirkt gepanzert; der in ein Korsett geschnürte Sklave, als Frau verkleidet, ist in Bondage. Und dennoch betonen die Aussagen von SM-Anhängern einheitlich, daß sehr oft der Sklave die Person ist, die das Sagen hat – tatsächlich geschieht das oft sehr deutlich: »Härter! Nicht aufhören! Nicht so, so!« Die Frage lautet demnach nicht: »Wer schwingt die Peitsche?«, sondern eher »Wer zahlt?« oder »Wessen Phantasie ist das?«

Von Zofen und Männern

Die Zofe ist eine offensichtlich unterwürfige Rolle, die Machtunterschiede in traditionellen *gender*-Stereotypen anzeigt. Im neunzehnten Jahrhundert haben sich Prostituierte in Bordellen manchmal als Dienstmädchen zurechtgemacht, in dunklen Uniformen mit weißen Schürzchen und Häubchen. Sie verkleideten sich auch als jungfräuliche Bräute, Nonnen und Schulmädchen. Das Dienstmädchen allerdings war keine Jungfrau, sondern Opfer, seinem Herrn sexuell ausgeliefert. Das Thema ist auch heute noch populär, vermelden doch die Kostümgeschäfte den ständigen Verkauf klassischer Zimmermädchenkluften. Zudem gibt es pornographische Filme mit Titeln wie *Little French Maid* und ähnlichen mehr.

Transvestiten scheinen sich ganz besonders gerne als »naive Kammerkätzchen« zu verkleiden, vielleicht weil dies eine so essentiell weibliche, unterwürfige Rolle ist. Das Transvestitenmagazin *Repartee* veröffentlichte den Brief eines in Japan lebenden Amerikaners, der über verschiedene Fernsehprogramme berichtete:

> Meine Lieblingssendung war eine Zeichentrickserie, in der der Held, um mit dem Mädchen, das er liebt, zusammensein zu können, eine ihrer Zofen wird, da ihre Eltern ihn seiner ärmlichen Herkunft wegen mißbilligen. Die Serie drehte sich dann um die »Zofe« und ihre Herrin, die ihr Geheimnis hüten. Interessanterweise findet sich die »Zofe« in ihrem schwarzen Kleid mit weißer Schürze und Häub-

chen nach und nach attraktiv und beschließt, auch nachdem das Mädchen heiratet, als ihr Dienstmädchen bei ihr zu bleiben. Eine reizende Vorstellung.[21]

Pornographie, die mit Transvestiten-SM verbunden ist, zeigt häufig, wie der Mann gedemütigt wird – in Frauenkleidern oder -dessous. Am Ende triumphiert er dann doch, denn unter seinem gerüschten Rock (oder der Schürze) befindet sich das unmißverständliche Zeichen der Männlichkeit.

Die Dienstmädchenkluft scheint perfekt in dieses Szenario einer erotisierten Demütigung zu passen. »Dienstbotenkleider machen Transvestiten an«[22], erklärt ein Artikel, und Bücher nennen sich *Housemaid Husband* und *She-Male Slave*. Auf den Visitenkarten vieler Londoner Prostituierter sieht man eine kniende Figur, ganz eingehüllt in schwarzen Gummi (einschließlich einer Gasmaske), dazu eine weiße Schürze. Der Text lautet: »Korrekte Kleidung für Dienstmädchen«. Eine andere Karte zeigt einen Transvestiten mit einem Häubchen: »Herren-Zofe zu Diensten«. Auf einer dritten Karte ist ein Mann in Dienstmädchenkleidung aus Gummi (die auch seinen Mund bedeckt) abgebildet, dazu die Worte »Gummidominanz und Uniformtraining«.

Obwohl Schürzen hin und wieder in der zeitgenössischen Damenmode auftauchen, ging hier die Tendenz in Richtung hart und maskulin; schwarzlederne Metzgerschürzen zum Beispiel, keine weißen Rüschenschürzen. Auch kleine weiße Häubchen sind seit einem Jahrhundert nicht mehr in Mode. In ihrer Garderobe scheint die moderne Frau kein Verlangen nach der unterwürfigen Rolle zu haben. Die Schürze als ein weibliches Cache-sexe bleibt verborgen. (Einige Designer wie Vivienne Westwood und Betsey Johnson haben allerdings Dienstmädchenhauben auf den Laufsteg gebracht.)

Fetisch-Zofe, 1994.
(Centurian/Spartacus)

Auch das Kostüm der Haremsfrau beschwört die Typologie von Herr und Sklavin, verbunden mit den altbekannten und durchsichtigen Gruppensexphantasien. Softerotik des neunzehnten Jahrhunderts konzentrierte sich oft auf die Vorstellung weißer Sexsklavinnen in den Händen lüsterner Türken. Dasselbe Thema abzüglich seines rassistischen Subtextes wurde auch im Kino oder in Serien wie *Bezaubernde Jeannie* ausgespielt. Pin-up-Star Betty Page posierte als Haremsfrau mit nackter Taille, juwelenbesetztem Büstenhalter und durchsichtigen Hosen. Auch zeitgenössische Pornofilme tragen Titel wie *Harem Girls in Bondage*. Haremsphantasien beinhalten außerdem quasi-lesbische Zwischentöne, mit dem Master in der Rolle des Voyeurs.

Während Leder und Gummi, die von der Domina favorisiert werden, den größten Teil des Körpers bedecken und so die Vorstellung von Macht heraufbeschwören, tragen Dienstmädchen und Haremsfrau weibliche, weiche, halbdurchsichtige Materialien, die den Körper kaum verhüllen. Während die Domina zentral das gepanzerte phallische Weib verkörpert, beschwören die Schürze des Dienstmädchens und die durchsichtigen Haremshosen das alternative Modell der verschleierten Frau. Obwohl als Phantasiekostüme beliebt, haben weder die Zofe noch die Haremsfrau einen nachweisbaren Einfluß auf die Mode gehabt, wenn Stylisten und Fotografen auch manchmal mit der exotischen Erotik der Haremsfrau und den lesbischen Aspekten des Verhältnisses von Herrin und Zofe spielen.

Wir sprachen von der Domina als der phallischen Frau. Fetischisierende Männer, die sich selbst als *Männer* verkleiden, wählen häufig phallische Kostüme, die mit ultra-männlichen Rollen assoziiert werden, zum Beispiel den Cowboy, den Motorradfahrer, den Soldaten oder Polizisten. Die Kleidung, die mit diesen Rollen in Zusammenhang gebracht wird, dient als Panzer gegen die Welt, die das Selbst des Trägers schützt, während sie das Bild einer aggressiven Männlichkeit projiziert.

Larry Townsends *The Leatherman's Handbook* besteht auf der ikonischen Bedeutung von Motorradkleidung: Wesentlicher Bestandteil der Lederszene sei das Motorrad und sein Fahrer. Die Lederkleidung sei in erster Linie für den Gebrauch durch den Motorradfahrer entworfen. »Als ein Symbol phallischer Macht ist der Motorradfahrer in gedrängter Form die lebende Verkörperung unseres Fetischs.«[23]

Das Motorrad selbst ist eine mächtige Maschine mit lärmendem Motor, die aufheult, bevor sie abzieht, was man als Metapher für den »stampfenden Rhythmus« der sexuellen Erregung verstehen kann. Das Kinsey Institute bietet eine Vielzahl von Beispielen aus der sexuellen Bildwelt, in der Männer und Motorräder eine Rolle spielen. In der Sparte »Fetisch – Kostüm – Leder« wird ein Mann beschrieben, »der seine Stiefelausrüstung anlegt, um fest aufzutreten«. Eine Fotografie ist überschrieben: »Ein Motorradlederanzug kann manchmal ganz schön warm werden, und dann möchte man vielleicht die Reißverschlüsse öffnen und sich etwas abkühlen.« Der anonyme Texter lenkt dann die Aufmerksamkeit auf den »Kontrast zwischen den kühlen Fleischtönen und der satten Qualität der Leder-

Zeichnung von Tom of Finland, 1977.
Der Abdruck erfolgt mit schriftlicher Genehmigung der Tom of Finland Foundation
(P.O. Box 26658, Los Angeles, Calif. 90026)

ausrüstung«.[24] Die Pornographie zu diesem Thema wiederholt ständig die Vorstellung des Mannes als Sexmaschine. Titel lauten: *Bang the Bikers*, *Biker Buddies*, *Motorcycle Cops*, *Nazi Bikers*, *Rough Rider* und *SM Bike Cop*.

Townsends Umfrage zeigt, daß die Motorradlederjacke als mächtig und begehrenswert angesehen wurde: Neunzig Prozent der Sadisten wünschten sich eine Motorradlederjacke für den eigenen Gebrauch, dies tun allerdings auch siebzig Prozent der befragten Masochisten. Motorradhelme und -stiefel wurden eher mit dem Sadisten in Verbindung gebracht, ebenso Ledergürtel, Armbänder, Handschuhe und Mützen. (Alle wollten für sich selbst eine Levi's.)[25]

Lederfetischismus entsteht und existiert nicht in einem Vakuum. Leder wird eindeutig mit bestimmten männlichen Typen assoziiert (nicht nur mit dem Motorradfahrer, sondern auch mit dem Cowboy, dem Soldaten und dem Polizisten). In Townsends Untersuchung werden diese Rollen auch mit den bevorzugten Psychodramen in Verbindung gebracht. »Psychodramen, die ich genieße: Vorschriften zu ge-

Fetischcowboy in Leder-Chaps. ca. 1960.
(Kinsey Institute)

horchen, Ausbildungslager, Kasernen, Klassenzimmer, Gefängnisse und so weiter.«[26] 1974 fragte eine Anzeige für G. B. M. Leathers: »Bist du stolz darauf, schwul, stark und ein echter Mann zu sein?« Es wurden persönliche Dienstleistungen »nur für *Männer*, die auf SM, Leder, Levi's, Denim- und Cowboykleidung, Gummi, Stiefel und Uniformen stehen«, angeboten.[27]

Dem *Leatherman's Handbook* zufolge ist Cowboykleidung »mit Leder und hohen Stiefeln vereinbar«. Der Motorradfahrer und der Cowboy sind Brüder. Männergruppen »reiten aus und campieren im Freien«, schrieb Townsend. Sie tragen »Lederchaps über Levi's […] oder auf der nackten Haut. Selbst wenn die Gruppe bekleidet ist, hat sich wenigstens die Hälfte bis zur Taille freigemacht.« Später dann »ist die Gruppe überwiegend nackt mit Ausnahme von Cowboyhüten und Stiefeln […], die bearbeitet sind, spitz zulaufen und erhöhte Absätze haben«.[28]

Obwohl die Cowboys, historisch betrachtet, ein buntes Gemisch billiger Kleider trugen, stellt man sich den Cowboy in Levi's oder anderen enganliegenden Hosen vor, in speziellen (häufig polierten, eingefärbten und gemusterten hochhackigen) Stiefeln, mit breitem schwerem Ledergürtel (manchmal mit Pistolentaschen), in Lederchaps, in Phantasiehemden oder Wildlederjacken mit Fransen, in Halstüchern und mit großen, charakteristischen Hüten. In dieser Kategorie finden wir pornographische Titel, die vor allem auf die männlichen Geschlechtsteile anspielen wie *Boots and Saddles*, *Cock Crazy Cowboy*, *Cock-Hungry Cowboy*, *The Cocky Cowboy*, *Cowpoke* und *Hard Horny Cowpokes*. Erotische Bilder zeigen oft einen Mann, nackt bis auf Stiefel, Hut und Pistole.

Beide, der Motorradfahrer und der Cowboy, sind wichtige schwule Ikonen. Designer für Damenmoden (von denen viele schwul sind) sind häufig durch die Kleidung von Cowboys und Bikern inspiriert worden. Das modische Cowgirl ahmt jedes Element in der Macho-Garderobe des Cowboys nach, angefangen von seinem großen Hut bis hin zu den polierten Schuhen und seiner Lederausrüstung. Sie ist fast eine Karikatur der phallischen Frau, und die erotischen Bilder legen besonderen Wert auf ihre Pistole und die Tatsache, daß sie irgend etwas Großes zwischen den Beinen hat. Auch die moderne Bikerin hat ihren festen Platz im Pantheon der Haute Couture. Wenn Claude Montana seine Frauen in Motorradlederjacken steckt und Calvin Kleins Anzeigen sie neben riesige Motorräder stellen, geht Thierry Mugler noch einen Schritt weiter und kreiert einen Metallbüstenhalter, der die Frau selbst in die Darstellung eines Motorrades verwandelt. Unterdessen hat sich in der sexuellen Subkultur »der Biker-Look«, der für lange Zeit unter den SM-Leuten populär war, in gewisser Weise verflüchtigt. »Die Leute orientieren sich mehr nach einem hochmodischen Look.«[29]

Der Kult der Uniform

Uniformen sind besonders geeignet für Rollenspiele, wie sie für fetischistischen Sex charakteristisch sind, weil die Uniform das Individuum seiner (oder ihrer) Rolle unterordnet. Da die Uniform Zugehörigkeit zu einer Gruppe symbolisiert, unterdrückt sie die Individualität und führt manchmal »zu totaler Entpersönlichung«. Häufig symbolisieren Uniformen auch Autorität und erwecken Macht- und Unterwerfungsphantasien.[30] Militär- und Polizeiuniformen im besonderen statten den Träger mit staatlich sanktionierter Macht aus. Im Gegensatz dazu bedeutet die Uniform des Dienstmädchens Unterwerfung und Ohnmacht.

Die Militäruniform ist vermutlich der beliebteste Prototyp fetischistischer Uniformen, da sie Hierarchie und Zugehörigkeit zu einer traditionell männlichen Gruppe bezeichnet, deren Funktion den legitimen Gebrauch von Gewalt beinhaltet. Die erotische Bedeutung militärischer Uniformen leitet sich zum Teil von der sexuellen Erregung ab, die viele Leute mit Gewalt und der Beziehung zwischen Macht und Unterwerfung verbinden. Außerdem erhöhen sie die sexuelle Attraktivität des Trägers durch den Gebrauch phallischer Signifikanten wie Stiefel und Waffen sowie durch den Schnitt der Kleidung, die den männlichen Körper häufig mehr betont als Zivilkleidung.

Magnus Hirschfeld, der Pionier der Sexualwissenschaft, fand unter den »Soldatenfreiern« große Unterschiede. Einige mögen Infanteriesoldaten, andere nur Kavallerieoffiziere. »Ein spekulativer Militärschneider in Berlin, der ein vielbesuchtes Absteigequartier für Homosexuelle unterhielt, hatte in seinen Schränken alle möglichen Uniformspiele hängen, mit denen er ganz nach Wunsch Infanteristen in Ulanen, Land- in Seesoldaten umwandeln konnte.«[31] Besonders der Matrose ist zur anerkannten schwulen Ikone geworden, verewigt in Gemälden, Balletten und Opern.

Noch immer stehen uniformierte Autoritätsfiguren im Brennpunkt des sexuellen Interesses Hetero- wie Homosexueller. (Es gibt sogar Hinweise darauf, daß sie auch auf Lesben und Heterofrauen wirken.) Titel schwuler Pornographie lauten: *The Cop on 69th Street*, *Dominant Drill Sergeant*, *Leather Boot Camp*, *Marine Master* und *Soldiers of Sodom*. In der heterosexuellen Pornographie erscheinen auch weibliche Figuren in Uniform. »Spaß mit Uniformen und sexy Models« verspricht die Karte einer Prostituierten. »Bobbie – eine fesselnde Erfahrung« wirbt eine andere Visitenkarte mit dem Bild einer Frau in Polizeiuniform.

Einige Sadomasochisten meinen, daß SM die Machtstrukturen freilegt, die in der gesamten Gesellschaft existieren. In der pornographischen Literatur werden oft politische Themen und Kostüme verwendet, um sadomasochistische Phantasien auszudrücken. In diese Kategorie fallen Titel wie *Nazi Sex Slave*, *Slave to the SS*, *Soviet Sex Slaves*, *Teen Sex Slaves*

Die Uniform in der Mode, Prada, 1994.
(M. Chandoha Valentino)

of Saigon und *Student Victims of Red Torture*. Hier dient die Uniform des »Feindes« weniger als Symbol des Bösen denn als Symbol erotischer Macht. Townsends Befragung ergab, daß weniger als zehn Prozent der Masochisten selbst gern eine Naziuniform hätten, aber sechzig Prozent von ihnen wünschten sich einen Sadisten in Naziuniform.

Auch die Uniform selbst kann Fetisch sein, sogar jenseits eines erotischen Psychodramas. Der berühmte schwule Illustrator Tom of Finland bekannte, »die Attraktion der Uniform manchmal so überwältigend zu erleben, daß ich das Gefühl habe, mit den Kleidern zu schlafen, während der Mann in ihnen lediglich eine […] Art belebter Kleiderbügel ist«.[32] Hermann Broch beschreibt die psychologische Anziehung der Uniform in *Die Schlafwandler*, einem Roman über einen preußischen Offizier:

> Eine richtige Uniform gibt ihrem Träger eine deutliche Abgrenzung seiner Person gegenüber der Umwelt; […] ist es ja der Uniform wahre Aufgabe, die Ordnung in der Welt zu zeigen und zu statuieren und das Verschwimmende und Verfließende des Lebens aufzuheben, so wie sie das Weichliche und Verschwimmende des Menschenkörpers verbirgt, seine Wäsche, seine Haut überdeckt […]. Abgeschlossen in seinem härteren Futteral, verschlossen mit Riemen und Klammern, beginnt er seines eigenen Untergewandes zu vergessen und die Unsicherheit des Lebens, ja das Leben selbst rückt fern ab.[33]

Die Krankenschwester als Sexobjekt, ca. 1940.

Eine solche Anziehung geht offensichtlich weit über fetischistische Minderheiten hinaus. Jeder Geschäftsmann im Anzug trägt eine Uniform der Macht. Aber nicht alle Uniformen sind gleich, sie spielen unterschiedlich wichtige Rollen in der Mode. Eine Untersuchung über die Krankenschwester als Sexobjekt in Filmen von 1930-1980 stellte fest, daß »dreiundsiebzig Prozent der Krankenschwesterrollen die Krankenschwester als Sexobjekt darstellen«. Parallel zu der in den vergangenen Jahrzehnten freizügigeren Darstellung von Erotik sind »die Häufigkeit und Intensität dieser Stereotypen in den sechziger und siebziger

Jahren stark angestiegen«. Das Bild der Krankenschwester teilt sich vor allem in zwei Stereotypen: die »Sadistin« und die »sexy Playmate«.[34] Pornographische Hefte tragen Titel, die diesen Vorstellungen entsprechen: *Nurses' Bedside Skills*, *Sex with a Nurse* und *Virgin Student Nurse*. Daneben stehen Filme mit Titeln wie *Nasty Nurses* und *Naughty Nurses*.

Eine Analyse der Krankenschwesternuniform kann diese Polarisierung erklären. Die Schwesternuniform leitet sich von der uniformierten Einheitskleidung der Hausmädchen her (Häubchen und Schürze), nicht aber von den Laborkitteln der Wissenschaftler oder Ärzte. Krankenpflege war immer ein schlechtbezahlter Frauenberuf ohne besonderes Ansehen, während Ärzte immer als Autoritätspersonen galten. Die Schwesternkluft, die von Fetischisten getragen wird, besteht oft aus Gummi, einem Material, das vielfach mit Objekten aus einem erniedrigenden Kontext wie Bettüchern und Höschen assoziiert wird.

Und dennoch hat die Schwester eine gewisse Macht, die ihr ein erotisches Charisma verleiht. Offiziell wird von ihr erwartet, dem Patienten bei der »Genesung« behilflich zu sein, was ein großer Teil der allgemeinen Pornographie direkt als therapeutischen Beischlaf auslegt. Sadomasochistische und fetischistische Pornographie jedoch heben besonders hervor, wie sie dem Patienten auch Leid zufügt. Der Patient befindet sich gegenüber der Schwester in einer abhängigen, passiven Rolle – er liegt auf dem Rücken im Bett –, während sie aufrecht vor ihm steht, in der Hand eine Spritze oder ein Klistier. Fetischistische Buchtitel lauten etwa *Nurse in Rubber*. Schwesternuniformen haben für viele Fetischisten (und Männer im allgemeinen) eine starke Anziehung, Frauen dagegen scheinen weniger beeindruckt. Auch als modische Inspiration dienten Schwesternuniformen selten. Männliche Assoziationen, die sich mit anderen Uniformen verbinden, haben diesen mehr modische Anziehungskraft verschafft.

Sex und Macht

In ihrem Essay »Sorrow and Silk Stockings« von 1985 interpretierte Marcia Pally von ihrem lesbischen Standpunkt aus sowohl harte Streetstyles als auch den »androgynen« Geschäftsanzug als pseudomännlich: »Populäre Modestile liegen nicht in der Mitte zwischen männlich und weiblich, sie bewegen sich deutlich in Richtung Butch. […] Es ist nicht verwunderlich, daß die Schwulenbewegung eine Butch-Uniform hervorbrachte, der Feminismus dagegen eine maßgeschneiderte.«[35]

»Selbstdarstellung handelt von Macht«, meint die Modewissenschaftlerin Elizabeth Wilson. Oft hat das bedeutet, daß Frauenmode auf männliche Prototypen zurückgegriffen hat. Im Gegensatz zu einer weitverbreiteten Annahme sind männliche Kleidungsstücke (zum Beispiel Hosen) Frauenkleidern nicht *funktional* überlegen, aber sie besitzen mehr symbolische Macht. Eine Anzeige für Geschäftsanzüge zeigt eine an einem Konferenztisch stehende Frau. Der Text lautet: »So wird man ernst genommen.« Der Text einer anderen Anzeige läßt Walt Whitman anklingen: »Wehre dich oft, *gehorche selten*.« Das Bild zeigt eine Frau, die auf dem Heck eines Autos sitzt, sie trägt eine schwarze Lederjacke und Cowboystiefel. Historisch verfügten Männer über eine größere physische (die schwarze Lederjacke) als auch über mehr wirtschaftliche Macht (der teure Anzug).

Insofern unterstreichen sowohl Anzüge als auch Cowboystiefel die männliche Macht – auch, vielleicht sogar besonders, wenn Frauen sie tragen. Ob sich eine Frau jung und tough im Biker-Look kleidet, reich und aufwendig als Kapitalistin oder ob sie die Highheels der Domina trägt – in gewisser Weise verkleidet sie sich immer als phallische Frau. Frauen wollen nicht den Penis, aber die Macht, die die patriarchalische Gesellschaft dem Phallus zuschreibt und die durch phallische Kleidung symbolisiert wird. Aber auch hohe Absätze und Negligés können als Insignien der Macht dienen.

»Also Frauenherrschaft«, sagt der junge amerikanische Designer Marc Jacobs. »Den Frauen die Macht, auf hohen Absätzen!« Versace beschreibt die moderne Frau als »Männer mit eiserner Hand beherrschend«. Möglicherweise hat das für Männer und Frauen eine gewisse psychische Realität. Der Künstler Allen Jones (Schöpfer umstrittener Fetischbilder), dessen erotische Darstellungen phallischer Frauen in Gummi und Leder von Feministinnen kritisiert worden sind, besteht darauf, daß »sich diese Bilder aus dem gleichen System herleiten wie das Power-dressing«.[36] In dieser Aussage verbirgt sich eine entscheidende Erklärung für die Beliebtheit von Fetischmoden: Sie lassen Frauen mächtig erscheinen, sehr mächtig.

»Wer möchte als umwerfende, sexuell attraktive, langbeinige Killerin in Kleidern überrascht werden, die bis hierhin abgeschnitten und bis dahin ausgeschnitten sind? Wer möchte mit diesen unwürdigen Zurschaustellungen des männlichen Chauvinismus unter einer Decke stecken? Andererseits, wer hat schon so viel Glück?« Der Modejournalistin Sarah Mower zufolge drückt die Mode der neunziger Jahre »furchtlos die politisch unkorrekte Idee aus, daß Frauen ihre Sexualität als Waffe« einsetzen sollten.[37] Während der siebziger und achtziger Jahre vermieden es modische Frauen, besonders weiblich auszusehen, weil sie Weiblichkeit mit Machtlosigkeit gleichsetzten, mit der Tatsache, nicht ernst genommen zu werden. Selbst heute diskutieren viele Frauen über den »moralischen Stellenwert« von Korsetts und hohen Absätzen und darüber, inwieweit sie sexistischen Phantasien Vorschub leisten. Sarah Mower wendet dagegen ein:

> Ich denke, daß wir unseren *eigenen* Phantasien erliegen. [...] Wir wollen keine Männer sein. Wir wollen keine solchen Anzüge tragen. [...] Wir sind Frauen und wollen deshalb weibliche Kleidung tragen. [...] Das wirft uns nicht zurück, denn wir sagen nicht, daß wir so wie unsere Mütter und Großmütter in den fünfziger Jahren sein wollen. [...] Und definitiv lachen wir damit doch über die Männer, die von so etwas angeturnt werden![38]

Man muß Sarah Mower nicht zustimmen, um zu erkennen, daß viele ihren Standpunkt teilen. Daß Fetischmode bei Frauen Anklang findet, verdankt sich der Tatsache, daß sie Weiblichkeit mit der Vorstellung von Macht verbindet.

Ein anderes Wort für Macht ist *Freiheit*, denn obwohl Macht unterdrückt, wenn sie von anderen ausgeübt wird, ist sie etwas, was die meisten für sich selbst begehren. Die unterschiedlichen Strategien der Modemacher, Macht zu vermitteln, ändern sich ständig: Nachdem Versace die phallische Frau in einem Panzer aus schwarzem Leder präsentiert hatte, wechselte er die Spur und zeigte die verschleierte Frau hinter durchscheinendem Chiffon. Die Kampfstiefel der frühen neunziger Jahre machten Mitte des Jahrzehnts Platz für Stilettabsätze.

Was *Vogue* den »Strong and sexy«-Look nennt, wurde für die zeitgenössische Mode paradigmatisch. Dies ist ein unmittelbares Ergebnis der Frauenbewegung. Während Feministinnen wie Susan Faludi und Naomi Wolf gegen die Mode kämpfen, weil sie die Frauen in der »Falle Schönheit« gefangenhalte, zeigt die Geschichte der Mode ein viel komplexeres Bild. In der Vergangenheit (und in Ländern wie Saudi-Arabien und Iran heute noch) sind konservative Männer entschlossen, weibliche Körper zu überwachen und zu verhüllen. Als Frauen unabhängiger wurden, entschieden sie sich sowohl für männliche als auch für den Körper enthüllende Kleidung.

Das Thema der *sexuellen Macht* ist generell problematisch. »Ich habe nicht das Gefühl, daß ich ein Mann sein oder wie einer aussehen muß, um Erfolg zu haben«, meint die englische Modedesignerin Katherine Hamnett. »Diese altmodische Vorstellung, es sei böse, sexy auszusehen, habe ich wirklich gehaßt.«[39] Vergrößern »aufreizende« Kleider die Macht der Frauen, oder untergraben sie sie? Definiert man Macht als die Möglichkeit, zu tun und zu lassen, was man will (einschließlich der Möglichkeit, eine andere Person zu kommandieren), haben offensichtlich beide Ansätze etwas für sich. Einige Frauen haben erreicht, was sie wollten, indem sie andere Menschen sexuell manipulierten, andere dagegen stellen fest, daß ihre Sexualität sie gegenüber der größeren physischen Kraft von Männern verwundbar gemacht hat. Bei der berühmten »Minirock-Vergewaltigung« in Fort Lauderdale in Florida wurde der mutmaßliche Täter vom Gericht freigesprochen, da die Geschworenen die »provokative Bekleidung« des Opfers als Aufforderung verstanden.

Mode erscheint im Kontext des *gender*, in dem Männer viele Vorteile genießen. Doch beruht die feministische Kritik auf problematischen Annahmen über eine »natürliche äußere Erscheinung« im Gegensatz zu modischer Künstlichkeit. Die Unterscheidung zwischen »natürlich« und »künstlich« ist hinfällig, da Kleidung generell (wie auch andere Aspekte der äußeren Erscheinung, zum Beispiel Frisuren) kulturell konstruiert ist. Blue jeans sind nicht »natürlicher« als hohe Absätze. Unter der Künstlichkeit der Kultur gibt es kein »wahres Selbst«, die menschliche Identität selbst ist konstruiert. In einem einflußreichen theoretischen Essay über Mode schreibt Kaja Silverman:

> Wie die Frau hat auch der Mann keinen sichtbaren Status, abgesehen von Kleidung und/oder Schmuck. […] Kleidung und andere Formen des Schmucks machen den menschlichen Körper kulturell sichtbar. […] Kleidung zeigt den Körper, so daß er kulturell wahrgenommen werden kann, und schafft seine Bedeutung. […] Selbst wenn meine Sympathien nicht ganz bei extravagantem modischen Auftreten lägen, fühlte ich mich gedrängt, so stark wie möglich zu betonen, daß Kleidung eine notwendige Bedingung der Subjektivität ist – indem sie den Körper hervorbringt, bringt sie auch die Psyche hervor.[40]

Der wissenschaftliche Diskurs über Mode läßt tatsächlich in steigendem Maß darauf schließen, daß die Neigung zur Verschönerung dem Menschen wesentlich und in den meisten Fällen lustvoll und potentiell subversiv ist. Das Thema »lesbischer Schick« zum Beispiel hat den orthodoxen feministischen Glauben, die Mode verdingliche Frauen und trage so zu ihrer Unterordnung bei, mit der modernistischen Vorstellung konfrontiert, daß Kleidung eine Gelegenheit bietet, mit Geschlechterrollen und Konventionen zu »spielen«.

Auch ihre Beurteilung der Pornographie haben einige Feministinnen revidiert, nachdem sie beobachtet hatten, daß die Allianz zwischen den feministischen Pornogegnerinnen und der fundamentalistischen Rechten auf der Vorstellung beruht, es gebe nur eine Art von »natürlicher« Sexualität (oder sollte sie geben). Die gegen jede Zensur eingestellten Feministinnen haben sich gegen die »Überwachung des Begehrens« ausgesprochen, die mit aller Macht sämtliche »abweichenden« und »politisch unkorrekten« Formen der Sexualität unterdrückt. Irving Klaws berüchtigte Bondage-Pornographie der fünfziger Jahre zum Beispiel zielte auf eine männliche Zuschauerschaft und benutzte viele der fetischistischen Ikonen, die in jüngster Zeit von der Mode integriert wurden. Doch die Modefotos im *Advocate* (aufgenommen von einer Frau für Frauen, die Frauen mögen) zeigen teilweise dieselben Kleidungsstücke und Sexspielzeuge, die Klaw verwendete. Naomi Wolf, die Autorin von *Der Mythos Schönheit*, mußte einräumen, daß eine Butch im Lederoutfit weder passiv noch als Opfer erscheint.[41] Dennoch steht Naomi Wolf der Modeindustrie weiterhin mehr oder weniger feindselig gegenüber. Ich halte ihre implizite Unterscheidung zwischen »guter« Straßenmode und »böser« Kommerzmode für ebenso inadäquat wie die Unterscheidung zwischen »guten« Erotika und »böser« Pornographie.

Viele Leute halten Pornographie für die Ursache von Perversionen und sexueller Gewalt. Genauso könnte man behaupten, Country- und Westernmusik *verursache* Ehebruch und Alkoholismus.[42] Dem Sexforscher John Money zufolge sind Paraphilien wie Fetischismus nicht nur sexuelle Abweichungen, sondern auch Abweichungen der Liebe. Paraphile haben, wie Money es ausdrückt, eine verwüstete Liebeslandkarte. Zwar wurden einige als Kinder mißbraucht, viele andere dagegen wurden durch wohlmeinende Eltern, deren eigene sexuelle Psychologie durch militant *antisexuelle* Haltungen deformiert war, zu

Opfern: »Mit strenger Regelmäßigkeit findet man bei Paraphilen die religiöse Vorgeschichte einer gnadenlos orthodoxen Erziehung.« Um sich sexuell zu erregen, müssen die Opfer einen radikalen Schnitt zwischen Lust und Liebe vornehmen. Indem er seine Lust zum Beispiel auf einen Schuh richtet, »rettet« der Fetischist sein »reines« Liebesobjekt vor der Besudelung. Ironischerweise wird der ständige Krieg gegen die Pornographie, wie Money bemerkt, vielleicht zu einem noch stärker »sexfeindlichen Klima« führen, das dann noch mehr hypophile (frigide) Frauen und paraphile Männer hervorbringen wird. Um Paraphilien vorzubeugen, muß die Gesellschaft, wie Money meint, »die Entwicklung einer gesunden Liebeslandkarte in der Kindheit« sicherstellen.[43]

Auch Anorexie, Bulimie und Fettleibigkeit sind ernste Probleme moderner westlicher Gesellschaften, aber sie werden nicht durch die Mode *verursacht*. Obwohl die neue Hippiemode der frühen neunziger Jahre vor kurzem den sogenannten Lumpenlook unter den Supermodels verbreitete, hat der Trend der letzten zwanzig Jahre doch bei Männern wie Frauen einen mehr oder weniger athletischen Körpertypus betont. Die zeitgenössische Mode als »Rückschlag« für die unabhängige Frau zu bezeichnen erscheint darum vereinfacht.

Sigmund Freud kam einmal zu dem Schluß, die Hälfte der Menschheit sei unter die Kleiderfetischisten einzureihen und alle Frauen seien Kleiderfetischisten. Triumphierend glaubte er zu verstehen, warum gerade die intelligentesten Frauen sich abwehrend gegen die Forderungen der Mode verhalten. Aber das war naiv. Bis zum achtzehnten Jahrhundert war die männliche Kleidung mindestens ebenso modisch und sexuell provokativ wie die der Frauen; und sogar heute folgt die Herrenbekleidung der Mode, wenn auch langsamer und diskreter als die Damenmode. Während fetischistische Männer den Wunsch zu sehen unterdrücken und statt dessen die Kleider anbeten, die den Blick verstellen, unterdrücken Frauen, wie Freud meint, das passive Verlangen, betrachtet zu werden.[44]

Diese Hypothese wird durch keinen Augenschein gestützt. Mode hat nie schlicht und einfach etwas über Körperteile ausgesagt, sondern über Identität. (Wenn sich unsere Selbstwahrnehmung ändert, tut es auch unsere Kleidung.) Wir haben gesehen, daß Fetischismus ein symbolisches System einschließt, eines, das sich nur sehr langsam ändert. Aber in der Welt der Mode haben kulturelle Zeichen keine festgeschriebenen Bedeutungen; diese ändern sich kontinuierlich. Tatsächlich könnte man behaupten, daß Mode »eine perverse, fetischisierte Leidenschaft für einen abstrakten Code zelebriert«.[45] In diesem eingeengten Sinn sind viele Frauen Kleiderfetischistinnen.

Es wäre auch möglich, die »exzessive« Beschäftigung von Frauen mit Schönheit und Mode »zum Teil als Investition in die Vorstellung einer alles verbindenden, allgemeinen Haut theoretisch zu fassen: eine archaische sinnliche Schnittstelle zwischen Mutter und Kind«. Obwohl diese Phantasie (die in der Kindheit durch den Kontakt mit der Haut der Mutter entsteht) sowohl Männer als auch Frauen gleichermaßen betreffen müßte, wären die Formen ihres symbolischen Ausdrucks doch unterschiedlich: »Für den Mann beinhaltet die Faszination weiblicher Kleidung immer auch Neid«, während die Frau (die dasselbe Geschlecht hat wie ihre Mutter) »die Phantasie der Haut in ihrer ursprünglichen Großartigkeit ausagieren« kann.[46]

Fetischismus als Mode

In der kürzlich veröffentlichten Sammlung *Lederlust* schreibt Scott Tucker: »Worte wie Ledertypen, Fetischisten und Sadomasochisten bezeichnen nicht die volle Bandbreite von Personen und erotischen Reizen, die mir vorschweben, aber sie erfüllen ihren Zweck.« Er beschreibt dann mit Vergnügen die Art und Weise, in der radikale Sexgruppen »den Fetischismus zu einer bislang nicht dagewesenen Mode erheben«.[47]
Solcher Stolz auf die Fetischmoden hängt offensichtlich von der Akzeptanz der persönlichen Betroffenheit von fetischistischer und sadomasochistischer Sexualität ab. Das spiegelt umgekehrt die kulturelle Bedeutung der Schwulenbewegung, die zusammen mit der Frauenbewegung eines der bedeutendsten kulturellen Phänomene des zwanzigsten Jahrhunderts bildet. Im Lauf der letzten zehn Jahre haben andere sexuelle Minderheiten (besonders Sadomasochisten und Transvestiten, aber auch Fetischisten und Pädophile) begonnen, nach dem Vorbild der Schwulenbewegung eigene Anstrengungen zur Legitimierung ihrer sexuellen Praktiken zu unternehmen.
In Arbeiten wie Marjorie Garbers *Verhüllte Interessen* wird der Transvestismus als Kraft interpretiert, die die konventionellen Vorstellungen von Sexualität und Geschlechtszugehörigkeit zerstört oder unterminiert. Annie Woodhouses *Fantastic Women* hinterfragt allerdings, wie grenzüberschreitend Cross-dressing wirklich ist, da es sich so ausschließlich in Stereotypen bewegt. »Transvestiten sehen *gender* als etwas starr Abgegrenztes«, schreibt Annie Woodhouse. »Durch das Anlegen von Frauenkleidern kreiert der Transvestit eine synthetische Frau«, sein »weibliches Selbst, das auf die Wünsche und das Verlangen seines männlichen Selbst reagiert«. Der liberale Glaube, der Transvestismus bringe »patriarchalische Institutionen und Verhaltensweisen zum Einsturz«, ist »unrealistisch«.[48]
Der populäre Diskurs über Mode verbreitet jedoch, daß jeder Stil, der helfen kann, aus »dem Gefängnis der Geschlechtszugehörigkeit« auszubrechen, schon an sich »befreiend« ist.[49] Obwohl Cross-dressing immer »ein Teil der Fetischszene gewesen ist« (da es von Tunten bis zu Männern, die versuchen, als Frauen »durchzugehen«, ein breites Spektrum umfaßt), stellt das Aufkommen des »Fetischkostüms« ein neues Phänomen dar. »Der Fetischfummel braucht keine Vollständigkeit«, bemerkt Tony Mitchell. Statt dessen vermischt er »männliche« Elemente wie die schwarze Lederjacke und Stiefel mit »weiblichen« wie Seidenstrümpfen und Korsetts. »Dieser Stil kommt der Ambiguität der SM-Orientierung entgegen.«[50]

Bikerschick. Modells in *Vogue*, September 1991.
(© Peter Lindbergh)

Die Politisierung der Sexualität hat zu Unstimmigkeiten zwischen Sexradikalisten und radikalistinnen und Feministinnen geführt. Wie Ken Plummer aufzeigt,

> findet die Hauptdebatte derzeit zwischen einer Politik des Begehrens (den sexuellen Befreiern) und einer Politik des Sexismus (den Kämpfern für die *Gender*-Befreiung) statt. Beide bekämpfen die traditionelle Perspektive auf die Sexualität. [...] Aber die ersteren wollen neue Formen der Sexualität verbreiten, während die letzteren die Verminderung der Ungleichheit zwischen den Geschlechtern anstreben. [...] Beide Standpunkte erheben den Anspruch, »progressiv« zu sein. [...] Aber sie sind diametral entgegengesetzt – denn der erste will ein männliches Modell des Begehrens befreien, während letzterer eben darin die Quelle der Unterdrückung sieht. [...] Perversionen werden zum Schlachtfeld der Redefinition: als positive Sexualität oder Unterdrückung der Frauen.[51]

Auch im Lager der Sexradikalisten gibt es Unstimmigkeiten. Einige bejahen die Annäherung von Mode und Fetischismus, während andere kritisieren, daß Modedesigner die Fetischthemen nur als »zusätzliche Option« sehen. Erinnern wir uns, wie sich der Lederdesigner Randall beklagte, daß Versace den Look »ruiniert« habe.

Doch geht man von falschen Voraussetzungen aus, wenn man Fetischkostüme per se als rebellisch, »authentisch« und gut betrachtet, während Modestile, die aus den Fetischkostümen hervorgegangen sind, konformistisch, konsumfreundlich und schlecht seien. Die Verbindung zwischen Mode und Fetischismus ist komplizierter. Fetischismus kann obsessiv und repetitiv sein, während die Mode Möglichkeiten der Wahl und der Änderung anbieten kann. In ihrem Essay »Costume Drama« meint die Designerin Krystina Kitsis, daß

> der »wirkliche« Fetischist sich für die *Transformation* interessiert: aus Fleisch wird kühler schwarzflüssiger Gummi – simulierte Haut. [...] Die Modebewußten sind durch den äußeren Glanz des Fetischismus verführt, der so in die persönliche Garderobe des Trägers Eingang findet. Die Modebewußten unterscheiden sich durch Glamour und Stil, die die Stereotypen des Fetischismus in persönliche Identität umwandeln.
> Für Fetischisten ist es das *Stereotyp* selbst, das zum Objekt der Faszination wird.[52]

Wie Kitsis ausführt, »geben Modebewußte sich der Vorstellung von Differenz und Wahl hin. [...] Der Fetischismus hat diesen Bereich der Wahl zugänglich gemacht und zieht gleichzeitig seinen Nutzen [daraus].«

Die Aufnahme fetischistischer Motive in die Mode zieht offensichtlich eine Kommerzialisierung des Fetischismus nach sich; aber führt das auch zu seiner Domestizierung (oder Deradikalisierung)? Jean-Paul Gaultier hat sich sehr offen über sein lebenslanges Interesse für fetischistische Kleidung geäußert. Schon mit sechzehn Jahren skizzierte er Füße, die sich so dramatisch wölbten, daß sie »fast wie gebrochen« wirkten.[53] Aber er beharrt: »Ich tue solche Dinge nicht nur aus meiner Phantasie heraus, sondern um etwas zu reflektieren, wovon ich glaube, daß die Leute es wollen.« Fast jeden Stil, den er für Frauen geschaffen hat, führte er auch für Männer aus, der Theorie entsprechend, daß Kleider ausdrücken, daß »es eine Menge Sex in unserem Leben gibt«; und wenn Frauen verführerisch sein können, können es auch Männer.[54]

Fetischisten lassen sich aber auch durch populäre kulturelle Phänomene inspirieren, die ihrerseits fetischistische Quellen nutzen. Die Herausgeber des europäischen Sexmagazins *O: Fashion, Fetish & Fantasies* brachten eine enthusiastische Beschreibung des Catwoman-Kostüms aus dem Film *Batmans Rückkehr* und stellten Verbindungen zur zeitgenössischen Mode her: »High-heels, Gummi-Catsuits, Brustharnisch, Gesichtsmaske ... [Catwomans] schimmerndes schwarzes Outfit macht Fetischmode international bekannt, beschleunigt ihren Triumphmarsch und gewinnt ihr allgemeine Anerkennung.«[55] Diese Anerkennung wird nicht umgehend erreicht, dennoch beobachteten die Fetischclubs eine Flut von durch den Film inspirierten Catwoman-Kostümen. Aber so faszinierend Fetischkostüme an sich sind, ist es doch noch interessanter herauszufinden, warum der Fetischismus in letzter Zeit solchen Einfluß auf die Mode und die Alltagskultur hat. Es ist Zeit, die Fetischmoden wieder näher in Augenschein zu nehmen, um die Ursprünge ihres Charismas zu finden.

Die mit der Fetischmode verbundene Symbolik der Farben ist besonders bemerkenswert. Schwarz ist die bei weitem beliebteste Farbe, konkurrierend nur mit Rot. Schwarz ist eine einzigartige kräftige Farbe – abstrakt, rein und geheimnisvoll. Aus anthropologischer Perspektive sind Schwarz und Rot seltene natürliche Symbole: die Nacht ist schwarz, das Blut rot. Im Gegensatz dazu beruht der Symbolgehalt anderer Farben in erster Linie auf Konvention: nichts in der Natur macht Grün zur Farbe der Eifersucht oder Weiß zur Farbe der Unschuld.[56]

Die Farbe Schwarz hat jedoch eine Kulturgeschichte, die unsere Reaktionen auf sie beeinflußt. Seit dem Mittelalter hat man Schwarz mit dem Bösen, dem Satanischen in Verbindung gebracht; hier scheint Schwarz abweichende erotische Formen zu implizieren. Doch hat Schwarz auch gerade antisexuelle Bedeutungen, wie sie mit dem asketischen Gewand der katholischen Geistlichkeit und der nüchternen Konformität der Puritaner verbunden werden.

Schwarz wurde die Farbe der Trauer, Witwen und Nonnen tragen sie. Mancher empfand es als deprimierend, als Schwarz zur vorherrschenden Kleiderfarbe der kapitalistischen Bourgeoisie wurde. Alfred de Musset sah darin ein Symbol der Trauer. Baudelaire ging weiter, der Autor der *Blumen des Bösen* empfand die schwarze Kleidung der modernen Zeit nicht nur als ernst und feierlich, sondern auch als auf perverse Weise schön.

»Scheherazade ist einfach, das kleine Schwarze ist schwierig«, meinte Coco Chanel, erster echter weiblicher Dandy. Und obwohl das kleine Schwarze bald zum bourgeoisen Modeklischee wurde, bestand es neben der rebellischen schwarzen Lederjacke und dem bohemehaften Schwarz von Rollkragenpullovern und Sonnenbrillen. Schwarz war cool, verwegen und sexy. In der von Rassenkonflikten gespaltenen amerikanischen Gesellschaft erklärte Norman Mailer sogar, er wolle lieber schwarz sein. Die sechziger Jahre brachten den Aufstieg der Black-Power-Bewegung, die Assimilationstendenzen im Verhältnis zur weißen Gesellschaft beiseite fegte. In den siebziger Jahren belebten Schwule und Punks den Mythos des schwarzen Leders neu, das sie mit SM und den Hells Angels in Verbindung brachten. In den achtziger Jahren hatte Schwarz dann den größten Einfluß auf die Avantgarde-Mode. Einheitlich schwarze Kleidung wurde durch japanische Designer wie Rei Kawakubo eingeführt und zur beherrschenden Anti-Mode für Künstler und Intellektuelle. Obwohl viele Modejournalisten den neuen japanischen Stil als traurig und begräbnishaft empfanden, stellte Suzy Menkes fest, daß »Kleider, die den abgetragenen Konzepten der Weiblichkeit nichts verdanken«, in gewisser Hinsicht etwas »Feministisches« haben. Kawakubos Models wirkten in ihren düsteren schwarzen Kleidern wie »eine Armee von Kriegerinnen«.

In den neunziger Jahren war Schwarz zur wesentlichen Modefarbe geworden, vermutlich aus denselben Gründen, aus denen Schwarz die Fetischmoden dominiert: Schwarz wird mit Nacht und Tod, Gefahr, dem Nichts und dem Bösen assoziiert, mit Perversion, Rebellion und Sünde. Das hat nichts mit Rassismus zu tun. Das Magazin Black Leather ... In Color wurde von afro-amerikanischen Lederenthusiasten ins Leben gerufen.

An symbolischer und visueller Intensität kann sich mit Schwarz nur Rot messen, die Farbe von Blut und Feuer, von Wein und Rubinen. Tatsächlich formulierte Kawakubo einmal kryptisch, daß »Rot eigentlich Schwarz ist«. Rot wird mit den Flammen der Hölle assoziiert. In »Panty Raid« wird das Opfer gezwungen, einen französischen Morgenrock zu tragen: »Die Farbe war vampirrot!« Enggegürtet, befand sich auf seiner Gürtelschnalle »eine riesige Replik des Satans«. Rot ist die Farbe der Leidenschaft und Wut, der Gefahr und der Revolution. Aber auch Schwarz ist die Farbe der Revolution. Die schwarze Flagge der Anarchie wie das Schwarz des Faschismus erwecken das Bild totaler Zerstörung. Der Teufel ist der Prinz der Finsternis, der Dandy der schwarze Prinz der Eleganz.

Die wachsende Beliebtheit der Fetischmoden in weiten Kreisen ist direkt mit dem Charisma der Abweichung verknüpft. Das Böse, die Rebellion, die Gefahr und das Vergnügen üben eine starke emotionale Anziehung aus. In seinem originellen Buch Seductions of Crime findet der Soziologe Jack Katz, daß »all die provokativ sinnlichen Verderbtheiten der ›Nacht‹ stark charismatisch sind. Heimliche Schauder sind erregend. Böse, hart, fremd und lasterhaft auszusehen besitzt besonders für junge Leute eine große Anziehung.« Als Ergebnis dringen die Bilder der Abweichung, »nuttige Aufmachung [...], zerfetzte Hemden, Motorräder«, in die Alltagskultur ein; Werbefachleute haben erkannt, daß beim Verkauf von Produkten die »Verbindung mit normabweichenden Bildern« ausgesprochen hilfreich ist.[57] Wenn sich die Modeindustrie in steigendem Maß auf fetischistische Themen eingelassen hat, so finden wir hier einen der wichtigen Gründe dafür.

»Ich betrachte Perversionen nicht ausschließlich als Abweichungen von der natürlichen Sexualität, die nur eine verhältnismäßig kleine Zahl von Menschen betreffen«, schrieb Janine Chasseguet-Smirgel, »obwohl ihre Rolle und Bedeutung im soziokulturellen Bereich nicht überschätzt werden können. Ich betrachte Perversionen in einem weiteren Sinne als Dimension der menschlichen Psyche im allgemeinen, als Versuchung des Geistes, die jedem von uns widerfährt.«[58] Von einer ganz anderen Perspektive nähert sich die Literaturtheoretikerin Kaja Silverman diesem Thema. Sie ist der Meinung, daß »die Perversion eine [Herausforderung] für die symbolische Ordnung verkörpert«, da sie nicht nur die Sexualität betrifft, sondern auch die Abwendung von »Hierarchie und genitaler Sexualität« darstellt und sogar die Abwendung »vom väterlichen Signifikanten, der letzten ›Wahrheit‹«. Perversion ist demnach ein »radikaler Angriff auf die sexuelle Differenz«.[59]

Die Second-skin-Materialien, aus denen Fetischmode hergestellt wird, sind ebenfalls bemerkenswert. Die menschliche Haut ist eine der wichtigsten erogenen Zonen; und sie ist eine schützende Hülle, die die Körpergrenzen markiert: »Es gibt verläßliche Daten, die

Belle Ogier spielt in Barbet Schroeders Film *La Maitresse* eine strenge Domina. Kostüme von Karl Lagerfeld. (*Films de Losange*)

aufzeigen, daß die Stimulierung der Haut die Körpergrenzen stärken kann.«[60] Wenn Fetischisten glänzende, enganliegende oder eng zu schnürende Kleidung lieben, weist das auf eine erhöhte Beschäftigung mit der Durchdringbarkeit des Körpers hin. Mit Sicherheit werden die äußeren und Grenzfunktionen des Körpers durch die Fetischmaterialien dramatisiert. Die Fetischmode lenkt die Aufmerksamkeit auf den sexuellen Körper, während sie gleichzeitig den Zugang zu ihm erschwert.

Die glänzenden Gummioberflächen schließen Komponenten der sexuellen Erregung (versteifen, feucht werden) ein. Ob eine Person, die sich modisch in Latex kleidet, im Hinblick auf ihre Sexualität oder körperliche Integrität tatsächlich Angst empfindet (und wer hat im Zeitalter von Aids keine Angst vor Eindringlingen?) oder nicht, das spezifische *Aussehen* einer harten, feuchtschimmernden Undurchdringlichkeit steht unausgesprochen für Safer Sex. Ganzkörperanzüge aus Latex und schenkelhohe Stiefel sind zu den »modischen Insignien des Cybersex« geworden, sagt Mike Saenz, der Schöpfer von Donna Matrix, einer computerbetriebenen Comicfigur. Saenz führt das »Grundinteresse an fetischistischer Mode« auf die Art und Weise zurück, »wie sie als eine Art Quasi-Rüstung funktioniert und in Zeiten von Aids einen Versuch bildet, die Verwendung von Latex-Barrieren zu romantisieren und zu erotisieren«.[61]

Erotische Mode besteht nicht nur darin, den Körper zur Schau zu stellen oder die sekundären Geschlechtsmerkmale besonders zu betonen. Um als erotisch interpretiert zu werden, muß eine Mode in bestimmter Weise mit der sexuellen Öffentlichkeit assoziiert werden – dem Raum, in dem sexuelle Begegnungen stattfinden. Trendsetter fühlen sich vermutlich von der *Theatralik* der fetischistischen Erotik angezogen, von der Implikation, daß man lediglich durch das bloße Tragen eines bestimmten Kleiderstils zu einer Person werden kann, der sexuelle Abenteuer zustoßen. Mit gutem Recht mögen wir die Allgegenwart der fetisch-inspirierten Mode mit Begriffen wie »Parasexualität« und »Ausdruckserotik« beschreiben.[62] Fetischmode scheint in einer Weise über Sexualität zu sprechen, die wichtige und potentiell subversive Fragen stellt.

Aber warum sollten Fetischisten als besonders sexuelle Menschen privilegiert sein? Freuds Vorstellung, daß die Perversion einen Gegensatz zur Neurose bilde, scheint heute falsch; nützlicher ist es vielleicht, Perversionen als »erotische Neurosen« zu charakterisieren. Obwohl Fetischisten einige ihrer Ängste und Konflikte unterdrücken, erotisieren sie andere ganz deutlich. Aber die Anziehungskraft des Fetischismus und der »perversen« Sexualität im allgemeinen beruht auf mehr als einem »Fehler«.

Lange pathologisiert und dämonisiert, tauchte der »Perverse« rechtzeitig wieder auf, um erst als »Opfer der Umstände« zu gelten und dann als jemand, der sich gegen die soziale Ordnung auflehnt. Aus seiner »kulturellen Marginalität« heraus wurde der Abweichler als Vertreter einer »radikalen und grenzüberschreitenden Sexualität« bestätigt. Der Status des sexuellen Outlaws ist heute begehrt. Unter Intellektuellen reflektiert dieser Paradigmenwechsel auch den Einfluß Michel Foucaults, aber in größeren Gesellschaftskreisen erscheint er als direktes Ergebnis der »Explosion unorthodoxer Sexualformen«.[63]

Fetischismus mag uns aus Gründen faszinieren, die nur wenig mit der Wirklichkeit sexueller »Perversionen« zu tun haben (über die die wenigsten wirklich etwas wissen). Einige Psychiater haben ihre Besorgnis über die Beliebtheit von Fetischmoden geäußert. Möglicherweise geht diese Reaktion zu weit. Die meisten Leute, die schwarzes Leder und Fetischausrüstungen tragen, sind keine Sadomasochisten oder Fetischisten. Ein SM-Mann beklagt sich darum:

> In Chicago gibt es einen Club. […] Ich habe dort Frauen gesehen – fast alle jung, Anfang Zwanzig –, die Ketten tragen oder wirklich scharf, schräg zurechtgemacht sind. Ich [frage]: »Ist das Ausdruck einer deiner Phantasien oder Wünsche?« Und sie antworten: »Was?« Ich erkläre: »Was du da trägst, bedeutet für eine ganze Menge von Leuten etwas ganz Bestimmtes. Und ich frage mich, ob du an so etwas interessiert bist?« Und [darauf antworten sie wieder]: »Was?« – Sie machen modische Aussagen, mehr nicht.[64]

Warum ist »sexueller Schick« heute so beliebt? In ihrer Analyse »Perversion as Fashion« präsentiert die Autorin Diane Ackerman zwei der meist akzeptierten Gründe. Erstens weil wir »langsam zur viktorianischen Moral zurückmäandern […]. Wenn Gesellschaftsordnungen versuchen, die Sexualität zu ersticken, erzeugen sie häufig ein brennendes Verlangen, den Trieb auszuleben.« Zweitens wegen Aids: »In diesen Jahren der Heimsuchung, in denen man nicht einfach promiskuitiv sein kann, erlebt der Voyeurismus ein umfassendes Dauerhoch.« Daneben gibt es noch einen bei Konservativen beliebten dritten Grund; danach erklären sich Perversionen aus der wachsenden Freizügigkeit der Gesellschaft. Diane Ackerman fügt hinzu, daß unsere Alltagskultur mit sexuellen Bildern übersättigt ist: »Rockstars führen am Mikrofon Fellatio vor.«[65] Ich denke nicht, daß diese Erklärungen ausreichen. Unsere Gesellschaft ist beides, sexuell unterdrückt *und* hedonistisch. Die Leute haben immer noch Sex, sie kleiden sich nicht nur entsprechend. Ich denke, daß die Antwort anders sein muß – perverser.

Was immer verboten ist, wird erotisiert. In den sechziger Jahren erklärte Herbert Marcuse, daß Perversionen eine *promesse de bonheur* enthalten, die das Glücksversprechen der normalen Sexualität übertrifft; weil sie den Widerstand gegen die Unterwerfung der Sexualität unter das Zeugungsgebot und gegen die Institutionen, die diese Ordnung garantieren, ausdrücken. Freud beobachtete einen verführerischen Einfluß der Perversionen, als ob im Grunde ein geheimer Neid auf die, die ihre Freude daran haben, erstickt werden müsse.[66] Nicht nur stehen Perversionen für Lust im Gegensatz zur Fortpflanzung. Sie beinhalten auch eine Kritik an der Sexualität der Eltern.[67]

Der Perverse ist für uns ein anderer. Aber in unseren Phantasien offenbart sich unsere Scheinheiligkeit. »Was ist eine ›normale‹ erotische Phantasie?« Phantasie oder Imagination befassen sich unvermeidlich mit dem Verbotenen und Unmöglichen.[68] In seinen späten Werken schrieb Fred Davis darüber, wie nachhaltig kulturelle Ambivalenz auf die Mode wirkt, die die Spannung zwischen Gegensätzen zweideutig ausdrückt, »zwischen Jugend und Alter, zwischen Männlichkeit und Weiblichkeit … und zwischen Angepaßtheit und Rebellion«.[69] Vielleicht erkennen wir jetzt in der Mode die Ambivalenz, mit der wir selbst die schwindende Grenze zwischen dem »Normalen« und dem »Perversen« wahrnehmen.

ANHANG

Fetischkleid. London.
(© Grace Lau)

Dank

Für Bildmaterial schulde ich vielen Institutionen und Menschen Dank: Archive Photos (Michael Schulman); Peter Ashwort; Chris Bell; The Bettman Photo Archives (Joyceline Clapp); The Bodleian Library an der Oxford University; Leigh Bowery und Fergus Greer; The British Library (Naresh S. Kaul); Peter Czernich von O: *Fashion, Fetish & Fantasies*; Kevin Davies; Peter Farrer; Films de Losange; The Human Sexuality Collection der Cornell University Library (Brenda J. Marston); Travis Hutchison; Impact Visuals und Robert Fox; dem Kinsey Institute for Research in Sex, Gender and Reproduction (Jim Crump, Margaret Harter und June Reinisch); Eric Kroll; Grace Lau; Jerry Lee von den Centurian/Spartacus Publications; Andy Levin; Peter Lindburgh; Roxanne Lowit; *Movie Star News* und Paula Klaw; Angela Murray von Murray & Vern; Fakir Musafar von *Body Play*; Musée International de la Chaussure, Romans (Marie-Josèphe Bossan); Helmut Newton und der französischen *Vogue*; Camille Norment; Patrice Stable; The Tom of Finland Foundation und Vinc Gaither; Maria Chandoha Valentino; Trevor Watson; Vivienne Westwood und Tim Woodward von *Skin Two*.

Es wurde jede Anstrengung unternommen, um für alle Illustrationen und Fotografien die Abdruckgenehmigung zu erhalten. Sollten die Quellenangaben dennoch unzureichend sein, nehmen Sie bitte über den Originalverlag Kontakt mit der Autorin auf, damit in zukünftigen Ausgaben die urheberrechtlichen Nachweise vervollständigt werden können.

Mein besonderer Dank gilt Pearl, Bob und Cathie J., Lauren, Miss R. vom Torture Garden, der Baronesse Varcra, Marie Constance von Dressing for Pleasure, Randall von The Caped Crusadist, dem Personal von Sin, Brandon von The Pleasure Elite, der Eulenspiegel Society, der London Life League und Dianne Kendall. Dank schulde ich auch Halla Beloff, Katherine Betts, Anne Brogden, Marion DeBeaupré, Fred Dennis, Monica Elias, John Grant, Susan Kaiser, Robert Kaufmann, Dorothy Ko, Desirée Koslin, Nancy Lane, Thomas LeBien, Richard Martin, Lorraine Mead, Jimmy Newcomer, Isabelle Picard von Thierry Mugler, Ailene Ribiero, dem Department für Geschichte der Psychiatrie und Verhaltensforschung am New York Hospital/Cornell Medical Center, Dennita Sewell, Jody Shields, Joy Steele, June Swann, Efrat Tsëelon, Michel Voyski und Rosemary Wellner. Frank Liberto und Mark Micale schulde ich tiefen Dank, weil sie das Manuskript gelesen haben. Am meisten danke ich meinen Studenten und meinem Ehemann.

Anmerkungen

Einleitung

1 Cynthia Rose, »Skin Deep«, in: *Guardian Weekend*, 5. März 1994, S. 29.
2 Ebd.
3 Jean Baudrillard, *Pour une critique de l'économie du signe*, Paris 1972.
4 Reverend P. Baudin, *Fetichism and Fetich Worshippers*, New York 1885, S. 5, 109.
5 Karl Marx, *Das Kapital. Kritik der politischen Ökonomie*, Bd. I, Buch 1: Der Produktionsprozeß des Kapitals, Berlin 1987, S. 87 f.
6 Linda Williams, *Hard Core: Macht, Lust und die Tradition des pornographischen Films*, übers. v. Beate Till, Basel und Frankfurt am Main 1995, S. 135, 150.
7 Anne McClintock, zit. in: *Feminists for Free Expression Newsletter* 2 (1994), S. 2.
8 Vgl. Emily Apter und William Pietz (Hg.), *Fetishism as Cultural Discourse*, Ithaca 1993.
9 Andrea Raab, »Fetishes«, in: *Self*, April 1992, S. 94.
10 Susan Crain Bakos, »Sexual Obsessions«, in: *Ladies' Home Journal*, April 1993, S. 113.
11 Louis Nizer, *My Life in Court*, Garden City 1961, S. 199 f., 203 f.
12 Edward Klein, »Trump Family Values«, in: *Vanity Fair*, März 1994, S.158.
13 »Jury Convicts Publicist of Footwear Theft«, in: *New York Times*, 17. Februar 1994, S. B2.
14 »Diary of a High Heel Model,« in: *High Heels*, Januar 1962, S. 17.

Was ist Fetischismus?

1 Richard von Krafft-Ebing, *Psychopathia sexualis. Mit besonderer Berücksichtigung der konträren Sexualempfindungen* (1886), München 1984, S. 179.
2 Emile Laurent, *Les Perversions sexuelles: Fétichistes et érotomanes* (Paris 1905), zit. in: Yves Edel, Vorwort zu Gaëtan Gatian de Clérambault, *Passion érotique des étoffes chez la femme* (1908), Paris 1991, S. 11.
3 Alfred Binet, »Le Fétichisme dans l'amour: Étude de psychologie morbide«, in: *Revue philosophique* 24 (1887), S. 274.
4 Krafft-Ebing, *Psychopathia sexualis*, S. 179.
5 Georges Canguilhem, *Das Normale und das Pathologische*, übers. v. M. Noll und R. Schubert, München 1974, S. 19.
6 Paul H. Gebhardt, »Fetishism and Sadomasochism«; beschrieben von Lorraine Gamman und Merja Makinen in: *Female Fetishism: A New Look*, London 1994, S. 38.
7 Robert Stoller, *Observing the Erotic Imagination*, New Haven 1985, S. 35.

8   Chris Gosselin und Glenn Wilson, *Sexual Variations. Fetishism, Sadomasochism, and Transvestism*, London 1980, S. 43.
9   Attorney General of the United States, *Final Report of the Attorney General's Commission on Pornography*, Nashville 1986, S. 343 f.
10 Mark Elliott Dietz und Barbara Evans, »Pornographic Imagery and Prevalence Paraphilia«, in: *American Journal of Psychiatry* 139 (1982), S. 1495. Dietz und Evans stellten fest, daß weniger als zwei Prozent der Pornographie, die sie untersucht haben, sich mit Leder- oder Gummibekleidung und mit ungewöhnlichen Schuhen oder Stiefeln beschäftigen. Andere Quellen kommen auf etwas höhere Zahlen von drei bis fünf Prozent.
11 Attorney General, *Final Report of the Attorney General's Commission on Pornography*, S. 427.
12 Stoller, *Observing the Erotic Imagination*, S. 11 f.
13 Robert Stoller, *Presentations of Gender*, New Haven 1985, S. 135.
14 Louise Kaplan, *Weibliche Perversionen. Von befleckter Unschuld und verweigerter Unterwerfung*, übers. v. Sabine Schulte, Hamburg 1991, S. 16.
15 Louise Kaplan, »Women Masquerading as Women«, in: Gerald I. Fogel und Wayne A. Myers (Hg.), *Perversions and Near-Perversions in Clinical Practice: New Psychoanalytic Perspectives*, New Haven 1991, S. 129.
16 Kaplan, *Weibliche Perversionen*, S. 19.
17 Sigmund Freud, »Fetischismus« (1927), in: *Studienausgabe*, Bd. III, Frankfurt am Main 1975, S. 383 f.
18 Ted Polhemus, *Body Styles*, Luton 1988, S. 100.
19 Kaplan, *Weibliche Perversionen*, S. 67.
20 Freud, »Fetischismus«, S. 385.
21 Kaplan, *Weibliche Perversionen*, S. 89.
22 Ebd., S. 33.
23 Heinrich Hoffmann, Der Struwwelpeter, Bindlach 1994, S. 16.
24 Eugénie Lemoine-Luccioni, *La Robe: Essai psychoanalytique sur le vêtement*, Paris 1983, S. 34.
25 Robert Bak, »The Phallic Woman: The Ubiquitous Fantasy in Perversions«, in: *Psychoanalytic Study of the Child* 23 (1968), S. 16.
26 Freud, »Fetischismus«, S. 386.
27 Janine Chasseguet-Smirgel, *Kreativität und Perversion*, übers. v. Norbert Geldner, Frankfurt am Main 1986, S. 118.
28 Ebd., S. 125 f.
29 Selbst wenn wir annehmen, daß Kastrationsangst ein Faktor in der Genese des Fetischismus ist, wissen wir noch nicht, warum manche Männer mit Fetischismus auf die Kastrationsangst reagieren, andere dagegen nicht. Präödipale Gründe für den Fetischismus, wie frühkindliche Trennungsangst und auch die Angst um die körperliche Integrität spielen eine Rolle.
30 Phyllis Greenacre, »Certain Relationships Between Fetishism and Faulty Development of the Body Image«, in: *Psychoanalytic Study of the Child* 8 (1953), S. 93, zit. in: Ernest Becker, *The Denial of Death*, New York 1973, S. 228. Vgl. auch: Dies., »Perversions: General Considerations Regarding Their Genetic and Dynamic Background«, in: *Psychoanalytic Study of the Child* 23 (1968), S. 47-62.
31 Stoller, *Presentations of Gender*, S. 93-136.
32 Ebd., S. 130 f.

33 Chasseguet-Smirgel, *Kreativität und Perversion*, S. 81.
34 Ebd., S. 128.
35 Michel Foucault, *Sexualität und Wahrheit*, Bd. 1: Der Wille zum Wissen, übers. v. Ulrich Raulf und Walter Seitter, Frankfurt am Main 1983, S. 183.
36 Domna C. Stanton, »Introduction: The Subject of Sexuality«, in: Dies. (Hg.), *Discourses of Sexuality: From Aristotle to AIDS*, Ann Arbor 1992, S. 40. Vgl. auch Robert A. Padgug, »Sexual Matters: On Conceptualizing Sexuality in History«, in: *Radical History Review* 20 (1979), S. 3-24.
37 Vgl. auch Lynn Hunt (Hg.), *Die Erfindung der Pornographie*, Frankfurt am Main 1994.
38 Alex Comfort, »Deviation and Variation«, in: Glenn Wilson (Hg.), *Variant Sexuality. Research and Theory*, Baltimore 1987, S. 2.
39 Gilbert Herdt und Robert Stoller, *Intimate Communications: Erotics and the Study of Culture* (New York 1990), S. 126 f.
40 Colin Wilson, *The Misfits. A Study of Sexual Outsiders*, New York 1988, S. 8, 75.
41 Matt Ridley, *The Red Queen. Sex and the Evolution of Human Nature*, New York 1993; David M. Buss, *The Evolution of Desire: Strategies of Human Mating*, New York 1994.
42 Glenn Wilson, *The Great Sex Divide: A Study of Male-Female Differences*, London 1989, S. 86.
43 Ebd., S. 8 ff.
44 Ronald A. La Torre, »Devaluation of the Human Love Object: Heterosexual Rejection as a Possible Antecedent to Fetishism«, in: *Journal of Abnormal Psychology* 89 (1980), S. 1295-1298.
45 Arthur Epstein, »The Relationship of Altered Brain States to Sexual Psychopathology«, in: Joseph Zubin und John Money (Hg.), *Contemporary Sexual Behavior. Critical Issues in the 1970s*, Baltimore 1973, S. 300 f. Vgl. auch W. Mitchell, M. A. Falconer und D. Hill, »Epilepsy with Fetishism Relieved by Temporal Lobectomy«, in: *Lancet* 2 (1954), S. 626-630.
46 Epstein, »Relationship of Altered Brain States to Sexual Psychopathology«, S. 302.
47 Robert Stoller, »Psychoanalysis and Physical Intervention in the Brain: The Mind-Body Problem Again«, in: Zubin und Money (Hg.), *Contemporary Sexual Behavior*, S. 341.
48 Vgl. Wilson (Hg.), *Variant Sexuality*.
49 Chris Gosselin, »Why Me?« (1984), in: *Skin Two Retro* 1 (London 1991), S. 24.
50 Gosselin und Wilson, *Sexual Variations*, S. 153 f.
51 American Psychiatric Association, *Diagnostic and Statistical Manual of Mental Disorders*, 4., durchges. Aufl., Washington 1994, S. 526 [im folgenden zitiert als *DSM*].
52 Paul H. Gebhard, »Fetishism and Sadomasochism«, in: Martin Weinberg (Hg.), *Sex Research: Studies from The Kinsey Institute*, New York 1976, S. 159.
53 Eine klinische Studie über Fetischpräferenzen bei achtundvierzig in psychiatrische Kliniken eingelieferten Fetischisten belegt, daß Kleider die beliebtesten Fetische sind (58%), gefolgt von Gummi (23%), einzelnen Körperteilen (15%), Fußbekleidung/Schuhen (ebenfalls 15%), Leder (10%), weichen Materialien wie Seide (6%) und Kleidern aus weichen Materialien (8%). Vgl. dazu A. J. Chalkley und E. E. Powell, »The Clinical Description of Forty-eight Cases of Sexual Fetishism«, in: *British Journal of Psychiatry* 142 (1983), S. 292-295; zit. in: William B. Arndt, *Gender Disorders and the Paraphilias*, Madison 1991, S. 183.
54 David Kunzle, *Fashion and Fetishism*, Totowa 1982, S. 14.
55 *DSM* 3 (1987), S. 283; *DSM* 4 (1994), S. 26.
56 Kunzle, *Fashion and Fetishism*, S. xx.

57 Joyce McDougall, *Plädoyer für eine gewisse Anormalität*, Frankfurt am Main 1985, S. 58.
58 Pat Califia, »Beyond Leather: Expanding the Realm of the Senses to Rubber«, aus: »Dominas: Women with Attitude«, in: *Skin Two*, Nr. 11 (nicht datiert [1993]), S. 28.
59 Ebd.
60 Freud, »Fetischismus«, S. 383.
61 Nach Samuel S. Janus und Cynthia L. Janus »billigen 22% der begutachteten Männer und 18% der Frauen Fetische im allgemeinen«. Sie nahmen an, daß Fetische entweder »völlig normal« (5%) oder »in Ordnung« seien. »11% der Männer und 6% der Frauen berichteten, mit Fetischen Erfahrungen gemacht zu haben.« (Dies.,*The Janus Report on Sexual Behavior* [New York 1993] S. 122.)
62 Comfort, »Deviation and Variation«, S. 1.
63 Glenn Wilson, *The Secrets of Sexual Fantasy*, London 1978, S. 100 f.
64 Robert H. Morneau und Robert R. Rockwell, *Sex, Motivation, and the Criminal Offender*, Springfield 1980, S. 317.
65 Arndt, *Gender Disorders and the Paraphilias*, S. 201 f.
66 Glenn Wilson, Vorwort zu: Ders. (Hg.), *Variant Sexuality*.
67 Sigmund Freud, »Drei Abhandlungen zur Sexualtheorie«, in: *Studienausgabe*, Bd. V, Frankfurt am Main 1972, S. 58.
68 Joyce McDougall, *Theater der Seele. Illusion und Wahrheit auf der Bühne der Psychoanalyse*, übers. v. Klaus Laermann, München und Wien 1988, S. 263.
69 Joyce McDougall, »Perversions and Deviations in the Psychoanalytic Attitude. Their Effects on Theory and Practice«, in: Fogel und Myers (Hg.), *Perversions and Near-Perversions in Clinical Practice*, S. 178 f., 183 f., 188.
70 George Stade, »The Hard-Boiled Dick. Perverse Reflections in a Private Eye«, in: Fogel und Myers (Hg.), *Perversions and Near-Perversions in Clinical Practice*, S. 232 f.

Mode und Fetischismus

1 Xavier Moreau, zit. in: Georgina Howell, »Chain Reactions«, in: *Vogue*, September 1992, S. 532.
2 Shari Benstock und Suzanne Ferris (Hg.), *On Fashion*, New Brunswick 1994, S. 5.
3 David O. Friedrichs, »The Body Taboo«, in: *Sexual Behavior* 2 (1972), S. 64.
4 *High Heels* 2 (1965), S. 27.
5 »Letters from Our Readers«, in: *Bizarre Life* (nicht datiert [ca. 1966]), Kinsey Institute.
6 *Erolastica* 1 (1975), S. 6.
7 *Throttle: The Book for Leather Lovers* (o. O., o. J.), Human Sexuality Collection, Cornell University Library.
8 Krystina Kitsis, »Bound by Our Image«, in: *O: Fashion, Fetish & Fantasies*, Nr. 23 (1994), S. 33.
9 Dick Hebdidge, *Subculture: The Meaning of Style* (1979), London 1993, S. 107 f. [Hervorhebung V. S.].
10 Caroline Evans and Minna Thornton, *Women and Fashion: A New Look*, London 1989, S. 21.
11 John Savage, *England's Dreaming*, New York 1992, S. 64, 68.
12 Vivienne Westwood, zit. in: Evans und Thornton, *Women and Fashion*, S. 23.

13 Vivienne Westwood gegenüber der Autorin, 19. September 1994.
14 »Malcolm McClaren«, in: O: Fetish, Fashion & Fantasies, Nr. 23 (1994), S. 36 ff.
15 Michael Selzer, Terrorist Chic: An Exploration of Violence in the Seventies, New York 1979.
16 Edmund White, »Fantasia on the Seventies«, in: Edmund White, The Burning Library, New York 1994, S. 39.
17 Barbara Rose, »The Beautiful and the Damned«, in: Vogue, November 1978, S. 326.
18 Howell, »Chain Reactions«, S. 532.
19 Valerie Steele, »Erotic Allure«, in: Andrew Wilkes (Hg.),The Idealizing Vision. The Art of Fashion Photography, New York 1991, S. 81-97.
20 Roger Madison, »Dig Black Stockings and Boots?«, in: Sexology 41 (1975), S. 25 f.
21 Hugh Jones, The Sexual Fetish in Todays Society, North Hollywood 1965, S. 17 f.
22 John Gagnon, Human Sexualities, Glenview 1977, S. 332 f.
23 Medical Aspects of Human Sexuality, Juni 1974, S. 201 f.
24 Albert Ellis, Sex and the Liberated Man, Secaucus 1976, S. 77 f., 143.
25 Ebd., S. 144.
26 Kathy Myers, »Fashion 'n' Passion: A Working Paper«, in: Angela McRobbie, Zoot Suits and Second Hand Dresses: An Anthology of Fashion and Music, Boston 1988, S. 189-198.
27 Rosetta Brooks, »Fashion: Double Page Spread«, in: Camerawork, Januar-Februar 1980, S. 2.
28 Colin McDowell, Dressed to Kill: Sex, Power & Clothes, London 1992, S. 168.
29 Zit. in ebd., S. 178.
30 Sarah Mower, »Fashion Intelligence: Of Human Bondage«, in: [der englischen] Vogue, Februar 1991, S. 15.
31 Tony Mitchell, »Scene & Heard: Cheek to Chic«, in: Skin Two, Nr. 9 (1989), S. 18.
32 Zit. in Shane Watson, »The New Glamour«, in: [der englischen] Elle, August 1994, S. 94.
33 Naomi Schor, »Female Fetishism: The Case of George Sand«, in: Susan Rubin Suleiman (Hg.), The Female Body in Western Culture: Contemporary Perspectives, Cambridge 1986, S. 371.
34 Tina Papoulias, »Fetishism«, in: Harriet Gilbert (Hg.),The Sexual Imagination from Acker to Zola. A Feminist Companion, London 1993, S. 89 f.
35 Juliet Hopkins, »The Probable Role of Trauma in a Case of Foot and Shoe Fetishsm: Aspects of Psychotherapy of a Six-year-old Girl«, in: International Review of Psychoanalysis 11 (1984), S. 79-91; angeführt in: Gregorio Kohon, »Fetishism Revisited«, in: International Journal of Psycho-Analysis 68 (1987), S. 219.
36 Lorraine Gamman und Merja Makinen, Female Fetishism: A New Look, London 1994, S. 96-102.
37 Robert Stoller, Observing the Erotic Imagination, S. 137.
38 Ebd., S. 142.
39 Steven Marcus, Die Umkehrung der Moral. Sexualität und Pornographie im viktorianischen England, Frankfurt am Main 1979.
40 Michael Mason, The Making of Victorian Sexuality: Sexual Behavior and Its Understanding, Oxford 1994, S. 43 f.
41 Foucault, Sexualität und Wahrheit, Bd. 1: Der Wille zum Wissen, S. 27.
42 Alain Corbin, Women for Hire. Prostitution and Sexuality in France After 1850, übers. v. Alan Sheridan, Cambridge 1990, S. 125 f.
43 Ebd., S. 124-127.

44 Krafft-Ebing, *Psychopathia sexualis*, S. 196.
45 Corbin, *Women for Hire*, S. 201, 212.
46 Ken Plummer, »Sexual Diversity: A Sociological Perspective«, in: Kevin Howells (Hg.), *The Psychology of Sexual Diversity*, Oxford 1984, S. 227.
47 Havelock Ellis, *Sexual-psychologische Studien*, Bd. 4: Die krankhaften Geschlechtsempfindungen auf dissoziativer Grundlage, übers. v. Ernst Jentsch, Leipzig, 3. Aufl., 1922, S. 112, 227.
48 Zit. in »The Forbidden Books of Youth«, in: *New York Times Book Review*, 6. Juni 1993, S. 28. In den fünfziger Jahren berichteten fetischistische Mitglieder des Biz-zare Clubs, es bereite ihnen Freude, Krafft-Ebings Fallgeschichten zu lesen.
49 Walter Benjamin, »Charles Baudelaire: Ein Lyriker im Zeitalter des Hochkapitalismus«, in: *Gesammelte Schriften*, Bd. I.2, Rolf Tiedemann und Hermann Schweppenhäuser (Hg.), Frankfurt am Main 1980, S. 559.
50 Vgl. zu Werner Sombart: Valerie Steele, *Fashion and Eroticism: Ideals of Feminine Beauty from the Victorian Era to the Jazz Age*, New York 1985, S. 18.
51 Vgl. Gamman und Makinen, *Female Fetishism*, S. 28-37, 182 f.
52 Ebd., S. 37, 205.
53 *London Life* [Korrespondenz-Ergänzungsband], 29. Juli 1933, S. 68.
54 Madame Kayne, *The Corset in the Eighteenth and Nineteenth Centuries*, Brighton (o.J. [ca.1932]). Am Ende des Buches finden sich Werbeinserate.
55 Cosmopolite, »The Fascination of the Fetish«, in: *Photo Bits*, 13. Mai 1911, S. 8 f.
56 Biz-zarre Club, (o. O.), nicht paginiert.
57 Ted Polhemus und Lynn Proctor, »Fetish Fashion«, in: Emily White (Hg.) *Fashion 1985*, New York 1984, S. 115-126.
58 Ted Polhemus, *Street Style. From Sidewalk to Catwalk*, London 1994, S. 103 ff.
59 James Laver, *Modesty in Dress*, Boston 1969, S. 119.

Das Korsett

1 Michel Foucault, *Überwachen und Strafen. Die Geburt des Gefängnisses*, übers. v. Walter Seitter, Frankfurt am Main 1977, S. 37.
2 Steele, *Fashion and Eroticism*, Kapitel 9.
3 »Surfacing«, in: *New York Times*, 21. August 1994, S. 53.
4 »Waist Case«, in: *Vogue*, September 1994, S. 244.
5 *London Life League Newsletter*, Nr. 3 (1984), S. 1.
6 Feste Korsetts mit Fischbeinstäben tauchten erstmalig im Europa des sechzehnten Jahrhunderts auf. Die stahlverstrebten Korsetts der gleichen Periode waren kein Phänomen der Mode, sondern einfache orthopädische Hilfsmittel, um Wirbelsäulenverkrümmungen zu korrigieren. Erst im achtzehnten Jahrhundert richtete sich ein erotischer Enthusiasmus auf das Korsett, der sich im späten neunzehnten Jahrhundert noch weiter verbreitete – nach dem gleichen Muster, wie wir es beim Schuhfetischismus beobachten.
7 Susan Faludi, *Die Männer schlagen zurück. Wie die Siege des Feminismus sich in Niederlagen verwandeln und was Frauen dagegen tun können*, übers. v. Sabine Hübner, Reinbek bei Hamburg 1993, S. 265 f.

8 Ebd., S. 244.
9 MORALIST, in: *Englishwoman's Domestic Magazine*, Februar 1871, S. 127 [im folgenden zit. als EDM].
10 Fakir Musafar, zit. in: V. Vale und Andrea Juno (Hg.), *Modern Primitives*, San Francisco 1989, S. 29 f.
11 Hyygeia, »Does Tight-Lacing Really Exist?«, in: *Family Doctor*, 3. September 1887, S. 7.
12 »Tight-Lacing«, in: *Family Doctor*, 3. März 1888, S. 1.
13 Bei Korsetten in anderen Museumssammlungen weisen die Mehrzahl der Modelle, wenn sie völlig geschlossen sind, Taillenweiten von 50 bis 65 cm auf – und viele Frauen ließen ihr Korsett hinten um fünf oder auch sieben Zentimeter offenstehen. Zu Korsett- und Kleidermaßen vgl. auch: Steele, *Fashion and Eroticism*, Kapitel 9.
14 Mistress Angel Stern, »A ›Corset Moment‹ with Pearl«, in: *Verbal Abuse*, Nr. 3 (1994), S. 7.
15 Fakir Musafar, zit. in: Vale und Juno (Hg.), *Modern Primitives*, S. 8, 15.
16 Fakir Musafar, zit. in: Gloria Brame, William Brame und Jon Jacobs, *Different Loving. An Exploration of the World of Sexual Dominance and Submission*, New York 1994, S. 311.
17 Stephanie Jones, »Strictly Fashionable. A Straight-Laced Look at Corsetry«, in: *Skin Two*, Nr. 9 (1989), S. 45 ff.
18 Ebd.
19 Zit. in: Brame u. a., *Different Loving*, S. 319.
20 Fakir Musafar, »The Corset and Sadomasochism«, in: *Sandutopia Guardian: A Dungeon Journal*, Nr. 11 (o. J.), S. 14 ff.
21 Vgl. dazu beispielsweise LA GENIE, in: *EDM*, September 1868, S. 166; vgl. auch: Steele, *Fashion and Eroticism*.
22 ALFRED, in: *EDM*, Januar 1871, S. 62.
23 *Modern Society*, 25. Dezember 1909, S. 22.
24 Krafft-Ebing, *Psychopathia sexualis*, S. 298.
25 Wilhelm Stekel, *Störungen des Trieb- und Affektlebens*. Bd. VII: Der Fetischismus, Berlin und Wien 1923, S. 182 ff.
26 Ebd., S. 174 f., 181.
27 NORA, in: *EDM*, Mai 1867, S. 279.
28 FANNY, in: *Queen*, 25. Juli 1863; Nachdruck in: W. B. L. [William Barry Lord], *The Corset and the Crinoline*, London (o. J. [ca. 1868]), S. 157 f.
29 A LADY FROM EDINBURGH, in: *EDM*, März 1867, Nachdruck in: W. B. L., *Corset and the Crinoline*, S. 172; STAYLACE, in: *EDM*, Juni 1867, S. 224, Nachdruck in W. B. L., *Corset and the Crinoline*, S. 173 f.
30 WASP WAIST, in: *Society*, 23. September 1899, S.1871.
31 AN ENGLISH SCHOOLGIRL, in: *Family Doctor*, 27. September 1890, S. 73.
32 Vgl. beispielsweise SATIN SKIN, in: *Society*, 24.März 1900, S. 183; MARTYR, in: *Society*, 21. April 1900, S. 263.
33 A TRAVELLER, in: *Family Doctor*, 10. Dezember 1887, S. 235.
34 L. Mears, »The Vogue of the Wasp-Waist«, in: *London Life*, 26. April 1930, S. 29.
35 Vgl. Brigitte Hamann, *Elisabeth. Kaiserin wider Willen*, München, 6. Aufl., 1994, S. 190.
36 F. B., in: *Society*, 21. April 1900, S. 263.

37 *Society*, 16. Dezember 1899, S. 2109.
38 *Photo Bits*, 5. Februar 1910, S. 2.
39 Privatsammlung.
40 Rick Cohen, »Female Like Me«, in: *New York Observer*, 19.-26. Juli 1993, S. 13.
41 A WOMAN OF FIFTY, »The Cult of Beauty in a Girl's School Forty Years Ago«, in: *Society*, 7. Oktober 1899, S. 1911.
42 WALTER, in: *EDM*, November 1867, S. 613.
43 Alison Carter, *Underwear: The Fashion History*, New York 1992, S. 36.
44 WALTER, in: *Modern Society*, 4. Dezember 1909, S. 23.
45 LA GENIE, in: *EDM*, September 1868, S. 166 f.
46 A DUBLIN BOY, in: *EDM*, Juli 1868, S. 33.
47 ANTI-CORPULENCE, in: *EDM*, März 1870, S. 192.
48 A STAIDMAN, in: *EDM*, Januar 1871, S. 63.
49 MARY BROWN, in: *Family Doctor*, 5. Juni 1886, S. 211.
50 *Family Doctor*, 20. Oktober 1888, S.121.
51 BROUGHT UP AS A GIRL, in: *Family Doctor*, 23.Juni 1888, S. 265; A WOULD BE LADY, in: *Family Doctor*, 8. Dezember 1888, S. 230. Robert Stoller zufolge gibt es Transvestiten, die als Knaben von weiblichen Verwandten, die Männer haßten, in Mädchenkleider gesteckt wurden. Es handelt sich dabei allerdings auch um eine unter Transvestiten weitverbreitete Phantasie.
52 SATIN STAYS, in: *Society*, 18. August 1894, S. 663 f.
53 RETIRED COLONEL, in: *Modern Society*, 20. November 1909, S.11.
54 REFORMER, in: *Family Doctor*, 21. Dezember 1889, S. 267.
55 BROUGHT UP AS A GIRL, in: *Family Doctor*, 23. Juni 1888, S. 265.
56 A KENSINGTON BELLE, in: *Modern Society*, 27. Juli 1889, S. 920.
59 DORA WELBY, »Slaves of the Stay-Lace«, in: *Modern Society*, 20. November 1909, S. 22.
58 SMALL WAIST, in: *Modern Society*, 4. Dezember 1909, S. 24.
59 »Recollections of a Corsetière«, in: *London Life*, 27. Dezember 1930, Teil 2, S. 24.
60 Olden Outlake, *The Gentle Art of Nerve Wrecking: Discipline in an Austrian Gymnasium of 1930, Autobiographically Assessed from an American Vantage Point*, New York 1961, S. 50 f.
61 London Life League, »Corsetry Education Notes«, Nr. 4 (o. J.).
62 THE VANISHING WAIST, in: *Photo Bits*, 29. Oktober 1910.
63 *Photo Bits*, 22. Januar 1910, 14. Mai 1910.
64 »The Vogue of the Wasp-Waist«, in: *London Life*, 26. April 1930, S. 29.
65 *Society*, 26. Mai 1900, S. 362.
66 A WORSHIPPER OF WASP-WAIST, in: *London Life*, 25. Februar 1933, S. 58.
67 »Polaire and Others«, in: *London Life*, 26. Juni 1937, S. 67.
68 William A. Granger, An *Exclusive Production: A Guinness Record World Smallest Waist. The Biography of Mrs. Ethel Granger. By Her Husband* (o. O., o. J.).
69 Alex Comfort, »Deviation and Variation«, in: Wilson (Hg.), *Variant Sexuality*, S. 4.
70 Kunzle, *Fashion and Fetishism*, S. 338.
71 Fakir Musafar, zit. in: Vale und Juno (Hg.), *Modern Primitives*, S. 30 f.
72 Ebd.
73 Pearl, Interview mit der Autorin, August 1993.

74 Cathie J., Interviews mit der Autorin, Juni und September 1994. Wenn nicht anders vermerkt, stammen sämtliche Zitate von Cathie aus diesen Interviews.
75 Brame u. a., *Different Loving*, S. 311, 319.
76 Lauren, Interview mit der Autorin, Dezember 1994.
77 Marion Hume, »Portrait of a Former Punk«, in: *Vogue*, September 1994, S. 190.
78 Vivienne Westwood gegenüber der Autorin, 19. September 1994.
79 Michelle Olley, »Jean-Paul Gaultier: Rascal of Radical Chic«, in: Tim Woodward (Hg.), *The Best of Skin Two*, London 1993, S. 70.
80 Zit. in »Waist Case«, in: *Vogue*, September 1994, S. 244.
81 *New York Times*, 28. August 1994, S. 31.

Schuhe

1 John K. Fairbank, *Geschichte des modernen China 1800-1985*, übers. v. Walter Theimer, München 1989, S. 79.
2 Zit. in Samuel S. Janus und Cynthia L. Janus, *The Janus Report on Sexual Behavior*, S. 123 f.
3 Dorothy Ko, »Talking About Footbinding: Discourses of Manhood and Nationhood in Late Imperial China« (auf dem 46. Jahrestreffen der Association for Asian Studies am 26. März 1994 verteiltes Flugblatt).
4 William A. Rossi, *The Sex Life of the Foot and Shoe*, Ware 1977, S. 33.
5 Feng Jicai, *Drei Zoll Goldener Lotus*, übers. v. Karin Hasselblatt, Freiburg 1994.
6 Stephen Kern, *Anatomy and Destiny: A Cultural History of the Human Body*, Indianapolis 1975, S. 2.
7 Philippe Perrot, *Fashioning the Bourgeoisie: A History of Clothing in the Nineteenth Century*, übers. v. Richard Bienvenu, Princeton 1994, S. 11.
8 Robert Buchanan, *The Fleshly School of Poetry* (1872); zit. in: Kern, *Anatomy and Destiny*, S. 82.
9 David Coward, »The Sublimations of a Fetishist: Restif de La Bretonne (1734-1806)«, in: *Eighteenth-Century Life*, Mai 1985, S. 100.
10 Ann Magnuson, »Hell on Heels«, in: *Allure*, September 1994, S. 128, 131.
11 Rossi, *Sex Life of the Foot and Shoe*, S. 149.
12 Anne Hollander, zit. in William Grimes, »The Chanel Platform«, in: *New York Times*, 17. Mai 1992, S. 8.
13 Ken Baynes und Kate Baynes (Hg.), *The Shoe Show. British Shoes Since 1790*, London 1979, S. 46.
14 HARMONIE, in: *EDM*, 1. Juni 1869, S. 327.
15 ROBIN ADAIR, in: *EDM*, 1. September 1870, S. 190.
16 HIGH HEELS und FRED, in: *EDM*, 1. September 1869, S. 167.
17 ROBIN ADAIR, in: *EDM*, 1. Dezember 1870, S. 377.
18 WALTER, in: *EDM*, Januar 1871, S. 62.
19 Mary Trasko, *Heavenly Soles: Extraordinary Twentieth-Century Shoes*, New York 1989, S. 74.
20 *London Life*, 10. Juni 1933, S. 22.
21 HAPPY HEELS, in: *London Life*, 31. Mai 1930.
22 Mr. X, »The Cult of the High Heel«, in: *Photo Bits*, 25. März 1910.
23 SIX-INCH HEELS, in: *London Life*, 15. April 1933, S. 44 f.

24 *Photo Bits*, 2. Juni 1910.
25 »Peggy Paget's Patent Paralyzing Pedal Props«, in: *Photo Bits*, 14. Mai 1910.
26 *High Heels*, Januar 1962, S. 7-11.
27 Ebd.
28 *High Heels*, Februar 1962, S. 37.
29 HIGH-HEELED, in: *London Life*, 31. Mai 1930.
30 *High Heels*, Januar 1962, S. 9 f.
31 Ebd., S. 8 f.
32 *Leg Show*, September 1994, S. 16, 78-81.
33 Krafft-Ebing, *Psychopathia sexualis*, S. 134, 137.
34 Ellis, *Sexual-pychologische Studien*. Bd. 4: Die krankhaften Geschlechtsempfindungen, S. 139.
35 Ebd., S. 140 f.
36 Ebd., S. 142.
37 Fotokopie im Fetisch-Ordner, Kinsey Institute.
38 *London Life*, 13. Mai 1993, S. 22.
39 *Helmut Newton*, Einleitung von Karl Lagerfeld, Kommentare von Helmut Newton (New York 1987), Abbildung 36.
40 »Panty Raid,« in: Carlson Wade, *Panty Raid and Other Stories of Transvestism and Female Impersonation*, New York 1963.
41 *Booted Master*, New York (o. J. [ca. 1980]), S. 8, 5.
42 Ebd., S. 15 ff., 19, 41.
43 Ebd., S. 3, 42, 46, 75 ff., 163.
44 George Wilson, *Boot-Licking Slave*, (o. O., o. J.), S. 149.
45 Richard G. Parker, *Bodies, Pleasures and Passions: Sexual Culture in Contemporary Brazil*, Boston 1991, S. 52 f.
46 A SUSCEPTIBLE BACHELOR, in: *EDM*, 1. Oktober 1870, S. 253.
47 NIMROD, in: *EDM*, 1. Oktober 1870, S. 254.
48 Robert Stoller, *Sex and Gender: On the Development of Masculinity and Femininity*, New York 1968, S. 219.
49 Die Fallgeschichte stammt von Hug-Hellmuth, in: Stekel, *Störungen des Trieb- und Affektlebens*, Bd. VII: Der Fetischismus, S. 242.
50 *Leg Show*, September 1994, S. 105.
51 Ernest Becker, *The Denial of Death*, S. 237.
52 Médard Boss, *Sinn und Gehalt der sexuellen Perversionen. Ein daseinsanalytischer Beitrag zur Psychopathologie des Phänomens Liebe*, Bern und Stuttgart, 2. Aufl., 1952, S. 42 f.
53 Stekel, *Störungen des Trieb- und Affektlebens*, Bd. VII: Der Fetischismus, S. 187.
54 Ebd., S. 31.
55 Internet, 1994.
56 F. Scott Fitzgerald, *Diesseits vom Paradies*, übers. v. Martina Tichy und Bettina Blumenberg, Frankfurt am Main 1991, S. 156.
57 Jeffrey Meyers, *Scott Fitzgerald*, New York 1994, S. 12 ff.
58 Becker, *Denial of Death*, S. 235.
59 Ebd., S. 236.

60 E. Glover, »Sublimation, Substitution and Social Anxiety« (1931), in: *On the Early Development of Mind*, London 1956, S. 146 f.
61 Ders., »A Note on Idealization« (1938), in: Ebd., S. 293 f.
62 Krafft-Ebing, *Psychopathia sexualis*, S. 204.
63 Ebd.
64 Vgl. beispielsweise Louis Nizer, *My Life in Court*, Garden City 1961, S. 199-204.
65 Vgl. beispielsweise Paul H. Gebhard, »Fetishism and Sadomasochism«, S. 159.
66 Zit. in Rossi, *Sex Life of the Foot and Shoe*, S. 183.
67 Mark Elliott Dietz und Barbara Evans, »Pornographic Imagery and Prevalence of Paraphilia«, in: *American Journal of Psychiatry* 139 (1982); angeführt in William B. Arndt, *Gender Disorders and the Paraphilias*, S. 176.
68 Dian Hanson, »Just My Opinion: Perfect Strangers«, in: *Leg Show*, September 1994, S. 4 f.
69 Gebhard, »Fetishism and Sadomasochism«, S. 160.
70 Magnuson, »Hell on Heels«, S. 128 ff.
71 Faith Bearden, »Cruel Shoes«, in: *Bizarre*, Nr. 4 (1994), S. 46-49.
72 »Boots Are Made for Walking«, in: *Bizarre*, Nr. 4 (1994), S. 54.
73 Robert Stoller, *Pain and Passion: A Psychoanalyst Explores the World of S&M*, New York 1991, S. 84 f.
74 »Vive la Difference«, in: *Wall Street Journal*, 15. Oktober 1984, S. 35.
75 Magnuson, »Hell on Heels«, S.130.
76 Salvatore Ferragamo, *Shoemaker of Dreams*, London 1957, S. 208, 69.
77 Aus Katalogen von *Frederick's of Hollywood* und *Victoria's Secret*.
78 *High Heels*, Februar 1962, S. 2.
79 Magnuson, »Hell on Heels«, S. 130 f.
80 Holly Brubach, »Shoe Crazy«, in: *Atlantic*, Mai 1986, S. 87.
81 Frances Roger Little, »Sitting Pretty«, in: *Allure*, Juni 1994, S. 34, 149.

Unterwäsche

1 Flugblatt, verteilt vor der Lingerie Lounge, 216 West Fiftieth Street, New York.
2 Alison Carter, *Underwear: The Fashion History*, New York 1992, S.15.
3 Anne Buck, »Foundations of the Active Woman«, in: Ann Saunders (Hg.), *La Belle Epoch: Costume, 1890-1914*, London 1968, S. 43.
4 Vgl. Emile Zola, *Paradies der Damen*, übers. v. Hildegard Westphal, München 1976.
5 Zit. in Gertrude Aretz, *The Elegant Woman from the Rococo Period to Modern Times*, übers. von James Laver, London 1932, S. 273.
6 Lady's Realm, April 1903; Mrs. Eric Pritchard, *The Cult of Chiffon*, London 1902; zit. in Valerie Steele, *Fashion and Eroticism*, S. 195.
7 Comtesse de Tramar, *Le Bréviaire de la femme*, Paris 1903; zit. in Steele, *Fashion and Eroticism*, S. 207.
8 Baronesse d'Orchamps, *Die Geheimnisse der Frau*, Berlin 1908, S. 68.
9 SATIN WAIST, in: *Society*, 23. September 1899, S. 1871.
10 *Modern Society*, 13. Oktober 1900, S. 1555.

11 *Modern Society*, 31. Oktober 1903, S. 1648.
12 »The Strange History of a Lace Petticoat«, *Modern Society*, 23. April 1892, S. 713.
13 Stekel, *Störungen des Trieb- und Affektlebens*, Bd. VII: Der Fetischismus, S. 101.
14 Zeitungsausschnitt unter »Underwear«, Kinsey Institute.
15 Vgl. Magnus Hirschfeld, *Geschlechtsverwirrungen*, Flensburg 1986, S. 439.
16 Robert Stoller, *Pain and Passion*, S. 83 f.
17 Kinsey Institute.
18 Magnus Hirschfeld, *Transvestiten. Eine Untersuchung über den erotischen Verkleidungstrieb, mit umfangreichem casuistischem und historischem Material*, Berlin 1910, S. 72 ff.
19 *Le Sport* (1873); zit. in Romi, *Histoire pittoresque du pantalon féminin*, Paris 1979, S. 68.
20 René Maizeroy, *L'Adorée* (1887); zit. in Romi, *Histoire pittoresque du pantalon féminin*, S. 74.
21 Dianne Kendall, »Pampered in Panties«, in: *Repartee* 12 (1993), S. 43.
22 Dianne Kendall, Privatgespräch am 29. April 1993.
23 Zitiert in William B. Arndt, *Gender Disorders and the Paraphilias*, S. 86 f.
24 LOVER OF LINGERIE, in: *London Life*, 6. März 1933, S. 23.
25 »Undercover News«, in: Carlson Wade, *Panty Raid*.
26 *Erolastica* [Katalog], Dezember 1974, S. 16; »Candy Pants«, in: *Playgirl*, Juni 1976, S. 113.
27 William H. Masters, Virginia E. Johnson und Robert C. Kolodny, *Heterosexuality*, New York 1994, S. 216 f.
28 Krafft-Ebing, *Psychopathia sexualis*, S. 197.
29 Stekel, *Störungen des Trieb- und Affektlebens*, Bd. VII: Der Fetischismus, S. 15 u. passim.
30 »Unacceptable Lace of Capitalism«, in: *Economist*, 9. Oktober 1993, S. 76.
31 Nicholas Bornoff, *Pink Samurai: Love, Marriage & Sex in Contemporary Japan*, New York 1991, S. 295 f., 71.
32 Hirschfeld, *Geschlechtsverwirrungen*, S. 444.
33 Brenda Love, *Encyclopedia of Unusual Sex Practices*, Fort Lee 1992, S. 111.
34 »Panty Raid«, in: Wade, *Panty Raid*.
35 Robert Stoller, *Perversion. Die erotische Form von Haß*, übers. v. Maria Poelchau, Reinbek 1979, S. 113.
36 »Panty Raid«, in: Wade, *Panty Raid*.
37 Richard Martin, »Ideology and Identity: The Homoerotic and Homospectatorial Look in Menswear Imagery and George Platt Lynes' Photography of Carl Carlson«. (Der Artikel wurde auf dem Jahrestreffen der Costume Society of America im Mai 1994 in Montreal verteilt.)
38 Rodney Bennett-England, *Dress Optional. The Revolution in Menswear*, London 1967, S. 42.
39 Ebd., S. 44 f.
40 Über eine Sammlung von Katalogen und Werbeinseraten verfügt das Kinsey Institute.
41 Valerie Steele, »Clothing and Sexuality,« in: Claudia Kidwell und Valerie Steele (Hg.), *Men and Women: Dressing the Part*, Washington 1989, S. 56 f.
42 Valerie Steele, »Calvinism Unclothed«, in: *Design Quarterly*, Herbst 1992, S. 32.
43 Dan Shaw, »Unmentionables? No More«, *New York Times*, 14. August 1994, S. 49, 52.
44 Werbeinserat für *Spurt*, »Das Kontaktmagazin für Unterwäsche-Fetischisten«, in: *Gay Times*, Januar 1994, S. 35.
45 Paul Walters, »The Nyloned Mystique: The Garter Belt«, in: *Nylon Jungle* 4 (1967), S. 25, 49.

46 »Her Lingerie Limbo«, in *Nylon Jungle* S. 4 (1967), S. 4, 18, 21.
47 Ira Levine, »Fashion & Fetish«, in *Details*, März 1994, S. 158.
48 Poster, Kinsey Institute.
49 Stekel, *Störungen des Trieb- und Affektlebens*, Bd. VII: Der Fetischismus, S. 70.
50 *La Vie parisienne* (1888); zit. in Kunzle, *Fashion and Fetishism*, S. 60.
51 Zit. in Stephanie Jones, »Sheer Pleasure«, in: *Skin Two Retro 1*, S. 71.
52 Zit. in Ray Durgnat, »Rubber with Violence«, in: *International Times*, 14.-27. November (o. J.), S. 9; unter »Inanimate Fetishism«, Kinsey Institute.
53 Gebhard, »Fetishism and Sadomasochism«, S. 160.
54 *Modern Society*, 18. Dezember 1909, S. 23.
55 *Society*, 8. August 1895, S. 642; 30. Juni 1900, S. 463.
56 Eintrag vom 12. April 1890; in: *Pages from the Goncourt Journal*, hrsg. und übers. von Robert Baldick, Oxford 1978, S. 356 f.
57 Philippe Perrot, *Fashioning the Bourgeoisie: A History of Clothing in the Nineteenth Century*, übers. v. Richard Bienvenue, Princeton 1994, S. 106.
58 C. Cody Collins, *The Love of a Glove*, New York 1947, S. 3-15.
59 Gerard Lenine, *Sex on the Screen: Eroticism in Film*, übersetzt von D. Jacobs, New York 1985, S. 72.
60 Edward Podolsky und Carlson Wade, *Erotic Symbolism: A Study of Fetishism in Relation to Sex*, New York 1960, S. 117.
61 Zit. in Collins, *Love of a Glove*, S. 67 f.
62 »Undercover News«, in: Wade, *Panty Raid*.
63 Katalog von *Frederick's of Hollywood*, Kinsey Institute.
64 Gilbert Herdt und Robert Stoller, *Intimate Communications: Erotics and the Study of Culture*, New York 1990, S. 59-69.
65 John Godwin, »Nudity – The Year's Most Popular Fashion«, in: *Penthouse Forum*, Mai 1974, S. 22-27.
66 Eric John Dingwall, *The American Woman: An Historical Study*, New York 1956, S. 183 ff; Prudence Glynn, *Skin to Skin: Eroticism in Dress*, New York 1982, S. 31-57.
67 Gebhard, »Fetishism and Sadomasochism«, S. 160.
68 Clyde Farnsworth, »Shirts On, Shirts Off: Canadian Feminists Protest an Indecency Law«, in: *New York Times*, 6. September 1992, S. 3.
69 Paul Veyne (Hg.), *Geschichte des privaten Lebens*, Bd. 1: Vom Römischen Imperium zum Byzantinischen Reich, übers. v. Holger Fliessbach, Frankfurt am Main 1989, S. 199.
70 Jean-Paul Gaultier, Interview mit Richard Smith, in: *Gay Times*, Januar 1994, S. 58.
71 Ebd.
72 »Panty Raid«, in: Wade, *Panty Raid*.
73 Stoller, *Sex and Gender: On the Development of Masculinity and Femininity*, S. 220.
74 Zitiert in Frank DeCaro, »Out from Under«, in: *New York Newsday*, 7. April 1994, S. B 43.
75 Charlotte DuCann, »Love and Death on the London Catwalk«, in: *Guardian*, 15. Oktober 1990, S. 36.
76 Unübersetzbares Wortspiel. »Slip« heißt sowohl Ausrutscher/Versprecher als auch Unterrock [Anm. d. Übers.].
77 Auch Nachthemden sind vor allem erotische Kleidungsstücke. Einige Studien bei Transvestiten

belegen, daß mehr als ein Viertel der untersuchten Personen während des Sexualaktes ein Nachthemd tragen. Einer Erhebung von 1972 zufolge trugen von 504 befragten Transvestiten während des Koitus folgende Kleidungsstücke: Nachthemden (27%), Unterhöschen (20%), wattierte Büstenhalter (18%), Strumpfhosen (17%), Schuhe mit hohen Absätzen (11%) und voll bekleidet waren 20%. Vgl. dazu auch: Chris Gosselin und Glenn Wilson, »Fetishism, Sadomasochism, and Related Behaviours«, in: Kevin Howells (Hg.), *The Psychology of Sexual Diversity*, Oxford 1984, S. 98.
78 Dr. Daumas, »Hygiène et médecine« (1861); zit. in: Philippe Perrot, *Les Dessus et les dessous de la bourgeoisie: Une histoire du vêtement au XIXe siècle*, Paris 1981, S. 267.
79 Vertical File zu »Cat Girl«, Kinsey Institute.
80 Paul Cavaco und Josie Natori; zit. in DeCaro, »Out from Under«.
81 Zit. in Robin Micheli, »Dreaming of a White Christmas«, in: *Money*, Dezember 1986, S. 117.
82 Woody Hochswender, »Pins & Needles«, in: *Harper's Bazaar*, Juni 1994, S. 164.
83 Clavel Brand, *Fetish*, London 1970, S. 24.
84 Jennifer Jackson, »Summer in Brief«, in: *Harper's Bazaar*, Juli 1994, S. 20.

Zweite Haut

1 Candice Bushnell, »Rubber Wear«, in: *Vogue*, September 1994, S. 254.
2 Tony Mitchell, »Scene & Heard: Cheek to Chic«, in: *Skin Two*, Nr. 9 (1989), S. 18-21.
3 Zit. in Frances Roger Little, »Sitting Pretty«, in: *Allure*, Juni 1994, S. 154, 149.
4 Leopold von Sacher-Masoch, *Venus im Pelz. Mit einer Studie über den Masochismus von Gilles Deleuze: Sacher-Masoch und der Masochismus*, Frankfurt am Main 1968, S. 87.
5 Ebd., S. 107.
6 Gaylyn Studlar, »Masochism, Masquerade, and the Erotic Metamorphoses of Marlene Dietrich«, in: Jane Gaines und Charlotte Herzog (Hg.), *Fabrications: Costume and the Female Body*, New York 1990, S. 234-237.
7 Sacher-Masoch, *Venus im Pelz*, 107 f.
8 Ebd., S. 42 f.
9 Krafft-Ebing, *Psychopathia sexualis*, S. 216.
10 Ebd.
11 Ebd.
12 Hirschfeld, *Geschlechtsverwirrungen*, S. 437.
13 Robert Wood, »Fur Fetishism«, in: *Sexology*, Februar 1956, S. 427-431.
14 Krafft-Ebing, *Psychopathia sexualis*, S. 217.
15 *London Life*, 27. Mai 1933, S. 43.
16 BLACK VELVET, in: *London Life*, 13. Mai 1933, S. 22.
17 Cosmopolite, »The Fascination of the Fetish«, in: *Photo Bits*, 13. Mai 1911, S. 8 f.
18 Krafft-Ebing, *Psychopathia sexualis*, S. 219.
19 Ebd., S. 218.
20 Gaëtan Gatian de Clérambault, *Passion érotique des étoffes chez la femme* (1908), S. 19.
21 Jann Matlock, »Masquerading Women, Pathologized Men: Cross-Dressing, Fetish and the Theo-

ry of Perversion, 1882-1935«, in: Emily Apter und William Pietz (Hg.), *Fetishism as Cultural Discourse*, Ithaca 1993, S. 31-61.
22. Biz-zarre Club, vervielfältigte Korrespondenz, gesammelt 1954, Kinsey Institute.
23. Sowohl *Punished in Silk*, New York [Anfang der 60er Jahre], als auch *Mistress in Satin*, New York [Anfang der 60er Jahre], sind Fotogeschichten.
24. »Undercover News«, in: Wade, *Panty Raid*.
25. Natural Rubber Company, Broschüre, London (o. J.).
26. SILK MAC, in: *London Life*, 25. Februar 1933, S. 44.
27. RUBBER LOVER, in: *London Life*, 13. Mai 1933, S. 23.
28. CHROMIUM KID, in: *London Life*, 25. März 1933, S. 44 f.
29. MACAMOUR, in: *London Life*, 15. April 1933, S. 55.
30. *London Life*, 20. Mai 1933, S. 20.
31. *London Life*, 30. September 1933, S. 31.
32. OILSKIN, in: *London Life*, 25. Mai 1940, S. 67.
33. Biz-zarre Club, Korrespondenz, 1954, Kinsey Institute.
34. William B. Arndt, *Gender Disorders and the Paraphilias*, S. 207.
35. Clavel Brand, *The Kinky Crowd*, Bd.1: The Rubber Devotee and The Leather Lover, London 1970, S. 14 f.
36. Zit. in Gillian Freeman, *The Undergrowth of Literature*, London 1967, S. 157.
37. Ebd., S. 146 ff.
38. Natural Rubber Company, *Just to Show You What We Can Do* [Pamphlet], London (nicht datiert [ca.1965]).
39. Robert Bledsoe, *Male Sexual Deviations and Bizarre Practices*, Los Angeles 1964, S. 135-138.
40. Marie Constance von Dressing for Pleasure, Interview mit der Autorin, Frühjahr 1994.
41. Zit. in Stoller, *Pain and Passion*, S. 278 f.
42. Ebd., S. 279-282.
43. Stekel, *Störungen des Trieb- und Affektlebens*, Bd. VII: Der Fetischismus, S. 85 f.
44. Mick Farren, *The Black Leather Jacket*, New York 1985, S. 22.
45. Larry Townsend, *The Leatherman's Handbook*, Beverly Hills 1970, 1974, 1977, S. 282.
46. Roger F. Mays, *Leather and Things* [Katalog] (1977), Cornell Human Sexuality Collection.
47. *Hard Leather*, New York 1980, S. 22-28.
48. Townsend, *Leatherman's Handbook*, S. 221.
49. Michael Grumley und Ed Gallucci, *Hard Corps. Studies in Leather and Sadomasochism*, New York 1977, nicht paginiert.
50. Vito Russo, »Why Is Leather Like Ethel Merman?«, in: *Village Voice*, 15.-21. April 1981, S. 37.
51. John Preston, »Was ist passiert?«, in: Mark Thompson (Hg.), *Lederlust. Der S/M-Kult. Erfahrungen und Berichte*, Berlin 1993, S. 161 f.
52. Grumley und Gallucci, *Hard Corps*.
53. Zit. in Brame u. a., *Different Loving*, S. 396.
54. Zit. in Lynn Longway, »Going Hell-for-Leather«, in: *Newsweek*, 19. Oktober 1981, S. 90.
55. Colin McDowell, *Dressed to Kill. Sex, Power & Clothes*, London 1992, S. 12, 31, 48.
56. Pat Califia, »Beyond Leather: Expanding the Realm of the Senses to Rubber«, aus: »Dominas. Women with Attitude«, in: *Skin Two*, Nr. 11 (nicht datiert [1993]), S. 29.

57 T. S., in: *Family Doctor*, 16. Februar 1889, S. 393.
58 Vgl. dazu beispielsweise, »The Latest Fashionable Craze«, in: *Society*, 25. März 1899, S. 1341.
59 AUNTIE'S IDOL, in: *London Life*, 30. September 1933, S. 62.
60 *Piercing Fans International*, 1. Oktober 1977, S. 4.
61 Interview mit Charles Gatewood in Carlo McCormick, »American Primitive«, in: *Paper*, Sommer 1993, S. 26.
62 Zit. in Guy Trebay, »Primitive Culture«, in: *Village Voice*, 12. November 1991, S. 37.
63 Zit. in Suzy Menkes, »Fetish or Fashion?«, in: *New York Times*, 23. November 1993, S. 1, 9.
64 »Alien Beauty«, in: *Paper*, November 1993, S. 39.
65 Eric Perret, »Urban Savages«, in: *Esquire Gentleman*, Herbst 1993, S. 103.

Mode, Fetisch, Phantasie

1 Sigmund Freud, »Formulierungen über die zwei Prinzipen des psychischen Geschehens« (1911), in: *Studienausgabe*, Bd. III, S. 22.
2 Sheila Anne Feeney, »Time to Dress for Sexcess«, in: *Daily News*, »New York Life«, 12. Februar 1989, S. 3.
3 Zit. in James Servin, »Chic or Cruel?«, in: *New York Times*, 1. November 1992, sec. 9, S. 10.
4 *Harper's Bazaar*, September 1992, S. 319.
5 Zit. in Servin, »Chic or Cruel?«, S. 10.
6 Randall, Interview mit der Autorin, Juni 1993.
7 Zit. in Servin, »Chic or Cruel?«, S. 10.
8 Elizabeth Wilson, »Making an Appearance«, in: Kate Boffin (Hg.), *Stolen Glances. Lesbians Take Photographs*, New York 1991, S. 25.
9 Zit. in Servin, »Chic or Cruel?«, S. 10.
10 Vgl. Jean Laplanche und Jean-Bertrand Pontalis, *Urphantasie. Phantasien über den Ursprung, Ursprünge der Phantasie*, übers. v. Max Looser, Frankfurt am Main 1992.
11 Elizabeth Cowie, »Pornography and Fantasy: Psychoanalytic Perspectives«, in: Lynn Segal und Mary McIntosh (Hg.), *Sex Exposed. Sexuality and the Pornography Debate*, New Brunswick 1993, S. 137 ff.
12 Ebd., S. 135 f.
13 Robert Stoller, *Observing the Erotic Imagination*, S. 155.
14 Louise Kaplan, *Weibliche Perversionen*, S. 89.
15 Robert C. Bak, »The Phallic Woman: The Ubiquitous Fantasy in Perversions«, S. 35.
16 Mistress Jacqueline, ihre Lebensgeschichte, wie sie sie Catherine Tavel und Robert H. Rimmer erzählt hat, in: *Whips and Kisses: Parting the Leather Curtain*, Buffalo 1991, S. 228 f.
17 Madame Sadi, zitiert in: *Skin Two*, Nr. 11 (nicht datiert [1993]), S. 24.
18 Joyce McDougall, *Theater der Seele*, S. 263 ff.
19 Pat Califia, zit. in Cowie, »Pornography and Fantasy«, S. 150.
20 Privatgespräch.
21 Lily West, »Letter from Japan«, in: *Repartee*, Nr. 14 (nicht datiert), S. 48.
22 Werbeinserat für *Shemale*, in: *Female Impersonator News*, Nr. 42 (nicht datiert), S. 4.

23 Townsend, *Leatherman's Handbook*, S. 143.
24 Akte zu »Fetish – Costume – Leather«, Kinsey Institute.
25 Townsend, *Leatherman's Handbook*, S. 302 f.
26 Ebd., S. 282-286.
27 G.B.M. Leathers, Werbezettel, Akte zu »Clothing Catalogs (Male) (U.S.) (20th Century)«, Kinsey Institute.
28 Townsend, *Leatherman's Handbook*, S. 217 f.
29 Ron, zit. in Stoller, *Pain and Passion*, S. 282.
30 Nathan Joseph, *Uniforms and Nonuniforms. Communicating Through Clothing*, New York 1986, S. 66 ff., vgl. auch S. 106 f., 116.
31 Magnus Hirschfeld, *Die Homosexualität des Mannes und des Weibes*, Nachdruck der Erstauflage von 1914 mit einer Einleitung von E. J. Haeberle, Berlin und New York 1984, S. 282 f.
32 Zit. in F. Valentine Hooven III, *Tom of Finland: His Life and Times*, New York 1993, S. 23.
33 Hermann Broch, *Die Schlafwandler*, Zürich 1931/32, S. 19 f.
34 Beatrice J. Kalisch, Philip A. Kalisch und Mary L. McHugh, »The Nurse as a Sex Object in Motion Pictures, 1930 to 1980«, in: *Research in Nursing and Health* 5 (1982), S. 147, 152.
35 Marcia Pally, »Sorrow and Silk Stockings: The Woeful State of Femme«, in: *Advocate*, 17. September 1985, S. 35.
36 Zit. in Georgina Howell, »Chain Reactions«, in: *Vogue*, September 1992, S. 620.
37 Sarah Mower, »Who'd Be a Bond Girl?«, in: *Harper's Bazaar*, Dezember 1994, S. 150.
38 Zit. in Debbi Voller, *Madonna*, Rastatt 1990. Die Übersetzung wurde leicht verändert.
39 Zit. in Valerie Steele, *Women of Fashion: Twentieth-Century Designers*, New York 1991, S. 160.
40 Kaja Silverman, »Fragments of a Fashionable Discourse«, in: Tania Modelski (Hg.), *Studies in Entertainment: Critical Approaches to Mass Culture*, Bloomington 1986, S. 145 ff.
41 Vgl. Naomi Wolf, *Der Mythos Schönheit*, übers. v. Cornelia Holfelder von der Tann u. a., Reinbek 1991.
42 Vgl. Donald Symons, *The Evolution of Human Sexuality*, New York 1979, S. 304.
43 John Money, *Gay, Straight, and In-Between: The Sexology of Erotic Orientation*, New York 1988, S. 136 f., 149, 159, 169-184.
44 Vgl. »Freud and Fetishism: Previously Unpublished Minutes of the Vienna Psychoanalytic Society«, übers. und hrsg. von Louis Rose, in: *Psychoanalytic Quarterly* 57 (1988), S. 156.
45 Gail Faurschou, »Fashion and the Cultural Logic of Postmodernity«, in: Arthur Kroker und Marilouise Kroker (Hg.), *Body Invaders. Panic Sex in America*, Montreal 1987, S. 83.
46 Francette Pacteau, *The Symptom of Beauty*, London 1994, S. 191.
47 Scott Tucker, »Der Gehängte«, in: Thompson (Hg.), *Lederlust*, S. 39.
48 Annie Woodhouse, *Fantastic Women: Sex, Gender and Transvestism*, London 1989, S. 139, 144.
49 John Duka, »Should Women Dress Like Men?«, in: *New York Times Magazine*, 4. März 1984, S. 175.
50 Tony Mitchell, »Frock Tactics«, in: *Skin Two*, Nr. 14 (1994), S. 58 f.
51 Plummer, »Sexual Diversity: A Sociological Perspective«, S. 244 f.
52 Krystina Kitsis, »Costume Drama«, in: *Skin Two Retro* 1, S. 40.
53 Michelle Olley, »Jean-Paul Gaultier: Rascal of Radical Chic«, S. 48.
54 Zit. in: Richard Smith, »Jean-Paul Gaultier. Half a Rebel«, in: *Gay Times*, Januar 1994, S. 58.

55 O: *Fetish, Fashion & Fantasies*, Nr. 13, (nicht datiert [1992]), S. 4.
56 Valerie Steele, »Paint It Black«, in: *View on Color* 1 (1992), S. 64-69.
57 Jack Katz, *Seductions of Crime: Moral and Sensual Attractions in Doing Evil*, New York 1988, S. 358, 72, 81.
58 Janine Chasseguet-Smirgel, *Kreativität und Perversion*, S. 7.
59 Kaja Silverman, *Male Subjectivity at the Margins*, New York 1992, S. 187.
60 Seymour Fisher, *Sexual Images of the Self.: The Psychology of Erotic Sensations and Illusions*, Hillsdale 1989, S. 216; vgl. auch S. 214-217.
61 Zitiert in Ruth La Ferla, »Terminatrix Style«, in: *Elle*, Juni 1994, S. 62.
62 Mason, *The Making of Victorian Sexuality*, S. 99 f.
63 Jonathan Dollimore, *Sexual Dissidence: Augustine to Wilde, Freud to Foucault*, Oxford 1991, insbesondere S. 222 f.
64 Michael V. zit. in Brame u. a., *Different Loving*, S. 396.
65 Diane Ackerman, *A Natural History of Love*, New York 1994, S. 243 f.
66 Zit. in Maurice North, *The Outer Fringe of Sex*, London 1970, S. 40.
67 Siehe dazu Kapitel 1 und 2.
68 Joyce McDougall, »Identifications, Neoneeds, and Neosexualities«, in: *International Journal of Psychoanalysis* 67 (1986), S. 20.
69 Fred Davis, »Clothing and Fashion as Communication«, in: Michael Solomon (Hg.), *The Psychology of Fashion*, Lexington 1985, S. 24 f.

AUSGEWÄHLTE BIBLIOGRAPHIE

Ackerman, Diane, A Natural History of Love, New York 1994.
Ackroyd, Peter, Dressing Up: Transvestism and Drag: The History of an Obsession, New York 1979.
Allen, Clifford, »The Erotic Meaning of Clothes«., Sexology 41 (1974), S. 31-34.
American Psychiatric Association, Diagnostic and Statistical Manual of Mental Disorders, 3., überarbeitete Aufl., Washington 1987, und 4., überarbeitete Aufl., Washington 1994.
Apter, Emily, Feminizing the Fetish: Psychoanalysis and Narrative Obsession in Turn-of-the-Century France. Ithaca 1991.
Dies. »Specularity and Reproduction«, Fetish 4 (1992), S. 20-35.
Dies. und William Pietz (Hg.), Fetishism as Cultural Discourse, Ithaca 1993.
Arndt, William B., Gender Disorders and the Paraphilias, Madison 1991.
Attorney General of the United States, Final Report of the Attorney General's Commission on Pornography, Nashville 1986.

Bak, Robert C., »Fetishism«, in: Journal of the American Psychoanalytic Association 1 (1953), S. 285-298.
Ders., »The Phallic Woman: The Ubiquitous Fantasy in Perversions«, Psychoanalytic Study of the Child 23 (1968), S. 15-36.
Bakos, Susan Crain, Kink: The Hidden Sex Lives of Americans, New York 1995.
Dies., »Sexual Obsessions«, in: Ladies' Home Journal, April 1993, S. 110-114.
Baudin, P., Fetichism and Fetich Worshippers, New York 1885.
Baudrillard, Jean, Pour une critique de l'économie du signe, Paris 1972.
Bearden, Faith, »Cruel Shoes«, in: Bizarre, Nr. 4 (1994), S. 46-49.
Becker, Ernest, The Denial of Death, New York 1973.
Benstock, Shari und Suzanne Ferris (Hg.), On Fashion, New Brunswick 1994.
Betterton, Rosemary (Hg.), Looking On: Images of Femininity in the Visual Arts, London 1987.
Betts, Katherine, »Under Construction«, in: Vogue, October 1994, S. 383 f., 414.
Binet, Alfred, »Le Fétichisme dans l'amour: Etude de psychologie morbide«, in: Revue philosophique 24 (1887), S. 143-167, 252-274.
»Body Heat«, in: Vogue, September 1994, S. 574-581.
Borel, France, Le Vêtement incarné: Les métamorphoses du corps, Paris 1992.
Brame, Gloria G., William D. Brame und Jon Jacobs, Different Loving. An Exploration of the World of Sexual Dominance and Submission, New York 1994.
Brand, Clavel, Fetish, London 1970.
Ders.,The Kinky Crowd, Bd. 1: The Rubber Devotee and The Leather Lover, London 1970.
Brubach, Holly, »Shoe Crazy«, in: Atlantic, Mai 1986, S. 87 f.
Dies., »Whose Vision Is It, Anyway?«, in: New York Times Magazine, 17. Juli 1994, S. 46-49.

Bullough, Vern L., *Science in the Bedroom: A History of Sex Research*, New York 1994.
Bullough, Vern L. und Bonnie Bullough, *Cross Dressing, Sex, and Gender*, Philadelphia 1993.
Bushnell, Candice, »Rubber Wear«, in: *Vogue*, September 1994, S. 254 ff.
Buss, David M., *The Evolution of Desire: Strategies of Human Mating*, New York 1994.

Califia, Pat, »The Power Exchange«, in: *Skin Two Retro1*, London 1991.
Canguilhem, Georges, *Das Normale und das Pathologische*, übers. v. M. Noll und R. Schubert, München 1974.
Carter, Angela, *The Sadeian Woman and the Ideology of Pornography*, New York 1978.
Cauldwell, David O., »The Rubber Fetishist«, in: *Sexology*, Juni 1957, S. 716-721.
Chan, Lily M. V., »Foot Binding in Chinese Women and Its Psycho-Social Implications«, in: *Canadian Psychiatric Association Journal* 15 (1970), S. 229 ff.
Chasseguet-Smirgel, Janine, *Kreativität und Perversion*, übers. v. Norbert Geldner, Frankfurt am Main 1986.
Chicklet, »Das Boot Brigade: An International Contact Club Encourages Pride Among Men with a Passion for Boots«, in: *Advocate*, 10. März 1992, S. 64 f.
Clérambault, Gaëtan Gatian de, *Passion érotique des étoffes chez la femme*, (1908) mit einem Vorwort von Yves Edel, Paris 1991.
Corbin, Alain, *Women for Hire. Prostitution and Sexuality in France After 1850*, übers. v. Alan Sheridan, Cambridge 1990.
Cowie, Elizabeth, »Pornography and Fantasy: Psychoanalytic Perspectives«, in: Lynn Segal und Mary McIntosh (Hg.), *Sex Exposed: Sexuality and the Pornography Debate*, New Brunswick 1993.
Craik, Jennifer, *The Face of Fashion: Cultural Studies in Fashion*, London 1994.
Cunningham, Bill, »What Once Was Under Is Now Over«, in: *New York Times*, 31. Juli 1988, S. 44.

Davidson, J. D., *The Transvestite Handbook*, London 1988.
De Lauretis, Teresa, *Die andere Szene. Psychoanalyse und weibliche Sexualität*, übers. v. Karin Wördemann, Berlin 1996.
Dietz, Mark Elliott und Barbara Evans, »Pornographic Imagery and Prevalence of Paraphilia«, in: *American Journal of Psychiatry* 139 (1982), S. 1493 ff.
Docter, Richard F., *Transvestites and Transsexuals: Toward a Theory of Cross-Gender Behavior*, New York 1988.
Dollimore, Jonathan, *Sexual Dissidence. Augustine to Wilde, Freud to Foucault*, Oxford 1991.
Dominguez, Ivo, *Beneath the Skins: The New Spirit and Politics of the Kink Community*, Los Angeles 1994.
DuCann, Charlotte, »Love and Death on the London Catwalk«, in: *Guardian*, 15. Oktober 1990, S. 36.
Duka, John, »Should Women Dress Like Men?«, in: *New York Times Magazine*, 4. März 1984, S. 174 f.

Engel, Peter, »Androgynous Zones«, in: *Harvard Magazine*, Januar-Februar 1985, S. 24-34.
Epstein, Arthur W., »The Relationship of Altered Brain States to Sexual Psychopathology«, in: Joseph Zubin und John Money (Hg.), *Contemporary Sexual Behavior: Critical Issues in the 1970s*, Baltimore 1973.

Eskara, Roy D., *Bizarre Sex*, London 1987.
Evans, Caroline und Minna Thornton, *Women and Fashion. A New Look*, London 1989.

Fakir, Musafar, »The Corset and Sadomasochism«, in: *Sandutopia Guardian. A Dungeon Journal*, Nr. 11 (nicht datiert), S. 13-17.
Farren, Mick, *The Black Leather Jacket*, New York 1985.
Farrer, Peter, *Men in Petticoats*, Liverpool 1987.
Feher, Michel, Ramona Naddaff und Nadia Tazi (Hg.), *Fragments for a History of the Human Body*, vier Bände, New York 1987-1994.
Fisher, Seymour, *Sexual Images of the Self. The Psychology of Erotic Sensations and Illusions*, Hillsdale 1989.
Fogel, Gerald I. und Wayne A. Myers (Hg.), *Perversions and Near-Perversions in Clinical Practice. New Psychoanalytic Perspectives*, New Haven 1991.
Foucault, Michel, *Überwachen und Strafen. Die Geburt des Gefängnisses*, übers. v. Walter Seitter, Frankfurt am Main 1977.
Ders., *Sexualität und Wahrheit*, Bd. 1: Der Wille zum Wissen, übers. v. Ulrich Raulf und Walter Seitter, Frankfurt am Main 1983.
Freeman, Gillian, *The Undergrowth of Literature*, London 1967.
Freifeld, Karen, »What a Heel! Sole Suspect Nabbed in Marla Shoe Thefts«, in: *New York Newsday*, 17. Juli 1992, S. 3.
Freud, Sigmund, *Studienausgabe*, Bände I-X, Alexander Mitscherlich, Angela Richards, James Stracey (Hg.); Ergänzungsband, dies. und Ilse Gumbrich-Simitis (Hg.), Frankfurt am Main 1969-1975.
»Freud and Fetishism. Previously Unpublished Minutes of the Vienna Psychoanalytic Society«, hrsg. und übers. von Louis Rose, in: *Psychoanalytic Quarterly* 57 (1988), S. 147-166.
Friedman, Norma, »Leather: A New Look, a New Appeal«, in: *Vogue*, August 1981, S. 179.
Friedrichs, David O., »The Body Taboo«, in: *Sexual Behavior* 2 (1972), S. 64-72.

Gaines, Jane und Charlotte Herzog (Hg.), *Fabrications: Costume and the Female Body*, New York 1990.
Gamman, Lorraine und Merja Makinen, *Female Fetishism. A New Look*, London 1994.
Garber, Marjorie, *Verhüllte Interessen. Transvestismus und kulturelle Angst*, übers. von H. Jochen Bußmann, Frankfurt am Main 1993.
Gebhard, Paul H., »Fetishism and Sadomasochism«, in: Martin Weinberg (Hg.), *Sex Research Studies from The Kinsey Institute*, New York 1976.
Gibson, Pamela Church und Roma Gibson (Hg.), *Dirty Looks: Women, Pornography, Power*, London 1993.
Gilbert, Harriet (Hg.), *The Sexual Imagination from Acker to Zola: A Feminist Companion*, London 1993.
Gillespie, W. H., »A Contribution to the Study of Fetishism«, in: *International Journal of Psychoanalysis* 21 (1940), S. 401-415.
Ders., »A General Theory of Sexual Perversion«, in: *International Journal of Psychoanalysis* 37 (1956), S. 396-403.
Glover, E., »Sublimation, Substitution and Social Anxiety« (1931) und »A Note on Idealization« (1938), in: Ders., *On the Early Development of Mind*, London 1956.

Godwin, John, »Nudity – The Year's Most Popular Fashion«, in: *Penthouse Forum*, Mai 1974, S. 22-27.
Gosselin, Chris und Glenn Wilson, *Sexual Variations: Fetishism, Sadomasochism, and Transvestism*, London 1980.
Greenacre, Phyllis, »Fetishism«, in: Ismond Rosen (Hg.), *Sexual Deviation*, Oxford, 2. Aufl., 1979.
Grimes, William, »The Chanel Platform«, in: *New York Times*, 17. Mai 1992, S. 8.
Gross, Michael, »Lingerie Catalogues. Changing Images«, in: *New York Times*, 26.April 1987, S. 61.
Grumley, Michael und Ed Gallucci, *Hard Corps. Studies in Leather and Sadomasochism*, New York 1977.

Herdt, Gilbert und Robert Stoller, *Intimate Communications. Erotics and the Study of Culture*, New York 1990.
Hirschfeld, Magnus, *Transvestiten. Eine Untersuchung über den erotischen Verkleidungstrieb, mit umfangreichem casuistischem und historischem Material*, Berlin 1910.
Ders., *Die Homosexualität des Mannes und des Weibes*, Nachdruck der Erstaufl. von 1914 mit einer kommentierenden Einleitung von E. J. Haeberle, Berlin und New York 1984.
Ders., *Geschlechtsverwirrungen*, Flensburg 1986.
Hoare, Sarajane, »Inside Out«, in: [der englischen] *Vogue*, Februar 1991, S. 116-125.
Hochswender, Woody, »Strong Suit. But Why Does a Woman in a Necktie Look Potent, Not Perverse?«, in: *New York Times*, 3. Mai 1992, S. 10.
Hollander, Anne, »Dressed to Thrill. The Cool and Casual Style of the New American Androgeny«, in: *New Republic*, 28. Januar 1985, S. 28-35.
Horyn, Cathy, »Of Women's Bondage«, in: *Mirabella*, März 1993, S. 115-118.
Howell, Georgina, »Chain Reactions«, in: *Vogue*, September 1992, S. 531-534, 630.
Howells, Kevin (Hg.), *The Psychology of Sexual Diversity*, Oxford 1984.
Hunt, Lynn (Hg.), *Die Erfindung der Pornographie*, Frankfurt am Main 1994.

Janus, Samuel S. und Cynthia L. Janus, *The Janus Report on Sexual Behavior*, New York 1993.
Jewell, Patrick, *Vice Art: An Anthology of London's Prostitute Cards*, Harrogate 1993.
Jones, Hugh, *The Sexual Fetish in Today's Society*, North Hollywood 1965.
Jones, Stephanie, »Strictly Fashionable. A Straight-Laced Look at Corsetry«, in: *Skin Two*, Nr. 9 (1989), S. 42-47.
»Jury Convicts Publicist of Footwear Theft«, in: *New York Times*, 17. Februar 1994, S. B 2.

Kaplan, Louise, *Weibliche Perversionen. Von befleckter Unschuld und verweigerter Unterwerfung*, übers. v. Sabine Schulte, Hamburg 1991.
Katz, Jack, *Seductions of Crime. Moral and Sensual Attractions in Doing Evil*, New York 1988.
Kern, Stephen, *Anatomy and Destiny: A Cultural History of the Human Body*, Indianapolis 1975.
Kirk, Kris und Ed Heath, *Men in Frocks*, London 1984.
Kocieniewski, David, »That's Shoe Biz. Sole Searching«, in: *New York Newsday*, 27.Juli 1993, S. 1, 5.
Kohon, Gregorio, »Fetishism Revisited«, in: *International Journal of Psychoanalysis* 68 (1987), S. 213-228.
Krafft-Ebing, Richard von, *Psychopathia sexualis. Mit besonderer Berücksichtigung der konträren Sexualempfindungen* (1886), München 1984.
Kroker, Arthur und Marilouise Kroker (Hg.), *Body Invaders. Panic Sex in America*, Montreal 1987.

Kroll, Eric, *Eric Kroll's Fetish Girls*, Köln 1994.
Kunzle, David, *Fashion and Fetishism*, Totowa 1982.

La Ferla, Ruth, »Terminatrix Style«, in: *Elle*, Juni 1994, S. 62.
Laplanche, Jean und Jean-Bertrand Pontalis, *Urphantasie. Phantasien über den Ursprung, Ursprünge der Phantasie*, übers. v. Max Looser, Frankfurt am Main 1992.
La Torre, Ronald A., »Devaluation of the Human Love Object. Heterosexual Rejection as a Possible Antecedent to Fetishism«, in: *Journal of Abnormal Psychology* 89 (1980), S. 1295-1298.
Lemoine-Luccioni, Eugénie, *La Robe. Essai psychoanalytique sur le vêtement*, Paris 1983.
Levy, Howard, *Chinese Foot Binding*, New York 1972.
Longway, Lynn, »Going Hell-for-Leather«, in: *Newsweek*, 19. Oktober 1981, S. 90.
Love, Brenda, *Encyclopedia of Unusual Sex Practices*, Fort Lee 1992.

McClintock, Anne, »Maid to Order«, in: *Skin Two*, Nr. 14 (1994), S. 70-77.
McCully, Robert S., »A Jungian Commentary on Epstein's Case (Wet-Shoe Fetish)«, in: *Archives of Sexual Behavior* 5 (1976), S. 185 ff.
McDougall, Joyce, »Identifications, Neoneeds, and Neosexualities«, in: *International Journal of Psychoanalysis* 67 (1986), S. 19-31.
Dies.,»Perversions and Deviations in the Psychoanalytic Attitude. Their Effects on Theory and Practice«, in: Gerald I. Fogel und Wayne A. Myers (Hg.), *Perversions and Near-Perversions in Clinical Practice: New Psycholanalytic Perspectives*, New Haven 1991.
Dies., *Plädoyer für eine gewisse Anormalität*, übers. v. Klaus Laermann, Frankfurt am Main 1985.
Dies., »Primal Scene and Sexual Perversion«, in: *International Journal of Psychoanalysis* 53 (1972), S. 371-384.
Dies., *Theater der Seele. Illusion und Wahrheit auf der Bühne der Psychoanalyse*, übers. v. Klaus Laermann, München und Wien 1988.
McDowell, Colin, *Dressed to Kill. Sex, Power & Clothes*, London 1992.
Madame Kayne, *The Corset in the Eighteenth and Nineteenth Centuries*, Brighton (o. J. [ca. 1932]).
Madison, Roger, »Dig Black Stockings and Boots?«, in: *Sexology* 41 (1975), S. 25-29.
Magnuson, Ann, »Hell on Heels«, in: *Allure*, September 1994, S. 128-131.
Mason, Michael, *The Making of Victorian Sexuality. Sexual Behavior and Its Understanding*, Oxford 1994.
Menkes, Suzy, »Fetish or Fashion?«, in: *New York Times*, 23. November 1993, S. 1, 9.
Metz, Christian, »Photography and Fetish«, in: Carol Squires (Hg.), *The Critical Image*, Seattle 1990.
Mike, »The Belt: Perspectives on a Fetish«, in: *Drummer*, Januar 1993, S. 18 f.
Miller, Tamalyn, »This Skirt Sure Looks Snappy, But It May Be a Problem to Hem«, in: *Wall Street Journal*, 7. März 1985, S. 35.
Milligan, Don, *Sex-Life. A Critical Commentary on the History of Sexuality*, London 1993.
Mistress Angel Stern, »A ›Corset Moment‹ with Pearl«, in: *Verbal Abuse*, Nr. 3 (1994), S. 7.
Mistress Jacqueline, ihre Lebensgeschichte, wie sie sie Catherine Tavel and Robert H. Rimmer mitgeteilt hat, in: *Whips and Kisses. Parting the Leather Curtain*, Buffalo 1991.
Mitchell, Tony, »Frock Tactics«, in: *Skin Two*, Nr. 14 (1994), S. 58 f.
Ders., »Scene & Heard: Cheek to Chic«, in: *Skin Two*, Nr. 9 (1989), S. 18-21.

Money, John, *Gay, Straight, and In-Between. The Sexology of Erotic Orientation*, New York 1988.
Morneau, Robert H. und Robert R. Rockwell, *Sex, Motivation, and the Criminal Offender*, Springfield 1980.
Morrocchi, Riccardo und Stefano Piselli, *Diva Fetish*, Florenz 1992.
Mower, Sarah, »Fashion Intelligence: Of Human Bondage«, in: [der englischen] *Vogue*, Februar 1991, S. 15.
Dies., »Who'd Be a Bond Girl?«, in: *Harper's Bazaar*, Dezember 1994, S. 150-153, 199.
Mulvey, Laura, *Visual and Other Pleasures*, Bloomington 1989.

Nazarieff, Serge, *Jeux de dames cruelles*, 1850-1960, Köln 1992.
North, Maurice, *The Outer Fringe of Sex*, London 1970.

Olley, Michelle, »Jean-Paul Gaultier: Rascal of Radical Chic«, in: Tim Woodward (Hg.), *The Best of Skin Two*, London 1993.
O'Malley, Suzanne, »How I Spiced Up My Sex Life«, in: *Redbook*, 25. April 1985, S. 100, 131.
O'Neill, Molly, »The Arm Fetish«, in: *New York Times*, 3. Mai 1992, S. 1, 13.

Pally, Marcia, »Sorrow and Silk Stockings: The Woeful State of Femme«, in: *Advocate*, 17. September 1985, S. 35, 46.
Peiss, Kathy, Christina Simmons und Robert A. Padgug (Hg.), *Passion and Power: Sexuality in History*, Philadelphia 1989.
Phillips, Mike, Barry Shapiro und Mark Joseph, *Forbidden Fantasies. Men Who Dare to Dress in Drag*, New York 1980.
Pictorial History of the Corset, dreibändige Zusammenstellung von Zeitungsausschnitten über Miederwaren mit maschinengeschriebenem Kommentar, Art Library, Brooklyn Museum.
Podolsky, Edward und Carlson Wade, *Erotic Symbolism: A Study of Fetishism in Relation to Sex*, New York 1960.
Polan, Brenda, »High Heel Fantasies«, in: *Daily Mail*, 21. August 1990, S. 13 ff.
Polhemus, Ted, *Body Styles*, Luton 1988.
Ders., *Street Style: From Sidewalk to Catwalk*, London 1994.

Raab, Andrea, »Fetishes«, in: *Self*, April 1992, S. 94.
»Reverse Chic Rubber Garb Springs into High Fashion«, in: *People*, 3. September 1984, S. 89.
Ridley, Matt, *The Red Queen: Sex and the Evolution of Human Nature*, New York 1993.
Robinson, Julian, *Body Packaging. A Guide to Human Sexual Display*, Los Angeles 1988.
Rolley, Katrina, »Love, Desire and the Pursuit of the Whole: Dress and the Lesbian Couple«, in: Elizabeth Wilson und Juliet Ash (Hg.), *Chic Thrills: A Fashion Reader*, London 1992.
Rose, Barbara, »The Beautiful and the Damned«, in: *Vogue*, November 1978, S. 324 ff.
Rose, Cynthia, »Skin Deep«, in: *Guardian Weekend*, 5. März 1994, S. 29.
Rossi, William A., *The Sex Life of the Foot and Shoe*, Ware 1977.
»Roundtable. Sex and Clothing«, in: *Medical Aspects of Human Sexuality* 4 (1970), S. 114-161.
Russo, Vito, »Why Is Leather Like Ethel Merman?«, in: *Village Voice*, 15.-21. April 1981, S. 37.

Sacher-Masoch, Leopold von, *Venus im Pelz. Mit einer Studie über den Masochismus von Gilles Deleuze: Sacher-Masoch und der Masochismus*, Frankfurt am Main 1968.
Sanders, Clinton, *Customizing the Body. The Art and Culture of Tattooing*, Philadelphia 1989.
Schneider, Karen und Sue Carswell, »Agony of the Feet«, in: *People*, 3. August 1992, S. 55 f.
Schor, Naomi, »Female Fetishism: The Case of George Sand«, in: Susan Rubin Suleiman (Hg.), *The Female Body in Western Culture: Contemporary Perspectives*, Cambridge 1986.
Servin, James, »Chic or Cruel?«, in: *New York Times*, 1. November 1992, S. 10.
Shields, Jody, »Shoes for Scandal«, in: *Vogue*, März 1993, S. 378, 427.
Simpson, David, *Fetishism and Imagination. Dickens, Melville, Conrad*, Baltimore 1982.
Smirnoff, Victor N., »The Fetishistic Transaction«, in: Serge Lebovici und Daniel Widlöcher (Hg.), *Psychoanalysis in France*, New York 1980.
Snitnow, Ann, Christine Stansell und Sharon Thompson (Hg.), *Powers of Desire. The Politics of Sexuality*, New York 1983.
Solomon, Julie B., »Low-Cut Trend in Women's Shoes Is Exposing Toes to New Scrutiny«, in: *Wall Street Journal*, 15. Oktober 1984, S. 35.
Squires, Judith (Hg.), »Perversity« [Sonderheft], *New Formations*, Nr. 19 (1993).
Stanton, Domna C. (Hg.), *Discourses of Sexuality. From Aristotle to AIDS*, Ann Arbor 1992.
Steele, Valerie, »Clothing and Sexuality«, in: Claudia Kidwell und Valerie Steele (Hg.), *Men and Women: Dressing the Part*, Washington 1989.
Dies., »Erotic Allure«, in: Andrew Wilkes (Hg.), *The Idealizing Vision: The Art of Fashion Photography*, New York 1991.
Dies., *Fashion and Eroticism: Ideals of Feminine Beauty from the Victorian Era to the Jazz Age*, New York 1985.
Dies., *Women of Fashion: Twentieth-Century Designers*, New York 1991.
Stekel, Wilhelm, *Störungen des Trieb- und Affektlebens*, Bd. VII: Der Fetischismus, Berlin und Wien 1923.
Stoller, Robert, »The Gender Disorders«, in: Ismond Rosen (Hg.), *Sexual Deviation*, Oxford 1973.
Ders., *Observing the Erotic Imagination*, New Haven 1985.
Ders., *Pain and Passion: A Psychoanalyst Explores the World of S&M*, New York 1991.
Ders., *Perversion. Die erotische Form von Haß*, übers. v. Maria Poelchau, Reinbek 1979.
Ders., *Porn: Myths for the Twentieth Century*, New Haven und London 1991.
Ders., *Presentations of Gender*, New Haven 1985.
Ders., »Psychoanalysis and Physical Intervention in the Brain. The Mind-Body Problem Again«, in: Joseph Zubin und John Money (Hg.), *Contemporary Sexual Behavior. Critical Issues in the 1970s*, Baltimore 1973.
Ders., *Sex and Gender. On the Development of Masculinity and Femininity*. New York 1968.
Ders., *Sexual Excitement. Dynamics of Erotic Life*, New York 1979.
Ders., »Transvestism in Women«, in: *Archives of Sexual Behavior* 11 (1982), S. 99-116.
Symons, Donald, *The Evolution of Human Sexuality*, New York 1979.

Thompson, Mark (Hg.), *Lederlust. Der S/M-Kult. Erfahrungen und Berichte*, Berlin 1993.
Thorne, Melvin Q., »Marital and LSD Therapy with a Transvestite and His Wife«, in: *Journal of Sex Research* 3 (1967), S. 169-177.

Townsend, Larry, *The Leatherman's Handbook*, Beverly Hills 1970, 1974, 1977.
Trasko, Mary, *Heavenly Soles. Extraordinary Twentieth-Century Shoes*, New York 1989.

Ullerstam, Lars, *The Erotic Minorities*, übers. von Anselm Hollo, New York 1966.
Vale, V. und Andrea Juno (Hg.), *Modern Primitives*, San Francisco 1989.
Vance, Carole (Hg.), *Pleasure and Danger. Exploring Female Sexuality*, Boston 1984.

Wade, Carlson, *Panty Raid and Other Stories of Transvestism and Female Impersonation*, New York 1963.
Ders., »The Pleasures of Fur«, in: *High Heels* 3 (1962), S. 45 ff.
Waites, Elizabeth A., »Fixing Women: Devaluation, Idealization, and the Female Fetish«, in: *Journal of the American Psychoanalytic Association* 30 (1982), S. 435-439.
Weeks, Jeffrey, *Sexuality and Its Discontents. Meanings, Myths and Modern Sexualities*, London 1985.
Wildman, R. W. u. a., »Notes on Males' and Females' Preferences for Opposite Sex Body Parts, Bust Sizes and Bust Revealing Clothing«, in: *Psychological Reports* 13 (1976), S. 485 f.
Williams, Linda, *Hard Core: Macht, Lust und die Tradition des pornographischen Films*, übers. v. Beate Till, Basel und Frankfurt am Main 1995.
Wilson, Elizabeth, *Adorned in Dreams. Fashion and Modernity*, Berkeley 1985.
Wilson, Glenn, *The Great Sex Divide: A Study of Male–Female Differences*, London 1989.
Ders., *The Secrets of Sexual Fantasy*, London 1978.
Ders. (Hg.), *Variant Sexuality. Research and Theory*, Baltimore 1987.
Wise, Thomas N., »Fetishism – Etiology and Treatment: A Review from Multiple Perspectives«, in: *Comprehensive Psychiatry* 26 (1985), S. 249-257.
Wood, Robert, »Fur Fetishism«, in: *Sexology*, Februar 1956, S. 426-431.
Woodhouse, Annie, *Fantastic Women: Sex, Gender and Transvestism*, London 1989.
Woodward, Tim (Hg.), *The Best of Skin Two*, London 1993.

Zavitzianos, George, »Fetishism and Exhibitionism in the Female and Their Relationship to Psychopathy and Kleptomania«, in: *International Journal of Psychoanalysis* 52 (1971), S. 297-305.
Ders., »Homeovestism: Perverse Forms of Behaviour Involving Wearing Clothes of the Same Sex«, in: *International Journal of Psychoanalysis* 53 (1972), S. 471-477.
Ders., »The Perversion of Fetishism in Women«, in: *Psychoanalytic Quarterly* 51 (1982), S. 405-425.

Zeitschriften und Periodika

Bizarre
Bizarre Bondage
Bizarre Life
Bizarre Shoes and Boots
Black Leather… In Color
Black Leather Times
Blue Blood
Body Art
Body Play
Bondage Life
B. R. Corset Newsletter
Catalog of Fetish Catalogs
Custom Shoe Company
Ecstasy Lingerie
Englishwoman's Domestic Magazine
Erolastica
Erotic Bondage
Fantasy Fashion Digest
Female Foot Fetishism
Female Impersonator News
Fetish
Fig Leaf
Foot Worship
Frederick's of Hollywood
High Heel Honeys

High Heels
International Male
Latex and Leather
London Life
London Life League Newsletter [and] Corset Education Notes
Modern Society
Monique of Hollywood
Natural Rubber Company
Noir Leather
Nylon Jungle
O: Fashion, Fetish & Fantasies
Piercing Fans International Quarterly
Razor's Edge
Repartee
Rubber News
Rubber Rebel
Skin Two
Society
Tapestry
Transformations
Transvestite
Velvet
Vogue

Namensregister

Ackerman, Diane, 199
A KENSINGTON BELLE, 80
Alaïa, Azzedine, 10, 41, 93
ALFRED, 70
Allen, Woody, 31
A LOVER OF STAYS, 78
ANTI-CORPULENCE, 78
Armani, Giorgio, 164
A SUSCEPTIBLE BACHELOR, 110
Atomage, 42, 59
A TRAVELLER, 74
AUNTIES IDOL, 165
A WOMAN OF FIFTY, 76
A WORSHIPPER OF WASP-WAISTS, 82
A WOULD BE LADY, 78
Axford, 60

Bachmann, Alfred, 153 f.
Baronesse Varcra, 176
Batman, 170, 194
Baudelaire, Charles, 55, 195
Baudrillard, Jean, 55
Becker, Ernest, 111 f.
Bell, Chris, 96
Benjamin, Walter, 55
Bennett-England, Robert, 133 f.
Bergen, Ingrid van, 175
Bezaubernde Jeannie, 180
Biba, 118
Binet, Alfred, 11, 19
BLACK VELVET, 152
Blahnik, Manolo, 118
Bobbitt, 24
Body Worship, 148
Bornoff, Nicholas, 128

Boss, Médard, 111
Bowers, Leigh, 12
Brando, Marlon, 133, 160
Broch, Hermann, 186
Brooks, Rosetta, 49
BROUGHT UP AS A GIRL, 78, 80
Brubach, Holly, 118, 170
Bruce, Liza, 50
Buchanan, Robert, 102
Bushnell, Candice, 149

Calabria, Thea, 118
Califia, Pat, 36 f., 55, 164, 177
Campbell, Naomi, 118, 149, 166
Capitän, Jenny, 108
Carlos, 57
Cathie J., 86-90
Catwoman, 42, 167 f., 170, 194
Cavaco, Paul, 144
Chanel, 94, 103, 118, 134, 149
Chanel, Coco, 195
Chasseguet-Smirgel, Janine, 26, 196
Christine, Lily »Cat Girl«, 124, 144
CHROMIUM KID, 155
Cleland, John, 76
Clérambault, Gäetan Gatian de, 154
Cobbett, Aaron, 91, 148
Corbin, Alain, 53 f.
Cover Girl, 56
Cowie, Elizabeth, 173
C. P., 107
Czernich, Peter, 168

Darwin, Charles, 31
Davis, Fred, 199

DeVille, Alexis, 69
Diana Slip Company, 126 f.
Dior, Christian, 58, 116, 146
Dolce & Gabbana, 10
DORA, 80
DuCann, Charlotte, 144

Ectomorph, 50, 60
Elisabeth, Kaiserin von Österreich, »Sissi«, 75
Ellis, Havelock, 54, 56, 107
ENCHANTED, 153
Epstein, Arthur, 33 f.

Fakir Musafar, 66-69, 84 ff., 89 f.
Faludi, Susan, 64 f., 76, 172 f., 189
FANNY, 72
Farren, Mick, 160
Farrer, Peter, 59, 65, 71
Fath, Jacques, 92
Fendi, 92
Ferragamo, Salvatore, 116
Fiorucci, 118
Fitzgerald, F. Scott, 112
Foucault, Michel, 28, 53, 63, 198
Freud, Sigmund, 23, 26 f., 34, 37, 50, 100, 141, 144, 150, 177, 191, 198 f.
Friedan, Betty, 145

Galliano, John, 10
Gamman, Lorraine, 51, 56
Garber, Marjorie, 192
Gatewood, Charles, 165
Gaultier, Jean-Paul, 10, 41, 92, 118, 139, 142, 165, 194
G. B. M. Leathers, 183
Ghost, 146
Ginsberg, Allen, 54
Göring, Hermann, 160
Goncourt, Brüder, 140
Gosselin, Chris, 34
Granger, Ethel, 84 f., 88
Granger, Will, 84 f., 88
Greenacre, Phyllis, 27

Grumley, Michael, 162, 164
Gucci, 149

Hamnett, Katherine, 189
Hanson, Dian, 115
HAPPY HEELS, 104
Hayworth, Rita, 140
Heirens, William, 37
Herrick, Robert, 52
Herr v. P., 113 f.
Herr X., 106
HIGH HEELED, 106
Hirschfeld, Magnus, 124, 129, 152, 184
Hitler, Adolf, 81, 160
Hochswender, Woody, 145
Hoffmann, Heinrich, 24
Hogg, Pam, 59
Hollander, Anne, 103
Hopkins, Juliet, 51
Hutchison, Travis, 67, 86 f., 161

Jacobs, Marc, 115, 188
Jicai, Feng, 101
Johnson, Betsey, 50, 93, 172, 179
Johnson, Virginia, 127
Jones, Allen, 188
Jones, Chuck, 14
Jones, Stephanie, 69, 138

Kafu, Nagai, 128
Kaplan, Louise, 22 ff., 174
Karan, Donna, 164
Katz, Jack, 196
Kawakubo, Rei, 195 f.
Keaton, Diane, 31
Kendall, Diane, 125
Kern, Stephen, 102
Kitsis, Krystina, 59, 194
Klaw, Irving, 127, 142, 190
Klaw, Paula, 137, 143
Klein, Calvin, 134, 183
Klein, William, 97
Ko, Dorothy, 98

Koda, Harold, 92
Kolodny, Robert, 127
Krafft-Ebing, Richard von, 11, 19, 22, 36, 53f., 70, 106, 113, 127, 152 f.
Kroll, Eric, 25, 120, 128
Kunzle, David, 36, 63, 76
Kutsche, Lynn, 64

Lacan, Jacques, 26, 55
Lacroix, Christian, 94
LADY RUBBERLOVER, 155
LA GENIE, 78
Lagerfeld, Karl, 94, 164, 197
La Goulou, 123
Laring, Annette, 73
Lau, Grace, 8, 202
Lauren, 90 f.
Laurent, Dr. Emile, 19
Laver, James, 52, 60
Lenton, Laurence, 59
Levin, Andy, 135
Levi's, 12, 51, 182 f.
Lindbergh, Peter, 193
Little, Frances Roger, 118
LOVER OF LINGERIE, 126
Lowit, Roxanne, 93
Lukács, Georg, 55

MACAMOUR, 155
Madame Sadi, 176
Madame Kayne, 58
Madison, Roger, 46
Madonna, 42, 92, 139, 142
Magnuson, Ann, 103, 115 ff.
Mailer, Norman, 195
Makinen, Merja, 51
Mallarmé, Stéphane, 153
Maniatis, 56
Maples, Marla, 14
Mapplethorpe, Robert, 165
Marcos, Imelda, 97
Marcus, Steven, 52
Marcuse, Herbert, 199

Mark, Marky, 134
Marquit, Deborah, 146
Martin, Richard, 92, 133
Marx, Karl, 11, 55
Mason, Michael, 53
Masters, William, 127
Matlock, Jann, 154
Matrix, Donna, 197
McClaren, Malcolm, 44
McClintock, Anne, 11
McDougall, Joyce, 36, 38
McDowell, Colin, 49, 164
Meisel, Steven, 134
Menkes, Suzy, 195
MISS SATIN, 153
Mistress Angel Stern, 67
Mitchell, Tony, 192
Money, John, 190 f.
Monroe, Marilyn, 115, 124
Montana, Claude, 41, 45, 47, 183
Moralist, 65 f., 76
Mower, Sarah, 49, 188 f.
MR. X, 104
Mugler, Thierry, 10, 46, 92 f., 146, 183
Musset, Alfred de, 195

Natori, Josie, 143, 145
Newton, Helmut, 45 ff., 50, 108
NIMROD, 110
Nizer, Louis, 14
NORA, 72
Norment, Camille, 97

Ogier, Belle, 197
O'Hara, Scarlett, 66
OILSKIN, 156
Orchamps, Baronnesse d', 122
Ovid, 29

Page, Betty, 115, 180
Pally, Marcia, 187
Pearl, 9, 66 f., 86 f., 90, 92
Peel, Emma, 42 f., 56, 115

Perrot, Philippe, 102
Pfeiffer, Michelle, 170
Plummer, Ken, 193
Poiret, Paul, 82
Polaire, 84
Polhemus, Ted, 59
Preston, John, 163
Pritchard, Mrs. Eric, 122

Quant, Mary, 118, 157

Randall, 172, 193
Reebok, 138
REFORMER, 80
Restif de La Bretonne, Nicolas, 103
RETIRED COLONEL, 80
Reynolds, Genevieve, 164
Richmond, John, 10
Rigg, Diana, 42
Ripa, Pater, 98
Ritual, 60
Rommel, Erwin, 160
Ron, 158
Rops, Felicien, 140
Rose, Barbara, 45
Rose, Cynthia, 10
Rossi, William, 100
Roter Baron, 160
RUBBER LOVER, 155
Russo, Vito, 162
Ruzhun, Li, 100

Sacher-Masoch, Leopold von, 11, 149 f.
Sade, Marquis de, 11
Saenz, Mike, 197
Saint Laurent, Yves, 118, 164
SATIN STAYS, 78
SATIN WAIST, 123
Schor, Naomi, 50
Schroeder, Barbet, 197
Scott, 161
Sealwear, 59
Seller, Terence, 139

Servin, James, 170
Sexpistols, 44
Shrimpton, Jean, 42
SILKMAC, 155
Silverman, Kaja, 189, 196
Sioux, Siouxsie, 44
Sissi, s. Kaiserin Elisabeth von Österreich
SIX-INCH HEELS, 104
SMALL WAIST, 80
Stade, George, 38
STAIDMAN, 78
STAYLACE, 76
Stekel, Wilhelm, 70 f., 138
Stephen, 159
Stoller, Robert, 20, 22, 27, 48, 51, 124, 130 ff., 157 f., 174
Storey, Helen, 49
SUBMISSIVE WIFE, 104
Suede, Marquis de, 162
Sui, Anna, 10
Sutcliffe, John, 42, 59
Syren, 148

Testino, Mario, 118
Thomass, Chantal, 93
Thomson, Alice, 10
Tom of Finland, 109, 181, 186
Townsend, Larry, 160, 162, 180, 182 f.
Tramar, Comtesse de, 122
Trasko, Mary, 104
Tucker, Scott, 192
Turlington, Christie, 166

Ungaro, Emanuel, 94
Uzanne, Octave, 122

Valentino, 94
Valentino, M. Chandoha, 185
Veblen, Thorstein, 55
Versace, Gianni, 10, 41, 145, 170, 172 f., 188 f.

WALTER, 77-81, 104
Watson, Trevor, 62

Weber, Bruce, 134
WASP WAIST, 74
Westwood, Vivienne, 10, 40, 44, 92, 118, 143, 146, 172, 179
Whitman, Walt, 188
Williams, Linda, 11
Williamson, Judith, 55

Wilson, Colin, 30
Wilson, Elizabeth, 172, 187
Wilson, Glenn, 32
Wolf, Naomi, 189 f.
Woodhouse, Annie, 192

Zola, Emile, 122, 153